中国劳动保障科学研究院2017年度科研合作项目
项目编号：LKY-2017hz-23

田代强　张　娜　廖振民　雷金东
刘静静　韦文高　覃双凌　谭顺清　著

西南集中连片特困地区农村居民基本养老保险问题研究

中央民族大学出版社
China Minzu University Press

图书在版编目（CIP）数据

西南集中连片特困地区农村居民基本养老保险问题研究／田代强等著．-- 北京：中央民族大学出版社，2017.12

ISBN 978-7-5660-1458-0

Ⅰ.①西…　Ⅱ.①田…　Ⅲ.①农村-社会养老保险-养老保险制度-研究-西南地区　Ⅳ.①F842.67

中国版本图书馆 CIP 数据核字（2017）第 288204 号

西南集中连片特困地区农村居民基本养老保险问题研究

著　　者　田代强　张　娜　廖振民　雷金东　刘静静
　　　　　韦文高　覃双凌　谭顺清
责任编辑　杨爱新
责任校对　胡菁瑶
封面设计　舒刚卫
出 版 者　中央民族大学出版社
　　　　　北京市海淀区中关村南大街 27 号　　邮编：100081
　　　　　电话：68472815（发行部）　传真：68933757（发行部）
　　　　　　　　68932218（总编室）　　　　68932447（办公室）
发 行 者　全国各地新华书店
印 刷 厂　北京盛华达印刷有限公司
开　　本　787×1092（毫米）　1/16　印张：26
字　　数　380 千字
版　　次　2017 年 12 月第 1 版　2017 年 12 月第 1 次印刷
书　　号　ISBN 978-7-5660-1458-0
定　　价　90.00 元

目　录

第一章

绪论

第一节　研究背景与意义

一、研究背景

随着我国工业化、城市化进程加快，农村家庭保障和土地保障功能弱化，城乡家庭小型化不断增强，家庭养老难以满足农村居民的需要。我国一些发达地区从1986年就开始探索农村社会养老保险工作，1991年6月民政部农村养老办公室制定了《县级农村社会养老保险基本方案》，决定于1992年1月1日起在全国实施。此后，农村社会养老保险工作在各地推广，但由于当时经济不够发达，制度本身存在设计缺陷，在推进过程中遇到一些问题和困难，难以继续推进。1999年，国务院要求清理整顿农村社会养老保险工作，停止接受新业务，农村社会养老保险工作一度陷于全面停顿的状态。2002年党的十六大报告指出："要在有条件的地方探索农村社会养老保险制度。"2006年中央一号文件再次强调"探索建立与农村经济发展水平相适应的农村社会养老保险制度"，农村社会养老保险制度进入了一个制度完善和制度创新阶段。随着经济社会的发展，财政收入不断增加，2009年财政收入为6.85万亿元，我国有财力在全国范围内建立低水平可持续的普惠制农村社会养老保险制度。

2009年9月1日，国务院办公厅发布《国务院关于开展新型农村社会养老保险试点的指导意见》(国发〔2009〕32号)，确定全国10%的县(市、区、旗)作为试点，以后逐步扩大试点，在全国普遍实施，2020年之前基本实现对农村适龄居民的全覆盖。新型农村社会养老保险(以下简称"新农保")不仅是一项重大的惠农政策，也是一项复杂的社会系统工程，必须在试点成功后逐步扩大覆盖面。在新农保试点成功的基础上，

2011年6月7日，国务院办公厅发布《国务院关于开展城镇居民社会养老保险试点的指导意见》（国发〔2011〕18号），城镇居民社会养老保险（以下简称“城居保”）试点，标志着我国城镇居民社会养老保险拉开序幕，试点范围与新农保一致。西南的广西、云南、贵州、四川四省区的新农保制度、城居保制度与全国同步试点实施。2011年6月21日，温家宝总理在全国城居保试点工作部署暨新农保试点经验交流会议上指出：要加快新农保试点进度，在本届政府任期内基本实现制度全覆盖。随后，全国各地都在推进新农保和城居保制度全覆盖工作。2012年1月1日广西启动新农保和城居保制度全覆盖工作，云南、四川、贵州于2012年7月1日也启动了新农保和城居保制度全覆盖工作，比国发〔2009〕32号文件预期的2020年实现制度全覆盖的目标提前了8年。2014年2月21日，国务院颁布《国务院关于建立统一的城乡居民基本养老保险制度的意见》（国发〔2014〕8号），将新农保和城居保两项制度合并实施，在全国范围内建立统一的城乡居民基本养老保险（以下简称“城乡居保”）。广西、云南、贵州、四川分别于2014年6至7月制定了本省区城乡居保实施办法，把新农保和城居保合并为城乡居保。目前，在西南集中连片特困地区，农村居民参加的基本养老保险就是城乡居保。因此，本书所研究的农村社会养老保险就是指现在农村地区普遍实施的城乡居民社会养老保险制度。

2011年12月1日，国务院印发《中国农村扶贫开发纲要（2011—2020年）》，在全国共划分了11个集中连片特殊困难地区，包括六盘山区、秦巴山区、武陵山区、乌蒙山区、滇桂黔石漠化片区、滇西边境山区、大兴安岭南麓山区、燕山—太行山区、吕梁山区、大别山区、罗霄山区等区域的连片特困地区，加上已明确实施特殊扶持政策的西藏、四省藏区、新疆南疆三地州，共14个片区，680个县，作为新阶段扶贫攻坚的主战场，是打赢脱贫攻坚战的主要阵地。西南地区有滇桂黔石漠化片区、滇西边境山区、乌蒙山区三个完整的连片特困地区和四省藏区（四川、云南）、秦巴山区（四川）、武陵山区（贵州）三个与其他省市交叉的连片特困地区，总共涉及348个县，占全国集中连片特困地区一大半的县，呈现出贫困面积大且连成一片的特点。西南的广西、云南、贵州、四川是集中连片特困地区面积较大、经济发展相对落后、地方财政薄弱、贫困人口较多、少数民族比较集中的地区。西南四省区集中连片特困地区县级财政财力薄弱，绝大部分是“吃饭型”财政，地方财政难以拿出钱来增加城乡居保基础养老金，基础养老基金保障水平低，难以实现“保基本”的目标；贫困地区农民缴费意愿不强，参保率和续保率较低；基层政府经办服务能力弱，宣传不到位，导致农村居民对城乡居保制度不信任，对城乡居保制度的实施也产生很大影响，进而影响着西南集中连片特困地区贫困农村居民脱贫。2015年11月29日，中共中央国务院颁布的《关于打赢脱贫攻坚战的决定》提出：“加快完善城乡居民基本养老保险制度，适时提高基础养老金标准，引导农村贫困人口积极参保续保，逐步提高保障水平。”因此，研究西南集中连片特困地区农村居民基本养老保险问题对完善城乡居保制度和打赢脱贫攻坚战有着重要的理论和实现意义。

二、研究意义

基于以上背景，研究西南集中连片特困地区农村社会养老保险制度（城乡居保）可持续发展具有重要的理论意义和现实意义。

（一）丰富社会养老保险的理论研究

通过对国内文献的多次检索我们发现，国内著名学者都是从国家制度方面对城乡居保制度进行研究；地方学者大都结合本省、本市县某个区域的实施情况进行研究，对西南集中连片特困地区城乡居保制度进行系统研究的成果并不多。西南集中连片特困地区城乡居保的实施除了有其他地区的共性问题外，还存在地域特征、民族文化的差异对城乡居保的影响。城乡居保制度是养老保险的重要组成部分，而西南集中连片特困地区城乡居保制度具有特殊性，对这一制度在连片特困地区的实践展开研究，可为我国养老保险理论的丰富发展提供集中连片特困地区的案例。

（二）对西南集中连片特困地区各级政府完善城乡居保制度有一定的指导作用

通过调查分析西南集中连片特困地区城乡居保制度实施后地方各级财政的负担、经办服务能力和居民的参保意愿等存在的问题并提出对策建议，可以帮助西南集中连片特困地区各级政府了解城乡居保制度的运行情况及其存在的不足，有针对性地完善或修改制度，避免城乡居保制度在实施时出现“一刀切”现象。

第二节　国内外研究现状

一、国外研究现状

国外的农村养老保障问题伴随着城镇养老保险问题的逐步解决而得以解决，其农村社会养老保险制度演进的路径，基本上是从工业延伸到农业，从城市扩大到农村，最终形成一体化的社会养老保险制度。美国的约翰·B.威廉姆森等（2002）在《养老保险比较分析》一书中有代表性的对世界养老保险模式进行了分析，对研究农村社会养老保险问题有指导意义；德国的Dr.Lutz Leisering（2001）在《从土改中的土地到全球时代的养老金》一书中对中国农村老年保障问题进行了专题研究；约翰·迈尔斯、保罗·皮尔森（2004）从新古典角度分析了公共养老金的改革路径，认为不断增长的养老金以及筹资分配养老的方法，都与推动养老金改革问题息息相关；[①] 埃斯特·詹姆斯（2004）深入研究了养老保险覆盖率的影响因素，认为在影响养老保险覆盖率的多种因素中，政府制定的缴费档次、养老金待遇标准的设计非常重要；[②] Lin Hung-Yang（2011）认为，中国养老保险制度和新加坡、中国香港、中国台湾地区的养老保险制度一样，在消除老年贫困方面的作用还较弱。[③] 这些研究成果对我国完善西南集中连片特困地区城乡居保制度有一定的借鉴作用。

---

① 约翰·迈尔斯，保罗·皮尔森.改革公共养老金[M].社会科学文献出版社，2004.

② 埃斯特·詹姆斯.老年保障的覆盖面及对未参保人群的保护[M].社会科学文献出版社，2004.

③ Lin Hung -Yang. *Benchmarking Outputs of Pension Provisions in China, Hong Kong, Singapore and Taiwan: A Smog Approach* [J]. *Asian Journal of Social Science*, 2011,39（3）.

二、国内研究现状

国内研究农村养老保险的视角很多，本课题组从课题的研究框架出发，主要总结出以下七个方面的问题。

（一）关于居民缴费意愿的影响因素和参保率问题

姜诗尧（2015）对黑龙江地区的研究结果表明，农民的缴费意愿与农户类型、年收入水平、家庭耕地面积、与最近公路的公里数、与最近县城的公里数、对商业保险的了解程度六个指标具有显著相关性，而年收入水平、家庭耕地面积、与最近公路的公里数三个指标呈负向影响相关性，作者建议建立更为有效的参保激励机制，加强农村的基本养老保险政策宣传以及基础设施建设。[①] 胡翰潮（2014）认为，总体来看参保率不高；缴费补贴不能兼顾效率与公平，导致居民缴费时选择档次过低，制度保障的准确性和效果难以保证；固定额度的缴费标准容易与居民生活水平脱钩，导致难以保障居民生活的问题和长期参保反而替代率低的不合理的现象；基础养老金标准确立缺乏科学依据，调整缺乏科学方法，不够灵活，影响了居民养老金待遇。这些问题反映在制度内容里就是缴费档次、基础养老金、政府补贴等。[②] 李艳军（2013）基于宁夏451户农村家庭的微观调查数据，采用描述性统计分析和Logistic回归分析的方法，对西部民族地区农民参加新型农村社会养老保险的影响因素进行了研究，发现民族特征在农民参加新型农村社会养老保险过程中具有显著作用，而高学历和高收入的农民参保概率反而比较低。[③] 云南民族大学研究生创新项目“民族地区农民参加新型农村社会养老保险影响因素——基于云南省的实证研究”课题组于2012年9月在昆明市富民县永定镇清河村和盘龙区滇源镇大哨村、临

---

① 姜诗尧.居民基本养老保险参与意愿影响因素研究[J].沈阳农业大学学报（社会科学版），2015（3）.

② 胡翰潮.城乡居民基本养老保险制度评价研究——以厦门市为例[D].厦门大学，2014.

③ 李艳军.我国农民参加新型农村社会养老保险影响因素研究——来自宁夏451户农村家庭的调查数据[J].改革与战略，2013（7）.

沧市云县忙怀乡忙贵大良子组、保山市龙陵县龙新乡对农民参加新农保的意愿进行问卷调查，78.3%的农民选择愿意参加，21.7%的农民表示不愿意参加。杨丽、李娟（2011、2012）对昆明市和开远市试点情况的调查结果显示，两市的参保率为70%左右，还有将近 30%的农民没有参加新农保。[①] 李应斌（2013）对曲靖市富源、师宗、沾益、马龙、罗平和麒麟 6 个县（区）的调查结果表明：部分在低保边缘的农民人均收入低，连温饱问题都难以解决，没有能力缴费。如所调查的沾益县花山镇三道坎苗族村，由于村民收入低，缴纳保费困难，导致参保率仅为 42%。[②] 邱梅、杨国华（2014）对昭通市永善县马楠乡的调查样本中，人均月收入在 200元以下的占调查总人数的15%，人均月收入在200 ~ 500 元的占调查总数的41.4%，这样的收入水平，大部分只能维持眼前基本生存，难以挤出钱来为不能马上见收益的养老保险缴费。这些低收入群体中绝大部分人文化水平有限，在家务农，增收无力，创收无门，参加新农保最低档次缴费都非常吃力、为难和无奈。[③] 姚俊（2015）指出，农民连续参保的结果主要取决于地方政府新农保制度实施过程中的激励水平，对村庄内信任所产生的社会情理规范的遵从。无论是激励还是遵从，本质上反映的是一种外在力量的影响，而非参保农民对新农保制度的内在认同。[④]

（二）关于缴费档次与财政激励机制问题

金刚、柳清瑞（2013）指出，只有在较高的政策信任程度或较高的边际补贴水平条件下，“差别化”财政补贴方式才可能有效激励参保农民

---

① 杨丽，李娟.新型农村社会养老保险实施中存在的主要问题研究—— 基于云南数据的分析[J].未来与发展，2011（3）；杨丽.影响新型农村社会养老保险参保的主要因素研究——基于昆明农村的调查与分析[J].经济问题，2012（6）.

② 李应斌.新型农村社会养老保险试点调查—— 以云南省曲靖市为例[J].法制与经济，2013（7）.

③ 邱梅，杨国华等.新型农村社会养老保险运行的调查研究—— 以云南省永善县马楠乡为例[J].辽宁医学院学报（社会科学版），2014（3）.

④ 姚俊.理性选择、外部激励与新农保连续参保—— 基于四川省的调查[J].中国人口科学，2015（4）.

提高缴费档次，甚至有学者认为，现行财政补贴激励机制诱发并加剧了逆向选择问题，激励效果不佳。[①] 朱莉莉、褚福灵（2016）认为，关于政府对参保人缴费给予的补贴，根据现行规定，对选择最低档次标准缴费的，补贴标准不低于每人每年30元；对选择较高档次标准缴费的，适当增加补贴金额；对选择500元及以上档次标准缴费的，补贴标准不低于每人每年60元。政府对缴费人员的补贴标准不高，不同缴费档次的补贴差距并不大，不能有效吸引参保人员多缴费、长缴费。[②] 王涵、周淑芬、向晨曦（2017）针对“城乡居保”缴费过程中存在的问题提出以下观点：一是补贴政策不统一，影响城乡统筹发展；二是制度激励缺乏弹性，效果不明显；三是缴费档次普遍偏低，缺乏持久性；四是补贴给付周期长，部分参保者心有疑虑；五是只将原新农保和城居保两项合并管理，依然要依赖基层组织，缺少制度上的新突破。[③] 薛惠元、鲁欢、仙蜜花（2014）认为，“城乡居保”制度运行中存在着人们倾向于选择低缴费档次、中青年群体参保积极性不高、中途中断缴费及隔年补缴等问题，影响“城乡居保”保障水平和制度的可持续发展；作者分析了湖北省缴费补贴机制现状及存在的问题，在借鉴平湖市“城乡居保”政策的基础上设计湖北省“城乡居保”新型缴费激励机制并进行了评估，结果发现该机制基本符合湖北省情且具有可操作性，能够鼓励人们积极参保、多缴费、长缴费，并提出完善现行制度的政策建议。[④] 王国辉、陈洋、魏红梅（2013）通过论述指出，大多数农民选择低档次参保缴费导致新农保制度实现老有所养的目标落空，弱化了农村养老需求，不利于农业现代化和城镇化的推进，并从制度制定、农民承受力、制度认知和认同程度入手，采用模型分析方法，检验了造成农民缴费档次选择偏低现象

① 金刚，柳清瑞.新农保个人账户财政补贴激励效应研究[J].人口与经济，2013（1）.

② 朱莉莉，褚福灵.建立以“保基本”为目标的城乡居民基本养老保险筹资增长机制研究[J].当代经济管理，2016（2）.

③ 王涵，周淑芬，向晨曦.城乡居民养老保险缴费激励机制研究综述[J].劳动保障世界.2017（14）.

④ 薛惠元，鲁欢，仙蜜花.城乡居民社会养老保险缴费激励机制研究——以湖北省为例[J].广西经济管理干部学院学报，2014（4）.

的主要原因，最后，提出了完善新农保制度设计、强化宣传力度、拓展政策认知广度和深度及保持政策制度公信力的对策。① 赵建国、海龙（2013）分析影响农民选择缴费档次的参保缴费能力和财政补贴激励机制两个主要因素，结合省域和不同收入组两个维度构建项目投资收益模型；分析结果表明，“一刀切”与“差异化”两类财政补贴机制对缴费档次均产生了负向效应，作者建议在短期内设置合理的财政补贴机制，变定额补贴为比率补贴。② 姚俊（2015）认为，鼓励农民连续参保的关键在于通过合理的激励机制解决其参保动力不足的问题，从行为惯性和断保成本的角度来说，今后一段时间对于农民连续性参保行为的养成十分重要；应从政策执行激励机制转向利益激励机制，特别是在农民对新农保政策了解程度不断提高和经办服务不断完善的背景下，农民的参保行为更趋向于经济理性，这就要求管理者适时加大利益激励力度，根据物价变动指数和经济发展水平定期上调基础养老金，按照“累积效应”原则进一步明确长期连续缴费与适当提高基础养老金之间的计算关系，同时增加断保后补缴滞纳金的额度。③

（三）关于财政负担问题

李琼、李勇（2016）通过对湖南武陵山片区的财政筹资能力进行测算发现，按照参保居民缴费100元、财政补助30元的标准，湖南武陵山片区整体上有能力负担。但是，片区内部各县负担能力大小不一，特别是财政收支缺口巨大的县市，负担能力的可持续性受到挑战。④ 邓大松等（2010）对政府的筹资能力进行分析，他们发现，新农保筹资最困难的是地方财政，尤其是中西部贫困地区的地方财政，提出要重构中央政

---

① 王国辉，陈洋，魏红梅.新农保最低档缴费困境研究——基于辽宁省彰武县新农保的调查[J].经济经纬，2013（2）.

② 赵建国，海龙.“逆向选择”困局与“新农保”财政补贴激励机制设计[J].农业经济问题，2013（9）.

③ 姚俊.理性选择、外部激励与新农保连续参保——基于四川省的调查[J].中国人口科学，2015（4）.

④ 李琼，李勇.公共财政支持城乡居民基本养老保险制度的研究——以湖南武陵山片区为例[J].农村经济与科技，2016（15）.

府与地方政府之间的财政关系。① 薛惠元、鲁欢、仙蜜花（2014）指出，县级政府在“城乡居保”补贴中承担责任的大小与地方经济实力、当地人口及适龄参保人口的多少密切相关；部分县（市、区）由于财政收入水平低，“城乡居民”参保人数多，地方财政会面临一定的压力。② 樊小钢等（2012）从财政责任、制度激励、制度宣传、制度可持续性等方面探讨浙江省城乡居民基本养老保险制度指出，“在财政责任上，养老保险支付在政府的可承受范围内，省级的财政负担压力比地市县级的小；在制度的激励性上，个人、经济、社会和制度因素等均对个人参保意愿产生了影响；在制度的被了解程度上，多数居民认为该制度有必要实施；在制度的可持续性上，养老金标准的调整机制不够完善，各地区的制度衔接不尽相同”③。

（四）关于筹集原则问题

李琼、李勇（2016）通过对武陵山片区的实证调查发现，筹资原则在很大程度上影响城乡居民基本养老保险制度的参保率，但强制性原则并不必然引起居民的反感。为提高参保率和制度的覆盖面，“城乡居保”制度应变“自愿”原则为“强制”原则，同时丰富和完善多种政策宣传手段，提高居民对“城乡居保”制度的认知度。④ 赵建国、海龙（2013）认为，在未来的长期发展过程中，要帮助农民创收增收，在提高农民经济水平的基础上，可适时采取强制农民参保的措施。⑤ 姚俊（2015）指出，社会养老保险通常以立法的形式确定其连续缴费的强制性。新农保虽然在本质上属于社会养老保险，在执行上却遵循政府主导与农民自愿

---

① 邓大松等.新型农村社会养老保险制度推行中的难点分析——兼析个人、集体和政府的筹资能力[J].经济体制改革，2010（1）.

② 薛惠元，鲁欢，仙蜜花.城乡居民社会养老保险缴费激励机制研究——以湖北省为例[J].广西经济管理干部学院学报，2014（4）.

③ 樊小钢等.浙江省城乡社会保障一体化研究[M].中国社会科学出版社，2012年：109—134.

④ 李琼，李勇.公共财政支持城乡居民基本养老保险制度的研究——以湖南武陵山片区为例[J].农村经济与科技，2016（15）.

⑤ 赵建国，海龙.“逆向选择”困局与“新农保”财政补贴激励机制设计[J].农业经济问题，2013（9）.

参与相结合的原则，农民的参保行为在很大程度上决定着制度的可持续发展和实施成败。因此，对农民参保行为的关注不仅在于参保的“广度”和“深度”，更在于参保的连续性。新农保本质上属于政府补贴型自助社会养老保险，而“强制性”是社会保险的最根本原则，应适时启动“强制性”参保原则。特别是随着农民收入水平的不断提升，应赋予地方政府在新农保“强制性”参保上的立法权，积极推动在有条件的地区将新农保制度由“自愿参与”转为“强制参与”。[①] 王礼鑫（2015）认为，当前的新农保政策执行带有浓厚的社会动员色彩，这种机制虽然有助于实现目标，但效果不具备可持续性。[②]

（五）关于缴费和待遇水平问题

王翠琴、薛惠元（2010）通过构建新农保替代率精算模型对新农保替代率进行实证分析，在个人缴费方面提出，以农民人均纯收入的一定比例作为缴费的标准；参保时间要早，参保年限要长；引导农民根据自身情况选择较高标准的缴费档次。[③] 黄锦英、罗倩倩（2011）运用精算模型对“新农保”替代率进行计算，得出在现行制度下新农保替代率水平较低的结论，新农保替代率的高低与个人缴费档次、缴费时间成正比例，作者提出应该提高现行缴费标准，实行比例缴费制。[④] 朱莉莉、褚福灵（2016）认为，城乡居保筹资机制采用的个人定额缴费制缺少必要的缴费增长机制，存在缴费水平低、待遇保障水平低等问题，无法满足城乡居民老年的基本生活需要。人社部的数据显示，目前中国城乡居民养老金月人均 81元。而民政部数据显示，截至 2013年，全国平均城市、农村低保标准分别为每人每月373元、203元。城乡居民养老金水平显然比城乡低保水平还要低不少。不考虑物价上涨因素，参保老年人每月领取的

① 姚俊.理性选择、外部激励与新农保连续参保——基于四川省的调查[J].中国人口科学，2015（4）.

② 王礼鑫.动员式政策执行的“兴奋剂效应”假说[J].武汉大学学报（哲学社会科学版），2015（1）.

③ 王翠琴，薛惠元.新型农村社会养老保险替代率的实证研究[J].西北人口，2010（5）.

④ 黄锦英，罗倩倩.新型农村社会养老保险替代率精算分析[J].中州大学学报，2011(5).

养老金很难保障其生活所需，无法调动其参保的积极性。而国家长时期没有调整最低基础养老金，养老金调整机制难以建立，都将使该项制度的吸引力减弱。[①] 穆怀中、沈毅等（2013）通过建立农村养老保险适度水平模型，对农村社会养老保险水平进行了一个未来预期的测算，测算结果表明，现行的农村社会养老保险水平低于设立的适度水平，并不能满足农民的基本生活需要。[②] 郭远波（2014）从不同的角度分析了农民的缴费问题，研究结果表明，农村社会养老保险缴费水平、缴费能力和缴费档次深受农民个人和政府两个方面的影响。[③]

（六）关于经办服务能力问题

国内学者从宏观角度研究新农保经办服务能力的有：林义（2009）认为，新农保基层经办机构经办能力不足，需要对现行基层社保机构进行改革和重构；[④] 邓大松（2010）等指出，新农保存在经办管理服务难、庞大的需求与微弱的服务体系支撑等问题和矛盾。[⑤] 也有地方学者从微观角度研究民族地区新农保经办服务状况：苟兴朝（2014）等指出，四川马边、峨边彝族地区新农保工作任务繁重与机构、人员配备不足的矛盾十分突出，特别是乡镇劳动保障机构不健全、力量不够、经费不足的现象较为严重，提出应加强机构建设，加大经费投入。[⑥] 洪涵（2013）认为，民族地区基层新农保工作人员数量很少，需要时临时抽调大量机关工作人员来做突击式的工作，而且许多基层农保机构没有独立的办公场所，没有联网的信息系统，村一级基本无条件建立数字档案，导致参

---

① 朱莉莉，褚福灵.建立以“保基本”为目标的城乡居民基本养老保险筹资增长机制研究[J].当代经济管理，2016（2）.

② 穆怀中，沈毅等.农村养老保险适度水平及对提高社会保障水平分层贡献研究[J].人口研究，2013（3）.

③ 郭远波.新型农村养老保险适度缴费水平研究[J].湖北科技学院学报，2014（11）.

④ 林义.破解新农保制度运行五大难[J].中国社会保障，2009（9）.

⑤ 邓大松，薛惠元.新型农村社会养老保险制度推行中的难点分析——兼析个人、集体和政府的筹资能力[J].经济体制改革，2010（1）.

⑥ 苟兴朝，冉巧林.民族地区新型农村社会养老保险现状及对策分析——以四川马边、峨边彝族自治县为例[J].中共乐山市委党校学报，2014（7）.

保信息不准确。[①] 广西新农保课题组（2013）调查发现：新农保服务对象数量大，经办人手短缺、兼职多、专职少，工作人员流动性大，县级经办人员与服务对象比例高达1:10000以上，基层经办机构办公经费紧张，信息化建设远远满足不了新农保发展需要。粟琪（2015）的研究表明，景谷县农民对经办机构办理点设置的便捷性认为“一般”的占51%，认为“不太满意”的占23.3%，“非常不满意”的占1.9%；农民对经办服务宣传力度“不太满意”占37.6%，“非常不满意”占5.2%。[②] 樊屹然（2014）指出，新平县共有20万参保对象，按照人力资源与社会保障部的标准计算，县级需要10个经办人员，乡镇需要35个经办人员，实际上新平县、乡镇两级加起来的工作人员都不到25人。[③] 杨帆（2011）称，富源县县级经办机构需要人员20人，乡镇需要60人，但调查时，县、乡两级专职业务经办人员仅有21人，人员缺口较大。[④] 朱弘、李硕（2012）认为，尽管普洱市设立了城乡居保局，但依然存在业务经办人员与工作量不匹配，宣传意识、服务意识、责任意识以及工作能力均有待进一步提高的问题。目前依靠手工操作成本高且效率低，并且出错概率大，迫切需要完善信息系统。[⑤] 李鹏（2014）指出，宜良县对县、乡镇及村委会经办部门工作人员的培训不到位，导致大部分基层经办人员的能力不足，其业务能力、政策水平与开展城乡居保工作的要求还不相适应，同时责任意识、服务意识和服务水平还有待提高。[⑥] 郑波（2014）指出，马龙县马鸣乡社会保障所只有1名工作人员，工作人员不能专职专用，精力分散，该工作人员既要承办县人力资源和社会保障部门、民政部门

① 洪涵.民族地区实施“新农保”的问题与对策[J].思想战线，2011（3）.

② 粟琪.景谷县城乡居民基本养老保险制度实施效果研究[D].云南大学，2015.

③ 樊屹然.完善新型农村社会养老保险制度研究——以云南省新平县为例[D].云南财经大学，2014.

④ 杨帆.云南省新型农村社会养老保险制度调查研究——以富源县为例[D].云南大学，2011.

⑤ 朱弘，李硕.云南少数民族地区农村养老保险现状与对策探析——基于对普洱市农村养老保险的调查[J].中国市场，2012（22）.

⑥ 李鹏.云南省宜良县农村社会养老保险现状及对策研究[D].中国农业科学院，2014.

交办的社会保障业务任务，还要完成乡党委政府安排的工作；同时，村干部专业知识水平参差不齐，没有经过系统培训，导致宣传不到位，农民对城乡居保制度了解不透。[①] 王飞跃（2012）指出，贵州省乡镇级经办机构工作人员只有1—2个正式编制，由于工作量大、政策性强，乡镇不得不招收一些协管员或驻村代表负责城乡居保经办服务工作，由于没有编制，这些聘用人员待遇低，每月工资大约在800—1200元，扣除“三险”后，领到手的工资大约在600—800元，有的乡镇还存在拖欠工资现象，有的经办机构存在人员队伍不稳定问题。[②]

（七）关于信息化建设问题

学者的调查结果表明，信息化建设也存在不少问题。郑波（2014）认为存在如下问题：第一，信息平台有地域限制，“城乡居民社会养老保险管理信息系统”仅限于在云南省范围内使用，既阻碍管理信息在省际的流通，又抑制流动人员的参保积极性。第二，信息系统设置不健全。经过经办人员的归纳整理，该信息系统具有录入、统计、查询功能，与银行、公安系统挂钩，但缺少养老金享受人员的资格认证模块，无法识别和控制养老金享受人员是否通过年检。面对庞大的参保对象，仅靠人工登记，难以确保参保人员年检工作准确完成。第三，系统功能与城乡居保服务项目不能完全配套。该系统无法打印养老金待遇终止支付表的领取人信息，给实际领取信息的核对工作带来不便。系统对参保人员的身份证号码和出生日期的识别及验证功能有限，例如：不能识别存在明显错误的年份，且参保人员的出生日期与身份证号码的出生日期无法相互验证，无法发现两者信息不一、不能及时验证两者录入的正确性。[③] 粟琪（2015）指出，景谷县农保局负责人和多数经办管理机构工作人员表示，目前的城乡居保管理信息系统存在较多漏洞和不完善的地方，造

① 郑波.新型农村社会养老保险实施情况的调查分析——以云南省马龙县马鸣乡为例[D].云南财经大学，2014.

② 王飞跃.基本养老保险制度建设与老年贫困研究[M].中国社会科学出版社，2012.

③ 郑波.新型农村社会养老保险实施情况的调查分析——以云南省马龙县马鸣乡为例[D].云南财经大学，2014.

成管理上诸多不便。主要体现在：第一，系统设计不合理，还需手工进行稽核。一方面，系统中各子系统的功能区设置不合理，系统存在许多漏洞，比如达到领取待遇年龄的参保居民每人每月只可领取一次养老金，但是系统却可以发放数次，需要人工进行稽核，这样不仅会增加人工成本，而且还会造成重复发放；另一方面，"被征地农民基本养老保险"已纳入城乡居保进行管理，但是由于系统设计之初并未将这一子系统考虑在内，到目前为止该系统仍未增设"被征地农民基本养老保险"这一子系统，需要人工进行登记和管理，难以保证数据计算的准确性，容易造成管理上的混乱。第二，系统出现故障很难及时得到解决。目前，全省统一使用"云南省城乡居保信息管理系统"来对参保缴费、待遇发放、基金财务以及综合查询统计等方面进行管理，一旦系统出现问题，由于相关系统维护员缺乏经验或受系统权限的限制，需向省级系统维护员上报情况，这就存在一定的时滞性，以致问题很难及时得到解决，给经办机构工作人员造成管理上的不便。① 樊屹然（2014）指出，信息系统尚未建立起统一的缴费信息资源库，各级财政的补助无法直接划入参保人个人账户，无法做实个人账户，同时还造成养老金不能及时发放给适龄参保人的问题。②

（八）关于减贫效果的研究

范辰辰、陈东（2014）利用2011年中国健康与养老追踪调查（CHARLS）的全国调查数据，采用多元回归、离散选择模型以及工具变量法等多种计量模型实证检验新农保的政策效果，研究结果表明，新农保在全国范围内显著降低了农村居民贫困发生的概率，提高了农村居民的收入水平，增强了农民的经济保障能力。作者进一步对不同年龄群体进行分组检验的结果表明，作为主要目标群体的农村老年人受政策影响更为显著；但是处于缴费阶段的农民并不会因为参保致贫，某种程度上

---

① 粟琪.景谷县城乡居民基本养老保险制度实施效果研究[D].云南大学，2015.

② 樊屹然.完善新型农村社会养老保险制度研究——以云南省新平县为例[D].云南财经大学，2014.

甚至有减贫效果。[①] 薛惠元（2013）通过构建倍差法计量模型，对广西壮族自治区43个县域经济数据进行实证分析发现，新农保政策具有显著的减贫效应。但由于新农保的覆盖面还不大，其对广西整体农民人均纯收入的影响还没有体现出来。根据对湖北省团风县、宜都市和仙桃市的调研数据进行分析，发现新农保对农村老年居民产生了一定的减贫效应。但由于农村老年居民领取的养老金水平偏低，其减贫效应还十分有限；对整个农户而言，新农保的减贫效应不明显。[②] 杨志武、苑军军、宁满秀（2017）通过测算贫困发生率、贫困深度指数和贫困强度指数分析了新农保制度的减贫作用及其程度。他们的实证研究在控制造成选择性偏误的风险性因素后发现，新农保养老金收入在不同的贫困标准下，均能够显著降低农村老年人的贫困率、贫困深度和贫困强度，其在降低农村老人贫困方面效果比较稳定。基于此，政策设计者需要根据经济发展水平适时提高养老金的支付标准，同时，通过政策的调整吸引与鼓励农民早参保、多缴费，获得新农保制度带来的福利效应。[③] 张川川等（2014）使用中国健康与养老追踪调查数据，采用断点回归和双重差分识别策略，测算了新农保对农村老年人收入、贫困、消费、主观福利和劳动供给的影响。研究结果显示，新农保养老金收入显著提高了农村老年人的收入水平，减少了贫困的发生，提高了其主观福利，并在一定程度上促进了家庭消费和减少了老年人劳动供给。进一步研究显示，健康状况较差的老年人受到的政策影响更大更显著，表明“新农保”的政策影响存在异质性。[④] 张祖平、马碧莹（2014）指出，农村养老保险制度在农村养老保障体系中居于核心地位，旨在保障农村老年人的基本生活。但经初步估算，作者认为，农民养老保险替代率较低，年缴费100元和300元所能领取的养老金甚至低于低保水平。为了保障老年农民的基本生活，农村养老保险

---

① 范辰辰，陈东.新型农村社会养老保险的减贫增收效应——基于“中国健康与营养追踪调查”的实证检验[J].求是学刊，2014（6）.

② 薛惠元.新型农村社会养老保险减贫效应评估——基于对广西和湖北的抽样调研[J].现代经济探讨，2013（3）.

③ 杨志武，苑军军，宁满秀.新型农村社会养老保险制度对农村老年人的减贫效果分析[J].学习与探索，2017（9）.

④ 张川川.新型农村社会养老保险政策效果评估[J].经济学，2014（10）.

的最低标准可以参照当地最低生活保障标准，这一做法可以确保地区间相对公平。为了维持新农保的适度保障水平，政府还须大幅增加财政投入，提高基金的保值增值能力。[①]

① 张祖平，马碧莹.新型农村社会养老保险适度保障水平研究[J].江苏大学学报（社会科学版），2014（1）.

第三节 研究内容和方法

一、研究内容

本书共十章，主要章节如下：

第一章 绪论：文献综述、阐述研究背景与意义、研究内容、思路和方法、创新点和存在的不足。

第二章 西南集中连片特困地区农村居民基本养老保险制度的理论基础：阐述相关概念和理论基础。

第三章 国内外农村社会养老保险制度的经验借鉴及启示：国外农村社会养老保险制度的经验及启示；国内部分地区农村养老保险发展模式及对贫困地区的借鉴意义。

第四章 西南集中连片特困地区农村居民基本养老保险制度的现状：西南集中连片特困地区经济社会发展概况，农村居民基本养老保险制度的发展历程，西南集中连片特困地区农村居民基本养老保险制度应有的特征；西南集中连片特困地区农村居民基本养老保险制度的实施现状、存在问题、解决措施。

第五章 西南集中连片特困地区农村居民基本养老保险农民的筹资能力分析：广西农村地区经济社会发展及农村基本养老保险实施情况；农村居民的参保缴费愿意；农村居民的缴费能力；提高农村居民筹资能力的对策建议。

第六章 西南集中连片特困地区农村居民基本养老保险基金财政收支能力和基金的收支平衡分析：西南四省区城乡居民养老保险财政支持能力评估；构建与国家财政能力相匹配的基础养老金给付机制及与地方财

政能力相适应的补贴机制；西南集中连片特困地区城乡居民基本养老保险基金的收支情况；构建城乡居民基本养老保险基金保值增值机制。

第七章 西南集中连片特困地区农村居民基本养老保险的保障水平：城乡居民基本养老保险供给水平；农村老年人养老成本测算；农村基本养老保险的保障水平分析、政策建议。

第八章 西南集中连片特困地区农村居民基本养老保险的经办模式创新：农村社会养老保险经办模式；经办模式的现状分析；经办模式存在的问题及其原因；经办模式创新。

第九章 农村居民基本养老保险制度在西南集中连片特困地区精准扶贫中的作用：西南集中连片特困地区精准扶贫的目标任务；农村居民基本养老保险制度与精准扶贫政策的高度融合；充分发挥农村居民基本养老保险制度的精准脱贫作用；农村居民基本养老保险制度与特殊贫困人群的养老需求。

第十章 西南集中连片特困地区农村居民基本养老保险制度可持续发展：农村居民基本养老保险可持续发展的概述；现实困境及成因分析；路径选择。

二、研究思路

按照以打赢西南集中连片特困地区扶贫攻坚战为目的、完善西南集中连片特困地区农村居民基本养老保险制度为手段的思路，按照以下步骤分析。

（一）提出问题：查阅文献，阐述选题背景、研究范围、目的意义。

（二）分析问题：查阅相关文献及统计资料，并走访四省省级城乡居保经办机构，每个省抽出1—2个集中连片特困县，对县级城乡居保经办机构进行访谈，了解城乡居保在农村的实施情况；抽样调查广西部分县、乡镇城乡居保的实施情况，向农民发放问卷，掌握第一手资料；运用规范分析构建理论分析框架；在实证分析中采用定性与定量分析相结合的方法，分析西南四省集中连片特困县城乡居保制度实施过程中存在的问题。

（三）解决问题：根据西南集中连片特困地区城乡居保制度在农村实施存在的问题，结合西南四省区的实际，以相关理论作为指导，探讨与西南集中连片特困地区的经济发展、民族文化相适应的城乡居保制度，完善西南集中连片特困地区城乡居保制度。

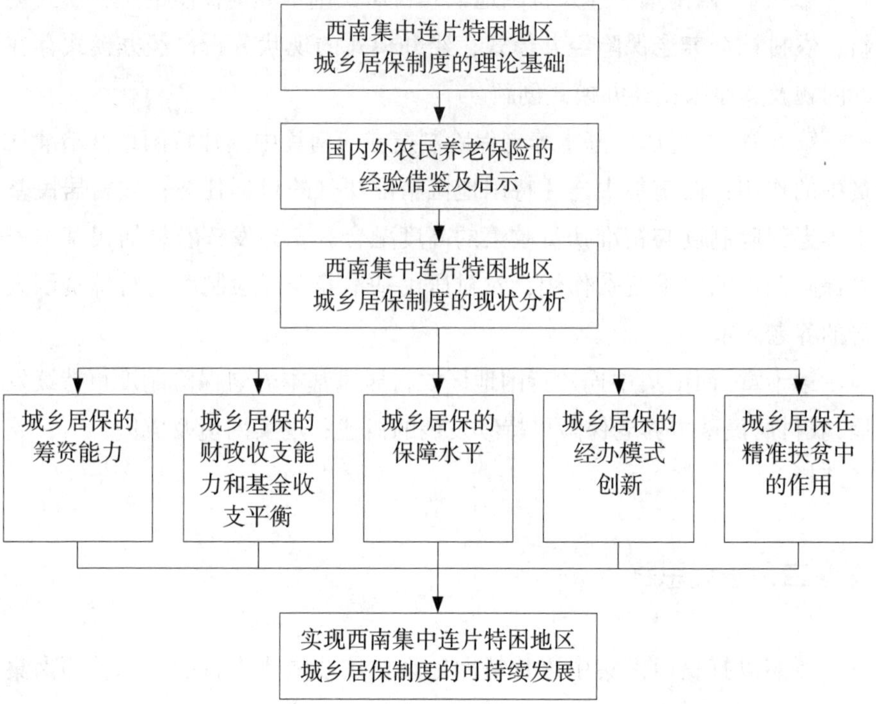

图 1–1 技术路线图

三、研究方法

（一）定性研究与定量研究相结合

对西南集中连片特困地区城乡居保制度运行中遇到的难点以及完善西南集中连片特困地区城乡居保制度的分析以定性分析为主，而对西南集中连片特困地区地方财政的筹资能力、农民参保意愿的影响因素、实施的难点则运用定量分析法。

（二）共性化与差异化比较

通过对国内其他省区及云南、贵州、广西、四川省内城乡居保实施情况进行对比分析，参照有关城乡居保的政策精神，借鉴其他省份各种先进的、科学的经验，分析全国城乡居保制度的共性与云南、贵州、广西、四川等集中连片特困地区城乡居保制度的个性。

（三）静态分析与动态分析相结合

城乡居保的缴费水平、地方财政的支持力度、领取待遇会随着地方经济发展、人民生活水平的提高而变化。在研究它们之间的关系时，必要时可以做一些动态分析，但也不排斥在一定时点上对它们进行静态考察。

（四）跨学科的方法

本课题涉及经济学、社会学、财政学、管理学、统计学等方面知识，课题组采用跨学科的方法，全面系统地揭示四川、云南、贵州、广西四省集中连片特困地区城乡居保制度运行中存在的问题并找出相应对策。

四、研究的创新点和不足

（一）研究的创新点

1.研究视角创新：从可持续发展的视角，结合西南集中连片特困地区的个性，研究西南集中连片特困地区城乡居保制度实施存在的问题和解决措施，切入点有别于以往的研究。

2.学术观点创新：结合西南集中连片特困地区的经济社会发展状况，分析其城乡居保制度实施中存在的个性问题，以可持续的观点完善原制度。

3.对策建议创新：提出完善西南集中连片特困地区城乡居保制度的对策建议，制度设计要体现减轻西南集中连片特困地区县级财政的负担、激励农民多缴多得和提高城乡居保待遇水平等特点，使其真正发挥出农村居民基本养老保险制度的“保基本”作用。

（二）研究的不足

1.本项目在静态分析广西、云南、贵州、四川集中连片特困地区城乡居保制度实施过程中地方财政的负担情况、农民的缴费能力和缴费意愿、激励机制、农村基本养老保险制度与扶贫政策的衔接等问题时，还要进一步深化；动态分析比较粗略，详细的动态分析还需进一步深化。

2.本项目提出的广西、云南、贵州、四川集中连片特困地区城乡居保制度提高基础养老金的对策建议及创新西南集中连片特困地区城乡居保经办服务模式，是否具有可行性和可操作性还需通过实践加以验证并进一步完善。

3.从影响农村居民持续参保意愿的因素看，除经济因素、经办服务的便捷性、待遇水平外，还有民族文化的影响。但本项目对民族文化的影响研究不够深入，仅注意到民族地区的语言沟通困难可能影响居民的参保意愿。

西南集中连片特困地区
农村居民基本养老保险
问题研究

第二章

西南集中连片特困地区农村居民基本养老保险制度的理论基础

第一节　相关概念的界定

一、西南集中连片特困地区

集中连片特困地区指的是连成一片特别贫穷的地区。根据《中国农村扶贫开发纲要（2011—2020年）》精神，按照“集中连片、突出重点、全国统筹、区划完整”的原则，以2007—2009年3年的人均县域国内生产总值、人均县域财政一般预算收入、县域农民人均纯收入等与贫困程度高度相关的指标为基本依据，考虑对革命老区、民族地区、边疆地区加大扶持力度的要求，国家在全国共划分了11个集中连片特殊困难地区，包括六盘山区、秦巴山区、武陵山区、乌蒙山区、滇桂黔石漠化区、滇西边境山区、大兴安岭南麓山区、燕山–太行山区、吕梁山区、大别山区、罗霄山区等区域的连片特困地区，加上已明确实施特殊扶持政策的西藏、四省藏区、新疆南疆三地州，共14个片区，680个县，作为新阶段扶贫攻坚的主战场，是打赢脱贫攻坚战的主要阵地。西南地区有滇桂黔石漠化片区、滇西边境山区、乌蒙山区等三个完整的连片特困地区和四省藏区（四川、云南）、秦巴山区（四川）、武陵山区（贵州）等三个与其他省市交叉的连片特困地区，总共涉及348个县，占全国集中连片特困地区一大半的县。这些连片特困地区分布在广西、云南、四川、贵州，呈现出面积大且连成一片的特点，因此，本书所指的西南集中连片特困地区是指以上国家划分的分布在西南四个省区的滇桂黔石漠化片区、滇西边境山区、乌蒙山区等三个完整的连片特困地区和四省藏区（四川、云南）、秦巴山区（四川）、武陵山区（贵州）特困地区。西南各连片特困地区所包括的县见表2–1。

表 2–1 西南集中连片特困地区包括的县（市）

连片特困地区名称	省名	市名	县名
滇桂黔石漠化区（80个）	广西区（29个）	柳州市	融安县、融水苗族自治县、三江侗族自治县
		桂林市	龙胜各族自治县、资源县
		南宁市	隆安县、马山县、上林县
		百色市	田阳县、德保县、靖西县、那坡县、凌云县、乐业县、田林县、西林县、隆林各族自治县
		河池市	凤山县、东兰县、罗城仫佬族自治县、环江毛南族自治县、巴马瑶族自治县、都安瑶族自治县、大化瑶族自治县
		崇左市	宁明县、龙州县、大新县、天等县
		来宾市	忻城县
	贵州省（40个）	六盘水市	六枝特区、水城县
		安顺市	西秀区、平坝县、普定县、镇宁布依族苗族自治县、关岭布依族苗族自治县、紫云苗族布依族自治县
		黔西南布依族苗族自治州	兴仁县、普安县、晴隆县、贞丰县、望谟县、册亨县、安龙县
		黔东南苗族侗族自治州	黄平县、施秉县、三穗县、镇远县、岑巩县、天柱县、锦屏县、剑河县、台江县、黎平县、榕江县、从江县、雷山县、麻江县、丹寨县
		黔南布依族苗族自治州	荔波县、贵定县、独山县、平塘县、罗甸县、长顺县、龙里县、惠水县、三都水族自治县、瓮安县
	云南省（11个）	曲靖市	师宗县、罗平县
		红河哈尼族彝族自治州	屏边苗族自治县、泸西县
		文山壮族苗族自治州	砚山县、西畴县、麻栗坡县、马关县、丘北县、广南县、富宁县

续表

连片特困地区名称	省名	市名	县名
滇西边境山区（56个）	云南省（56个）	保山市	隆阳区、施甸县、龙陵县、昌宁县
		丽江市	玉龙纳西族自治县、永胜县、宁蒗彝族自治县
		普洱市	宁洱哈尼族彝族自治县、墨江哈尼族自治县、景东彝族自治县、景谷傣族彝族自治县、镇沅彝族哈尼族拉祜族自治县、江城哈尼族彝族自治县、孟连傣族拉祜族佤族自治县、澜沧拉祜族自治县、西盟佤族自治县
		临沧市	临翔区、凤庆县、云县、永德县、镇康县、双江拉祜族佤族布朗族傣族自治县、耿马傣族佤族自治县、沧源佤族自治县
		楚雄彝族自治州	双柏县、牟定县、南华县、姚安县、大姚县、永仁县
		红河哈尼族彝族自治州	石屏县、元阳县、红河县、金平苗族瑶族傣族自治县、绿春县
		西双版纳傣族自治州	勐海县、勐腊县
		大理白族自治州	漾濞彝族自治县、祥云县、宾川县、弥渡县、南涧彝族自治县、巍山彝族回族自治县、永平县、云龙县、洱源县、剑川县、鹤庆县
		德宏傣族景颇族自治州	潞西市、梁河县、盈江县、陇川县
		怒江傈僳族自治州	泸水县、福贡县、贡山独龙族怒族自治县、兰坪白族普米族自治县
乌蒙山区（38个）	四川省（13个）	泸州市	叙永县、古蔺县
		乐山市	沐川县、马边彝族自治县
		宜宾市	屏山县
		凉山彝族自治州	普格县、布拖县、金阳县、昭觉县、喜德县、越西县、美姑县、雷波县

续表

连片特困地区名称	省名	市名	县名
乌蒙山区（38个）	贵州省（10个）	遵义市	桐梓县、习水县、赤水市
		毕节市	毕节市、大方县、黔西县、织金县、纳雍县、威宁彝族回族苗族自治县、赫章县
	云南省（15个）	昆明市	禄劝彝族苗族自治县、寻甸回族彝族自治县
		曲靖市	会泽县、宣威市
		昭通市	昭阳区、鲁甸县、巧家县、盐津县、大关县、永善县、绥江县、镇雄县、彝良县、威信县
		楚雄彝族自治州	武定县
四省藏区（35个）	云南省（3个）	迪庆藏族自治州	香格里拉县、德钦县、维西傈僳族自治县
	四川省（32个）	阿坝藏族羌族自治州	汶川县、理县、茂县、松潘县、九寨沟县、金川县、小金县、黑水县、马尔康县、壤塘县、阿坝县、若尔盖县、红原县
		甘孜藏族自治州	康定县、泸定县、丹巴县、九龙县、雅江县、道孚县、炉霍县、甘孜县、新龙县、德格县、白玉县、石渠县、色达县、理塘县、巴塘县、乡城县、稻城县、得荣县
		凉山彝族自治州	木里藏族自治县
秦巴山区（75个）	四川省（15个）	绵阳市	北川羌族自治县、平武县
		广元市	元坝区、朝天区、旺苍县、青川县、剑阁县、苍溪县
		南充市	仪陇县
		达州市	宣汉县、万源市
		巴中市	巴州区、通江县、南江县、平昌县
武陵山区（64个）	贵州省（15个）	遵义市	正安县、道真仡佬族苗族自治县、务川仡佬族苗族自治县、凤冈县、湄潭县
		铜仁市	铜仁市、江口县、玉屏侗族自治县、石阡县、思南县、印江土家族苗族自治县、德江县、沿河土家族自治县、松桃苗族自治县、万山特区

注释：本表整理自《中国农村扶贫开发纲要（2011–2020年）》

二、养老保险制度

养老保险是社会保险的重要组成部分。对于社会养老保险，我国学术界有各种定义，比较有代表性的是以下几种：邓大松（2009）：养老保险是国家根据劳动者的体质和劳动资源情况，规定一个年龄界限，允许劳动者在达到这一年龄时，作为因年老而丧失劳动能力的人而解除劳动义务，由国家和社会提供一定的物质帮助和服务，保障其晚年基本生活的一种社会保险形式。① 薛兴利（2007）：养老保险是指国家和社会根据一定的法律和法规，为解决劳动者在达到国家规定的解除劳动义务的劳动年龄界限或因年老丧失劳动能力退出劳动岗位后的基本生活问题而建立的一种社会保险制度。② 孙树菡、毛艾琳（2012）：养老保险是国家和社会通过相应的制度安排为劳动者解除养老后顾之忧的一个社会保险项目，目的是增强劳动者抵御老年风险能力，当劳动者达到法定退休年龄后，由社会保险机构或由指定的其他单位按规定给付养老金的社会保险制度。③ 从以上定义可以看出，尽管学者们对养老保险的定义不同，但最基本的观点是一致的，那就是养老保险是家庭和个人以外的国家、集体以及社会各方给予劳动者的养老保障。当前，我国实行多层次的养老保险体系：第一层次是基本养老保险，也称国家基本养老保险，是由国家立法在全国统一强制实施的，其目标是保障广大离退休人员的基本生活需要，最强调公平性；第二层次是补充养老保险，也称企业年金（职业年金），指企业对员工实施的养老金计划，其待遇与缴费和投资回报率相关联，更多体现效率机制；第三层次是个人储蓄型养老保险，一般为自愿储蓄型，由个人自愿参加，自主选择经办机构，是另一种补充保险方式，可以提高老年生活质量。

---

① 邓大松.社会保险（第二版）[M].中国劳动社会保障出版社，2009：367.

② 薛兴利.社会保障概论[M].中国农业大学出版社，2007：P98.

③ 孙树菡，毛艾琳.社会保险学[M].北京师范大学出版社，2012：102.

三、基本养老保险制度

基本养老保险制度又称国家基本养老保险制度，是根据国家相关法律规定强制实施的保障广大离退休人员基本生活需要的一种养老保险制度。[①] 我国的基本养老保险制度实行社会统筹与个人账户相结合的部分积累模式。什么是退休人员的基本生活？这是一个不好回答的问题，我们可以这样理解：首先，从老年人的需求来看，老年人的需求结构与中青年和儿童不一样，老年人在衣、食、住、行方面的需求要低于中青年，在食品方面有特殊的需求，在医疗方面又高于中青年人；其次，退休者在职时不同职业的工资水平差距很大，他们在职时的生活水平差距也很大，因此，不同工资水平对基本生活标准的理解也是不一样的。一般情况下，经济发展水平高的地区基本生活水平高于经济发展水平低的地区，在经济发展水平相当的地区，基本生活水平还受到不同文化、价值观念的影响。国际上通常用工资替代率（即退休者的养老金相当于其在职工资报酬的比例）来反映养老金水平的高低。一般认为，替代率为50%—70%时，可以保证退休者的基本生活。

四、农村居民基本养老保险

农村居民基本养老保险是对符合法律或政策规定的农村居民建立的防范其因年老或丧失劳动能力导致收入减少，而向其提供基本生活保障的养老保险制度。农村居民基本养老保险是指由政府、集体或社区法律制度等规范性文件组织实施，对达到一定投保条件的农村居民实施（社会保险带有一定强制性）的一种福利性（或政策性）养老保险制度，其保险基金由政府、集体和个人等多方负担。农村社会养老保险有强制

---

① 孙树菡，毛艾琳.社会保险学[M].北京师范大学出版社，2012：103.

性、普遍性、社会性和权利义务对等性等几个基本特征。[①]“农村社会养老保险是国家保障农民老年基本生活的制度，是政府的一项重要社会政策。”[②]从农村社会养老保险制度的参保对象来看，既包括农村的农业劳动者，也包括户籍在农村的外出务工的农民。

五、新型农村社会养老保险制度

新型农村社会养老保险制度（简称“新农保”）是在总结1992年1月1日《县级农村社会养老保险基本方案》实践经验和教训的基础上，政府与学术界提出的较为完善的农村养老保险制度。本书此概念是指2009年9月1日国务院办公厅发布的《国务院关于开展新型农村社会养老保险试点的指导意见》(国发〔2009〕32号）文件上所指的新型农村社会养老保险制度。新农保制度是一项重大惠农政策，是国家朝着促进社会公平、破除城乡二元结构、逐步实现基本公共服务均等化目标迈进的一个重大举措，对加快完善覆盖城乡的社会保障体系有着重要的意义，标志着我国农村居民基本养老保险制度建设进入了一个崭新时期，在中国社会保障发展史上具有里程碑式的意义。参保范围为年满16周岁（不含在校学生）、未参加城镇职工基本养老保险的农村居民，其可以在户籍地自愿参加新农保。

六、城乡居保制度

城乡居保制度是“城乡居民基本养老保险制度”的简称，本书是指2014年2月21日国务院颁布的《国务院关于建立统一的城乡居民基本养老保险制度的意见》(国发〔2014〕8号）中，将新农保和城居保两项制

① 郭士征.社会保障学[M].上海财经大学出版社，2005：53-60；林义.社会保险[M].中国金融出版社，2004：16-25；邓大松.社会保险[M].中国劳动社会保障出版社，2002：40-41；郑功成.社会保障学[M].中国劳动社会保障出版社，2007：300-301.

② 史探径.我国社会保障法的几个理论问题[J].法学研究，1998（4）.

度合并实施，在全国范围内统一建立的城乡居保制度。参保对象为年满16周岁（不含在校学生）、非国家机关和事业单位工作人员及不属于职工基本养老保险制度覆盖范围的城乡居民，可以在户籍地参加城乡居民养老保险。目前，农村居民参加的基本养老保险制度就是城乡居保制度。

七、逆向选择

逆向选择是指在市场经济条件下，市场的买卖主体不可能完全占有对方的信息，这种信息不对称必定导致信息拥有方为谋取自身更大的利益而使另一方的利益受到损害。逆向选择必须在三个条件都存在（即信息不对称、产品质量不均一、交易双方可以自由选择是否进行交易）的情况下才能产生。逆向选择是保险市场中一种重要现象，是“劣币驱逐良币”的现象，可能导致市场萎缩甚至市场崩溃，从而导致市场失灵。逆向选择表现在农民参加基本养老保险中，年轻人参保积极性低，选择最低缴费档次。

第二节　相关理论基础

一、公共产品理论

美国经济学家保罗·萨缪尔森按照是否具有消费的排他性和竞争性，把产品分为私人产品、公共产品和准公共产品。私人产品是指能够依靠市场机制实现资源优化配置的产品，具有排他性和竞争性；公共产品是指不能依靠市场机制实现有效配置的产品，具有非排他性和非竞争性；准公共产品则是介于私人产品与公共产品之间的产品。准公共产品又可细分为性质上接近纯公共产品的准公共产品、农村俱乐部产品和性质上接近私人产品的准公共产品三类。接近纯公共产品的准公共产品也具有非排他性和非竞争性特征。

公共产品的非排他性和非竞争性特点，决定了公共产品必须由政府提供。政府提供公共产品的数量和价格应如何确定，才能满足消费者的需求，使消费者效用最大化，达到公共产品的供求均衡，这就是公共产品最优供给。许多经济学家对最优供给提出了自己的理论模型，概括其核心是：要实现公共产品的最优供给，就必须考虑消费者对公共产品的需求状况。但是，公共产品的特征又决定了消费者不愿意表露自己对公共产品的需要和真实偏好，所以政府在提供公共产品时，就很难实现最优供给，导致公共产品难以有效供给，经常出现“过度供给”或“提供消费者不需要的产品”的情况。在实践中，政府要想实现公共产品的最优供给，最好的办法是建立公众对公共产品的“需求表达机制”，来了解公共产品的需求状况，以确认政府实际提供的公共产品数量、价格和方式在最大限度上接近理论上分析的最优水平。

从其性质来看，城乡居保属于接近纯公共产品的准公共产品，因此在提供时存在居民“搭便车”的现象。同时，也存在政府不了解居民的需求，无法实现最优供给的问题。

二、福利经济学理论

福利经济学，可以说是当代西方社会保障经济理论的开端。福利经济学是从福利的观点对经济体系的运行进行评价的经济学。[①] 20世纪20年代，英国经济学家庇古的《福利经济学》的出版标志着福利经济学的诞生，福利经济学的发展大致可以分为两个阶段：以庇古为代表的旧福利经济学和以帕累托最优原理为代表的新福利经济学。

庇古根据边际效用基数论提出两个基本的福利命题：一是国民收入总量愈大，社会经济福利就愈大。从第一个基本福利命题出发，他又提出社会生产资源最优配置的问题。他认为，要增加国民收入，就必须增加社会产量；而要增加社会产量，就必须实现社会生产资源的最优配置。二是国民收入分配愈是均等化，社会经济福利就愈大。从第二个基本福利命题出发，他提出收入分配均等化的问题。他认为，要增大社会经济福利，必须实现收入均等化。他把边际效用递减规律推广到货币上来，断言高收入者的货币边际效用低于低收入者的货币边际效用。庇古主张由政府通过收入转移的方式来补贴穷人。

卡尔多、希克斯、勒纳、西托夫斯基等人建立在帕累托理论基础上的福利经济学被称作新福利经济学。新福利经济学根据帕累托最优状态和效用序数论提出了自己的福利命题：一是个人是他本人的福利的最好判断者；二是社会福利取决于组成社会的所有个人的福利；三是如果至少有一个人的境况好起来，而没有一个人的境况坏下去，那么整个社会的境况就算好起来了。前两个命题是为了回避效用的计算和个人间福利的比较，从而回避收入分配问题，后一个命题则公然把垄断资产阶级福

① 厉以宁，吴易风，李懿.西方福利经济学述评[M].商务印书馆，1984：120.

利的增进说成是社会福利的增进。新福利经济学认为，当整个社会交换的最优条件和生产的最优条件都同时得到满足时，也就是当整个社会的交换和生产都最有效率，达到最优状态时，整个社会就达到最优状态，也就达到最大社会福利。

补偿原则是新福利经济学的重要内容之一。新福利经济学认为，帕累托的最优状态“具有高度限制性”，不利于用来为资本主义辩解，为了扩大帕累托最优条件的适用性，一些新福利经济学家致力于研究福利标准和补偿原则。其核心论点是，如果任何改变使一些人的福利增加而使另一些人的福利减少，那么只要增加的福利超过减少的福利，就可以认为这种改变增加了社会福利。按照这一标准，只要垄断资本家们的境况好起来，而不管多少人的境况坏下去，都是增大了社会福利。

三、整体性治理理论

整体性治理理论是英国学者登力维等人针对新公共管理因其过分强调效率、市场、分权和竞争引发不平等、公共价值缺失、碎片化等问题和新公共服务理论更强调价值观的宣传与贯彻，而没有提供一套切实可行的管理方法，而提出的一套新的理论。整体性治理理论是对新公共管理、新公共服务理论的修正。整体性治理理论以整体性为取向，克服了碎片化管理的困境。美国著名管理学教授西斯克认为，整体性运作的一个中心的、正式的目标就是更有效地处理公众最关心的一些问题，因此，其考虑四个关键层面 —— 政策、顾客群体、组织和机构，看每一个层面的目标是否有益。[①] 整体性治理理论为解决西南民族地区城乡居保制度可持续发展提供了理论依据 —— 在实践中要从整体出发，充分考虑政策的完善、各县城乡居民的负担情况、城乡居民的需求、组织机构建设以及可持续发展等内容。

① 陈水生. 新公共管理的终结与数字时代治理的兴起 [J]. 公共行政，2009（8）.

四、新公共服务理论

新公共服务理论是美国亚利桑那州立大学的罗伯特·V.丹哈特和珍妮特·V.丹哈特于21世纪初提出的一个全新的管理模式和管理理念。丹哈特夫妇指出："新公共服务是关于公共行政在以公民为中心的治理系统中所扮演的角色的一套理念。"[①] 从丹哈特夫妇给新公共服务的定义中可以看出：新公共服务首要价值取向是公民和公共利益，强调公共管理的本质是服务，政府的职能不是掌舵而是服务。政府的服务对象是公民而不是顾客。[②] 新公共服务理论为城乡居保经办管理服务提供了理论依据，在实践中要求完善经办管理机构建设，提高经办人员素质，提升服务能力，满足居民需求，以居民满意为目标。

五、生态行政学理论

1947年，美国哈佛大学约翰·高斯教授首次正式把"生态学"一词引入行政学。他认为，了解生态环境的各种因素是阐释行政行为的唯一途径。到1961年，里格斯系统运用生态学的方法来研究行政与环境的互动关系，提出每种特定的生态环境决定了与之相适应的行政系统，并设计了行政系统的三大模式，即农业社会的融合型行政模式，这种模式具有行政与政治一体化、集权与专制、官僚享有特权、注重血缘与亲情等特点；工业社会的衍射型行政模式，这种模式具有平等主义风范、成就取向、对事不对人、民众参政、行政专业化的特点；过渡社会的棱柱型行政模式，这种模式同时具有前两种模式的某些特征。行政生态学理论认为，任何行政系统及其关系必须依赖一定的政治环境、社会环境和文化环境，只有行政系统及其关系与其所处的政治环境、社会环境和文化环境保持平衡，才能维持系统的内外平衡状态，才能充分发挥系统整体功能，实现其存在价值。[③]

① 丁煌.西方行政学说史[M].武汉大学出版社，1999：41-44.

② 王丽莉.服务型政府：从概念到制度设计[M].知识产权出版社，2009：99.

③ 盛明科.服务型政府绩效评估体系构建与制度安排研究[D].湘潭大学，2008：39.

例如，“如果我们不理解《政府绩效与结果法案》所处的生态环境，这种生态环境包括现实的预算体制、管理碎片化、分权和授权的环境、来自意识形态和联邦政府部门相互隔离的压力、对联邦政府信息管理的批评与顾客和主人关系中的观念问题，就难以理解它所引发的各种反应”[①]。

由此我们可以得出：解决西南集中连片特困地区城乡居保制度可持续发展问题，必须充分考虑西南集中连片特困地区各县特定的经济环境、地域环境和文化环境。

六、社会交换理论

20世纪50年代，西方学者继承经济学、功能主义人类学、功利主义经济学和行为主义心理学的研究成果，以人们之间的相互关系为研究对象，对代际经济交换现象进行了深入的探索，产生了社会交换理论。社会交换理论的创始人乔治·霍曼斯认为：“人与人之间的互动基本上是一种交换过程，人与人交换行动的动机都是一种利益驱动，即希望得到与其付出的代价和成本相等同的酬赏与利润。”[②]用交换理论也可以解释养老保险代际经济之间的交换，代际经济交换既包括同代人之间由于分工不同的横向交换，也表现为不同代人之间由于劳动力差异而发生的纵向经济交换。从人类养老的发展历程看，无论是农业社会的家庭养老还是工业社会的社会养老，实质上都是代际的经济交换关系。农业社会的家庭养老，两代人之间的相互依存和供养关系是一种代际交换关系；工业社会的代际经济交换不是在家庭内部，而是通过社会化的交换完成的。年轻的劳动者通过税收的形式将自己生产的剩余转移给自己的父母一代，保持父母这代人的生活水平，但这种代际的经济交换不是以家庭供养为基础的交换，而是一种大范围的社会交换。这种交换需要一定的制度和规范，由一定的社会组织通过社会契约统一实施，这种代际经济交换在不同代之间，已不是一种血缘、亲属关系，而是一种社会关系。这种交

① 盛明科.服务型政府绩效评估体系构建与制度安排研究[D].湘潭大学，2008：39.

② 程晶晶.中国农村养老保障体系及其创新研究[D]，苏州大学，2011年.

换必须在一定的社会契约规范下才能实现，由社会统一组织实施。社会养老保险就是一种社会化的养老保障形式，它既包括代际的分配关系，也包括同代之间不同收入人群和阶层之间的收入分配关系。这种分配是由国家或者其他社会组织通过一定的制度来实现的，实质上是一种代际经济交换关系。

七、人民主权理论

主权是指一个国家的最高权力，主权在民是民主文明国家得以存在与发展的理论基础，人民主权论是政府责任的政治学基础。主权始终是属于全体人民的，至于政府的权力，则来源于体现全体人民共同意志的法律，人民制定法律并赋予政府权力，在人民主权的前提下，政府必须对民众负责。[①] 美国政治学家科恩在其著作《论民主》中指出：政治社会以取得有利于全体成员的一切为目的，特殊目的也只能在这一总的服务机能中产生。[②] 西梅指出，在一个民主社会，只有人民认为代表他们行使权力的政府对其所提供的服务和履行的义务负有完全责任，才会同意授予政府特定的权力。卢梭以社会契约论为基础构建了政府权力理论，认为政治国家是全体人民通过契约建立起来的共同体，人民是主权的真正拥有者，人民为了实现自己的意志而将一部分权力授予政府，政府只处于仆从的地位。很显然，一个政治社会必然存在某些个人、机构或团体享有最高地位，并有效协调其他机构或个人之间的纠纷，被授予权力的一方（政府）不得滥用权力，须对人民负责，而责任的实现代表其忠实程度。马克思也是人民主权论的支持者，他的社会总产品分配理论关于集体调节总劳动中的必要扣除，为人民主权的界定提供了理论依据。政府只是治权者，人民才是主权者，治权者必须为主权者服务，因此，政府必须为农民提供保障其基本生活的制度和服务。

① 于飞.论责任政府的理论基础[J].哈尔滨市委党校学报，2006（11）.

② [美]科恩.论民主[M].商务印书馆，1988：259.

第三章

国内外农村社会养老保险制度模式借鉴及启示

第一节　国外农村社会养老保险制度及启示

一、国外农村社会养老保险制度比较

现代社会养老保险制度是在传统社会结构瓦解背景下，促进经济发展和社会稳定的一个重要公共政策工具，对现代大生产方式下政治、经济、人口结构变化形成的养老风险起到调解与缓和作用。19世纪，德国率先建立现代意义上的社会保险制度，之后的一个世纪以来，各国相继建立了模式不同的社会养老保险制度。各国推进社会养老保险制度建设的一个共同特点就是都经过了先工业、后农业，先城市、后农村的过程。农业自身的抗风险能力比较差，农民收入不稳定，农村社会管理水平与城市有着较大差距。各国从这一特点出发，同时基于本国经济发展水平、历史文化传统和社会保障价值理念等诸多因素，为本国农民建立起各具特色的养老保险体系。国外农村社会养老保险制度模式不同，根据养老保险资金的筹集、管理、发放方式以及各种保障的性质划分，基本上可归纳为社会保险型、国家福利型、强制储蓄型等三种模式。[①] 需要指出的是，大多数国家采用多种模式结合的方式构建农村保险体系，并不是单一固定的农村社会养老保险制度。比较这几种模式的特点，对部分典型国家保险制度的主要内容进行分析，对于完善我国各地区的农村社会养老保险制度具有十分重要的借鉴意义。

（一）社会保险型模式：以德国、日本、美国为代表

社会保险型养老制度，即以个人或雇主缴纳养老保险费为主、政府

---

① 胡豹，王厚俊.国外农村社会养老保险制度模式及启示[J].仲恺农业技术学院学报，2006（1）.

给予部分财政补贴的养老金制度。[①] 这一模式强调农民养老“个人责任”，政府以间接的手段介入，政府、企业和个人三方共同承担农村养老责任，既是世界上最早出现的现代社会养老保险制度模式，也是目前世界上农村社会化养老的主流模式。其实现形式主要有两种：一种是针对农村人口设计独立的养老制度，如德国、法国、波兰等；另一种是直接将其城市制度向农村延伸，即国民年金型，如日本、美国、韩国等。社会保险型制度以“援助自助者”的权利与义务相结合为原则，普遍实行现收现付与积累制相结合的资金筹集与计发模式，养老金的筹集由政府、雇主、雇员共担承担，养老保险待遇与个人收入、缴费年限相联系，即农民养老首先是个人的义务，政府承担有限的养老金补贴责任。不过各国政府都给予了较大幅度的补贴，如德国政府补贴占到总保险金的70%，日本、韩国政府补贴也分别达到总保险金的1/3、2/3。[②]

社会保险型养老制度模式的主要特点是资金来源广泛，实现了农村养老保障的社会化目标，同时实行现收现付，增强了社会保险基金的互济性，其保障水平较高。通过政府补贴，真正使农民分享了工业化和城市化的成果。下面以德国、日本、美国为代表做具体分析。

1.德国农村社会养老保险制度

德国是世界上第一个建立现代社会保障制度的国家，也是最早实行农村养老保险的国家。德国农业以家庭经营为主，2007年农业人口占总人口的2.4%，农业产值占GDP的1%。[③] 农业虽然在整体国民经济中占比很小，但是出于人们对食品安全的广泛关注，为保障农产品能自给自足和农业的可持续发展，德国政府从20世纪50年代开始就出台了一系列公共政策以保护和支持农业从业群体，其中，农村社会养老保险制度就是其中的主要政策之一。德国养老保险制度的整体结构按职业划分，由两大系统构成，其中，职员、公务员、煤矿工人属于雇员养老保险体系；

---

① 刘影春.农村社会养老保险制度建设的国际经验及启示[D].华中师范大学，2013.

② 杨翠迎.中国农村社会保障制度研究[M].中国农业出版社，2003.

③ 欧盟、德国农业政策和农业预算管理[EB/OL].http://nys.mof.gov.cn/zhengfuxinxi/czznyxncjsdt/200806/t20080623_47833.html.

农民、手工业者、自由职业者属于独立经营者养老保险体系。由此可见，德国虽然经济发展水平高，但社会保障并不追求统一的制度安排，而是为农业从业者设立了单独的养老保障体系，所有农民都须强制参保，只是在特定情况下，可依法或申请免除保险义务。

德国农村社会养老保险制度的主要内容如下：

（1）参保对象。根据1957年7月颁布的《农民老年救济法》，养老保险法定投保人是农场主、农场主的配偶以及共同劳作的家属。农场主是指那些从事农业和林业的企业主，对其经营的农业企业最低规模也有规定。如果农场主的配偶没有与其长久分居，则配偶也作为农场主投保。此外，对共同劳作的家属也做了界定，比如在农业企业中专职从业的直至第三级的血亲、第二级的姻亲和一个农场主或者其配偶的养子（女）。①

（2）资金筹集方式。德国农村养老保险采取的筹资模式为现收现付制，资金部分来源于投保人缴纳的保险费，其余很大部分来源于联邦政府的补贴。投保人缴纳的保险费随着领取人数增多而相应增加。政府补贴的形式有两种，一种是向保险基金提供补贴，另一种是向收入低于一定限度的农民提供保险费津贴。联邦政府补贴只占保险费总金额的1/3，并且只有在农场主缴纳的保险费不足的时候联邦政府才进行兜底。所有农场主的缴费数额都是相同的，与其经营的企业规模大小、个数以及盈利情况无关。但年收入低于一定标准的农场主可以领取缴费补贴。农场主的配偶和农场主支付相同数额的保费。每一位共同劳作的家属，若未依法或根据申请被免除保险义务，也有参保缴费的义务，保险费为农场主保险费的一半，并由农场主承担。

（3）养老金的给付。农民享受养老金需要同时满足三个条件：男性必须年满65岁，女性必须年满60岁；缴费年限满15年，即满180个月（如领取丧失劳动能力养老金，最低的投保年限为5年）。此外，还有附加条件：农民在年满50岁后必须开始通过租让、继承或者出售等方式方

① 邓大松等.可持续发展的中国新型农村社会养老保险制度研究[M].经济出版社，2014年.

法转移他的农业企业，从而脱离农业劳动成为农业退休者。给付以现金给付为主，实物给付是在特定情况下采用的，例如在劳动者丧失劳动能力时，可以获得康复性治疗等。德国规定，如果早于法定退休年龄领取养老金，那么领取的养老金在整个领取期间均要打折。德国法定退休年龄为65岁，若在满60岁前提前领取养老金，每提前1个月，养老金打折0.2%；若是满60岁但未满62岁，每提前1个月，养老金打折0.23%；满62岁起，每提前1个月，养老金打折0.3%。[①]

（4）基金管理。目前有13家农村养老保险机构，它们还建立了全国性的总联合会，即农村养老保险机构总联合会。无论是各农村养老保险机构还是其总联合会，都是具有自治特征的法人，并接受国家监督。联合会的理事会中也有联邦政府相关部门的代表，但是他们没有表决权，只拥有发言权。

综上所述，德国农村养老保险遵循个人责任与义务对等原则，谁按规定缴纳了保险费谁就可以领取相应的保险金，只有当个人无法负担时，国家和社会才有义务来进行帮助。与一般社会保险相比，德国农场主（农民）除了没有失业保险外，其他社会保险都有；而且，德国政府只为农民老年养老保险提供缴费补贴，这体现了德国为农场主（农民）提供了平等甚至倾斜性的社会保险待遇。另外，德国农村养老保险还促使农场主年轻化，使有限的土地和农业资源得到充分利用。

2. 日本农村社会养老保险制度

日本是发达的工业化国家，农业就业人口约占日本总人口的3%。日本农村社会养老保险走了一条类似于德国的道路，即为农业劳动者建立了一套制度体系，这套相对独立的体系由双层结构共三个制度组成，即国民年金制度、农业者年金制度和国民年金基金制度。其中，国民年金制度是农业基础养老金，具有强制性；农业者年金制度制定于1970年，目的在于提高农业从业者的年金水平，同时加速农地经营转移和实现农业经营年轻化；国民年金基金制度的建立是由于国民年金制度的全国推

① 刘迪平. 中国新型农村社会养老保险长效供给研究［D］. 苏州大学，2010.

广使得原本被优厚年金和共济年金覆盖的企业雇用者和公务人员的年金水平相对于农民和自营者较高，所以建立此制度。另外，被豁免缴纳国民年金保险费和申请加入农业者年金者，不得再申请加入国民年金基金，已加入者，中途不得退出。后两种年金是自愿的，三者都采取现收现付模式运作。

（1）国民年金制度。

①参保对象。1959年，日本政府颁布《国民年金法》，规定对日本国内20岁以上、60岁以下的日本国民（参加雇员年金制度的人、公共养老金领取者及其配偶、学生除外）实行强制参保，公共养老金领取者及其配偶、学生自愿参保。强制参保人员分为农民、自营者（第一号参保人）、公司雇员、公务员（第二号参保人）、公务员的配偶（第三号参保人）。

②资金来源。由国库负担和个人缴费共同组成。国民年金筹资机制为现收现付制。从1986年4月起，国库负担基础年金缴费金额的1/3，到2009年上调至1/2。因收入低而缴费困难者，经申请批准可分别全额免缴、免缴3/4、免缴1/2、免缴1/4。[①] 免缴期也作为老龄基础年金的领取资格期，但养老金根据免缴比例会有所减少。第三号参保人不需要负担，由丈夫（妻子）加入的保险机构负担缴费。个人缴费（月缴额）为定额：2007年为14100日元，直到2017年每年将上调280日元（2004年度价格），上限为16900日元（2004年价格）。日本农业者年金制度的资金来源也是由国库负担总费用的1/3，农民每月定额缴纳750日元。

③待遇给付条件。日本农村养老金的给付由三项给付制度规定。国民年金基础年金分为老龄基础年金、残疾基础年金、遗属基础年金、一次性死亡保险金、一次性退保保险金等，其中主体是老龄基础年金。老龄基础年金的给付条件是缴清期、免缴期、累加期相加满25年，年满65周岁。领取人可提前到60周岁或推迟到70周岁领取，如提前，每提前1个月扣减0.5%，若推迟，每推迟1个月，增加0.7%。养老金待遇实行给

① 王小春.国外农村社会养老保险制度分析[J].世界农业，2013（3）.

付确定型，并按物价指数进行调整。

④基金管理。2001年之后，养老储备资金主要由厚生劳动省寄存在政府养老基金投资部，并由它决定采用适当方式委托私人投资机构直接投资于金融市场。但政府对基金的管理和投资仍干预较多，投资较保守。①

（2）农业者年金制度。

参保对象：年龄未满60周岁，每年从事农业生产活动不少于60天的农业就业者（国民年金第一号参保人，不包括免缴者），均可自愿参保。资金来源于参保者的保险费，而加入此制度20年，农业年收入在900万日元以下及1947年1月2日后出生的可享受财政补助其缴纳保费，补助比例依据参保者年龄和参保年限而定。农业者年金的给付条件为年满65周岁，缴费满20年。待遇包括经营转移年金、农民老龄年金、离农年金等。

（3）国民年金基金制度。

参保对象：年满20周岁以上60周岁以下的农民、自营业者等基础年金的第一号参保人自愿参保。基础年金（国民年金）免缴者以及申请加入农业者年金者，不得参加国民年金基金，已加入的不得中途退出。年满65周岁，缴费年限视加入年龄而定。养老金待遇确定：国民年金基金分为有保证期15年的和没有保证期的终身养老金两种，金额标准可自主选择，同时享受税收优惠。

综上可见，日本政府多层次的农村养老保险制度在一定程度上促进了农业的发展，提高了农村老年人的生活水平。日本农业年金制度的创新之处在于把国家农业发展同农民养老问题有机地连接在一起，在保障农村老年人基本生活的基础上，稳定了农村的农业队伍，有利于农村经济长远健康的发展。但是由于日本农村人口持续减少，农业年金积累较低，这一问题已经成为当前日本农村养老保险制度的一个困扰。

① 吕学静.社会保障基金管理[M].首都经济贸易出版社，2010.

3.美国农村社会养老保险制度

美国直到20世纪30年代资本主义经济危机时，才开始建立社会保障制度，相对于西方发达国家，其建立的时间比较晚。美国现行的养老保险制度是一个多层次、多元化的养老保险体系，它包括三个层次：第一层是公共养老保险制度（OASDI），以“老龄、遗属、残疾保险”为主；第二层是企业养老金、政府职员养老金，具有自愿性；第三层是商业型养老储蓄。美国农民人口仅占全国人口的1.8%，由于农业人口比例极低，加上城乡经济一体化，作为世界上最发达的国家，其有能力建立城乡统一的基本养老保险制度。所以在这三层养老保险制度中，将农场主（雇主）、农民（雇员）纳入第一层次的公共养老保险金范畴，具有强制性，其主要内容如下：

（1）参保对象。

根据联邦政府的《社会保障法》和《老、残、遗属保险法》等相关法律规定，全体受雇人员和年收入400美元以上的个体经营者必须强制参加OASDI。所以全体从业人员中，除了适用其他制度的州和地方政府职员，其参保对象覆盖率为96%。

（2）资金来源。

主要来源于雇主、个人及自营业者的工资税收入、社会保障信托基金的投资收益、联邦政府的财政补贴。参保人缴纳的社会保障税先上缴国库，然后再由国库划入社会保障信托基金。目前，养老保险税率为12.4%，由劳资双方分摊。

（3）养老金给付和待遇。

美国规定65岁开始领取养老金，2027年之前将上调至67岁。另外，领取者必须在其工作期间有良好的纳税记录。提前退休只能享受减额退休金，65—69岁延期退休的，发给全额养老金，但所得收入超过政府规定的额度要扣减，每2美元扣减1美元。70岁以上的，发给全额养老金，对收入不作任何扣减。美国公共养老金实行给付确定模式，启领后的养老金对应消费物价指数浮动，每年上调以抵消物价上涨率。

（4）基金管理。劳资双方的保费作为社会保障税，征收后先上缴国库，然后划入社会保障信托基金。由于美国采取现收现付方式运作，故托管资金是除去给付和管理费后剩余的部分。

综上所述，美国养老保险制度建立的时间短，但发展速度快，在多支柱、多元化的养老保障体系下，企业年金和商业年金制度比较发达，使人们可以过上较富足的退休生活。但同时也面临着人口老龄化和福利刚性的巨大压力。

（二）福利保险型模式：以英国、瑞典、巴西为代表

国家福利型养老保险制度，即国家向全体公民提供普惠型的养老金制度，其养老基金主要来源于国家税收，个人基本不缴纳或缴纳很少的保险费。这一制度以贝弗里奇的“国家福利”理念为“蓝本”，强调国家对于养老的主体责任，通过财政经济政策的调节作用，保障老年人晚年生活，以消除贫困、促进收入均等化，强调农民的公民资格，农民和其他国民一样享有同等的养老待遇。采用该种养老保险模式的主要是英联邦国家、北欧和一些受英国文化影响较深的发展中国家。按实施范围的大小一般分两种：一种是全民福利保险型模式，如英国、瑞典、加拿大等，即所谓的福利国家模式，保险基金实行现收现付办法，保障水平较高；另一种是特殊群体福利保险型模式，主要是发展中和不发达国家，由于国家经济发展水平不高，财力有限，只能通过特殊群体养老金救助制度，确保生活特别困难的农村老年人享有基本养老保障，养老金待遇水平较低，比较典型的国家有巴西、印度和南非等。

福利保险型模式最大的优点是重视公平，给全体国民以福利待遇，防止老年贫困，最大限度地扩大社会保障覆盖面；其缺陷是易导致人们个人养老责任感缺失等。随着人口老龄化的加剧，政府负担加重，影响国民经济的发展。下面以英国、瑞典、巴西为代表做具体分析。

1.英国农村社会养老保险制度

英国为岛国，是一个较之美国城市化程度更高的国家，农业人口占总人口的比例不到2%。英国的养老保险制度由国家养老金计划和私人养老金计划构成。国家养老金计划为二层结构，即国家基本养老金和国家第二养老金。英国的农村社会养老保险融合于国家整体社会保障安排，

即英国的国家养老金计划，涵盖在国家养老金计划二层结构之中。英国依靠国家养老金保证职工退休后的基本生活需要，依靠私人养老金计划来满足更高的退休待遇需求。在实施国家养老金计划的同时，英国由雇主提供职业养老金计划，由各种金融机构、保险公司提供个人养老金计划。

英国国家基本养老金（BSP）向所有符合条件的纳税人提供，其主要内容为：

（1）参保对象。个体经营者，包括农场主和有一定收入的雇员、农场雇工都必须参保。对于达不到国家规定的最低收入标准的农业从业人员，国家提供最低收入保障制度使其达到相关标准。

（2）筹资来源。筹资模式为现收现付制。养老金的主要来源是政府统一征缴的工薪税（社会保障税），由工薪税组成国民保险基金收入，基金不足部分则由财政解决。年满16岁以上的英国公民或在英国具有合法居留身份的居民，只要收入超过最低限额，都必须按照一定的费率缴纳国民保险。雇员国民保险的缴费（工薪税）包括两部分：雇主按照法定费率直接从雇员工资中扣除上缴一部分和雇主作为“单位”按照法定费率直接申报缴纳部分。自由职业者则根据自身收入状况按照法定费率自行申报缴纳。

农场主算是自由职业者，而农场工人算是雇员。农场主年收入低于4345英镑的部分不纳税，年收入在4345—4895英镑之间的，每周缴纳2.1英镑的税；年收入在4895—32760英镑之间的，则需缴纳两者差额的8%的税；农场工人自缴周薪94.1—630英镑部分的11.0%的税，农场主缴纳超出周薪94.1英镑部分的12.8%的税。

（3）给付待遇。首先，在领取条件上，男性居民法定退休年龄为65岁，女性为60岁（将于2020年也调整到65岁）。个人在达到法定退休年龄后继续就业，则视为自动推迟领取，在停止就业后，可以恢复申领。为鼓励推迟领取养老金，发放的标准也有适度的提高。其次，在发放待遇水平上，国家基本养老金BSP要求有效纳税年限和获准免纳税年限之和不得低于男49年、女44年，同时纳税年收入不得低于4262英镑，满足此条件的就可每周领取95英镑。对于收入少、纳税少的老人，最低给付每人每周70—100英镑。

英国国家第二养老金（S2P）的主要内容：只为雇员提供，只对包括农场雇员在内的雇员有参保要求。其特点在于发放标准与个人收入水平密切相关，是一种收入关联计划，其给付为雇员职业生涯中收入最好的20年中平均工资的1/4。S2P发放标准与个人收入水平、缴费年限以及缴纳国民保险数额有关，收入水平越高，缴纳国民保险数额越大，缴费期限越长，养老金发放的标准就越高。政府逐年提高国家第二养老金发放标准，还扩大了发放的范围，尤其对中低收入阶层加大了倾斜力度。例如，对于年收入水平在3900英镑到10800英镑之间的居民，一律按年收入10800英镑对待，这使许多低收入者在退休后可获得几乎是原来两倍的国家第二养老金。①

英国建立了城乡统一的社会养老保险制度，由单一保障模式向多层次转化。在1975年以前，从法定意义上讲，英国只有一个国家基本养老金计划，后来陆续推出国家第二养老金计划、个人养老金计划、存托养老金计划以及最低收入保障制度等，基本形成了比较全面、多样化、多层次的制度安排。此外，注重公平，国家第二养老金的建立和最低收入保障制度的实施让社会各个阶层都得到了实惠，尤其是低收入群体，从而对整个社会的协调持续发展发挥了重要作用。从1948年至今，英国已出台了十几个养老保险法案，养老保险制度以法律的形式确定，立法先行是英国养老金制度的重要特点。

2.瑞典农村社会养老保险制度

瑞典是北欧的发达资本主义国家，是福利国家型社会保障制度的典型代表。2002年，瑞典农业从业者占总就业人口的2.2%，产值约占国民生产总值的2.0%。由于农业人口和农业经济比例相较工业经济低得多，其养老保险制度实行城乡统一。

瑞典现行养老保险制度有三层结构：一是公共养老金，是最低保

① 王克冰.英国养老制度及其运作方式管窥[J].天津财经大学学报，2008（12）.

障养老金（即国民年金）和收入关联养老金；二是工作单位养老金；三是商业养老金（个人购买的商业保险公司所提供的人寿保险）。最低保障养老金（国民年金）针对的是全国范围内没有任何收入或收入很低的老年人。收入关联养老金面向有一定收入的人群，不过有收入参考下限和上限的规定（下限为年物价基准额的42.3%，上限额为基准额的8.07倍）。瑞典的收入关联养老金引入了名义账户制度，即名义缴费确定型养老制度（NDC），这是新制度中最突出的地方。工作单位养老金主要适用于加入中央组织岗位、收入超过基础额7.5倍的收入人群，不在公共养老金发放对象范围之内。其主要内容如下：

（1）参保对象。瑞典的国家公共基础养老金几乎涵盖所有人群，无论是否有收入。就农村区域而言，公共基础养老金覆盖每个人，无论是否有收入。

（2）缴费来源。最低保障养老金的筹资完全来源于国家的一般税收，不需公民缴费。收入关联养老金（名义账户制）来源于工薪税及政府补贴。保险费率为工资总额的18.5%，雇主与雇员各承担9.25%。需要指出的是，瑞典的名义账户实际是一种记账式的部分积累制，18.5%中的16.0%纳入名义缴费确定型账户，用于现收现付，支付给现有的退休者，剩余的2.5%纳入实账缴费确定型账户，实行基金积累制。

（3）养老金给付和待遇确定。瑞典规定，退休年龄在65岁及以上而且必须从25岁以后在瑞典居住满40年，可领取全额最低保障养老金；居住不满40年，则按每年1/40递减，但至少居住满3年。收入关联养老金没有最低参保时间要求，开始领取年龄为61岁以后，领取人可自行选择。养老金待遇确定：最低保障养老金与收入关联养老金挂钩，具有残补性，随着收入关联养老金的增加，最低保障养老金逐渐减少，直至不再享受。收入关联养老金的给付总额取决于几个要素：计入个人账户的名义积累、名义积累的投资增值、名义积累转成退休年金的计算公式、退休给付指数化的公式等。①

① 邓大松，等.可持续发展的中国新型农村社会养老保险制度研究[M].经济出版社，2014.

瑞典现行养老保险制度最突出的措施是引入名义账户制度。此制度一方面能体现责任的分担（即个人缴费）、待遇给付的公平（养老金待遇与个人缴费多少和时间长短相联系），从而激励参保人积极工作、积极缴费；另一方面还能有效抵御通货膨胀风险，因为名义账户中大部分资金用于现收现付，能使改革更平稳渐进。瑞典养老保险制度城乡统一，实现了国民皆保险，使养老保险关系转移接续无障碍。最低保障养老金完全由财政负担，体现了国家对养老保险的财政投入力度较大。但这是以强大的财政实力为前提的，而最低保障金只适用或倾斜于低收入者。

3.巴西农村社会养老保险制度

巴西是拉丁美洲的最大国家，经济较发达，目前总人口约为2.02亿，其中农村人口的比例约为13.5%。巴西基于自身的国家结构，采用福利型农村养老金制度，其个人缴费的养老金大部分由政府支付。

巴西农村社会养老保险制度主要由两部分构成：农村年金制度和农村社会救济制度，其具体内容如下：

（1）农村年金制度。该制度的保障对象为符合领取养老金条件的农村贫困人群。这部分养老金主要由政府通过税收、国债等手段进行筹集。具体来说，巴西的农村养老金并非农民自己缴纳，而是由初次购买农产品的2%的税额组成，政府的投入占年金总额的90%以上。

（2）农村社会救济制度。该制度起源于1974年巴西政府推行的月度寿险年金制度，即政府无偿为家庭贫困、人均收入低于法定最低收入的70岁以上的老人或者无法独立工作的残疾人提供一定的救助金，救助金为法定最低工资的一半。巴西创新性地运用了“以工补农”的方法，通过征收初次购买农产品税的方式实现了城镇资金向农村地区的转移，农村年金制度实现了农村的全覆盖，有效地解决了巴西农村的贫困问题，并且在一定程度上缩小了城乡之间的差距。巴西的农村养老保险制度发挥了巨大的社会效益，但是，财政的高补贴也使得巴西政府面临着严峻的财政压力。

（三）强制储蓄保险型模式：以新加坡、智利为代表

强制储蓄型养老保险制度是一种自我储蓄投保型的社会养老保险制

度。该类型强调社会养老个人责任，主张以家庭为中心储蓄维持社会稳定和经济发展，实行完全积累制财务运行模式，其养老基金来源于雇主和雇员按照工资收入的一定比例缴纳的保险费或由独立劳动者个人按照收入的一定比例缴纳的保险费，政府不给予投保补助，而仅给予一定的政策性优惠，但通常情况下会承担最低养老金和养老金投资最低回报率补贴。储蓄保险型养老制度受人口老龄化的影响比较小，对国家财政压力较小，但互济性差，参保人之间不能共担养老风险，违背了社会保险制度的基本性质。这一制度实行得比较成功的是新加坡和智利。

1.新加坡农村社会养老保险制度

新加坡是城市国家，只有少量的高科技农场和城市农业从业人员，其养老保险制度是城乡统一的，是储蓄保险型（个人账户制）养老保险制度典型的成功代表。

新加坡社会保障制度的核心是中央公积金制度，是集养老、医疗、住房、家庭保障等多种功能为一身的综合性、多层次的社会保障体系，是一个完全积累的强制储蓄计划。新加坡中央公积金制度55岁以下的参保人分三个个人账户，即普通账户、医疗账户和特别账户。其中72.5%是普通账户，可用于住房、教育甚至是个人投资，非特定目的不得提前取出，55岁后可以作为老年生活费转入退休账户。特别账户是主要用于公积金成员积累退休金，提供养老保障，退休前不能拿走，专用于老年生活费和特别亟需之用，成员到55岁可以一次性提取；未满55岁的人为了储备老年的生活费而建立的账户，用于养老和紧急支出，55岁后会被取消，其中的资金转入退休账户。17.5%为医疗账户，主要用于为自己以及作为新加坡公民或永久居民的配偶、子女、父母和祖父母支付住院或门诊费用、缴纳疾病保险费用。[①] 该制度的主要内容如下：

（1）参保对象。新加坡公民和永久性居民。按《公积金法》规定，“凡工薪收入者，无论是公务还是非公务职员，都要参加中央公积金计划，向中央公积金局（CPF）按规定足额缴纳公积金，连个体商贩也要参加

① 田焱，陈政达，张静.新加坡、智利和香港的养老保险制度比较[J].管理观察，2015（4）.

该计划”[①]。

（2）资金来源。主要来源是参保人和单位（为参保人）缴费，此外还有养老保险基金投资收益、中央公积金局罚款收入等。资金来源中没有财政补贴。参保人和单位缴费以工资收入为缴费基数，当雇员工资低于投保工资总额下限时，个人免缴保险费，全部由单位承担。当雇员工资高于投保工资上限时，高出部分可免缴保险费。新加坡养老保险缴费率很高，最高的1984年曾达到50%，其中，个人和企业各缴25%。新加坡的缴费率还与年龄挂钩，一般年龄越大，缴费率越低。

（3）养老保险给付条件和待遇。按月领取基本养老金要具备两个条件：参保累计缴费年限至少达20年和达到国家法定退休年龄。目前男女退休年龄同为62岁，但可在55岁时领取缴纳额30%的现金。养老金待遇实行缴费确定型，其计算总额为上年个人账户积累额+当年缴费（雇员、雇主）×（1+当年投资收益率）。新加坡政府规定的养老保险基金存款利率一般超过物价涨幅，这是国家对养老保险事业实行帮扶的体现。

（4）基金管理。新加坡中央公积金局负责整个公积金的全面管理，包括制定缴费率、对基金进行投资运营等。

新加坡通过开创个人账户模式，既保障了劳动者的晚年生活，同时还有效解决了国民的住房、医疗问题，并为国家经济良性发展提供了重要的资金来源，还能应对人口老龄化的挑战，是比较成功的。不过，个人账户制本质是一种强制型个人储蓄，缺乏社会成员间的互济性，难以体现社会保险的社会性和福利性，而且由中央公积金局一家机构掌管全部基金，竞争激励机制不足。但新加坡针对实账积累的个人账户，能根据经济发展以及国民生活的需要，适时将一个大账户分为几个主次相宜的小账户，并根据用途推出不同的投资举措，使得这笔庞大的资金得以盘活和充分利用，还规定了超过物价涨幅的基金存款利率，从而使基金能最大限度地保值增值，这一思路确实值得中国在管理实账积累的个人账户基金时借鉴。[②]

---

① 罗元文.国际社会保障制度比较[M].中国经济出版社，2001.

② 王小春.国外农村社会养老保险制度分析[J].世界农业，2013（3）.

2.智利农村社会养老保险制度

智利的农村养老保险制度起源于1981年的社会改革，建立了基于个人账户积累的新型养老保险制度，该制度主要由两个方面组成：

（1）建立个人养老保险资金账户。个人养老金账户是强制建立的，个人每月要将所需缴纳的养老金存入个人账户，企业不需要为个人缴纳养老金。个人账户的存款金额由个人选择养老基金管理公司进行管理，个人账户的养老金和投资收益构成养老基金。等个人退休时，按照个人账户的具体金额领取养老金。

（2）养老金的缴纳方式和给付方式。养老金的缴纳金额为个人月薪的10%，由企业为个人直接代缴养老金，国家不直接给予补助，而是提供一些优惠政策。如果个人已经缴纳了20年的养老金依然无法达到养老金最低限额，其不足部分由国家代为缴纳。养老金的领取条件为男满65岁、女满60岁，缴纳保险金年限为20年。当达到领取条件时，共有三种给付方式供个人选择。首先，计划支取方式，即个人将养老金交由养老基金管理公司管理，并且由该公司制定养老金领取计划，若个人死亡，养老金账户余额可以被继承；若个人领取完养老金依然活着，则由政府给予法定最低养老金。其次，终身年金方式，即个人委托养老基金公司向保险公司购买终身年金，若个人账户金额超过购买终身年金所需费用，多余的部分由个人一次性支取。养老金则由保险公司按月进行支付，直至个人死亡，在此条件下养老金不得被继承。最后，计划支取与终身年金结合方式，简单来说就是把养老金一分为二,一部分由养老基金公司管理，另一部分由保险公司负责管理。

智利农村养老保险基金的管理和运营特点如下：第一，严格监管农村养老保险基金。当前智利有7家养老基金管理公司，养老基金管理公司通过市场竞争进行运营，在金融机制不健全、法律法规不完善的情况下，智利政府通过设立相对严格的投资限量来确保养老基金的投资安全。第二，智利政府对养老基金投资的监管内容：首先，政府规定了详细的投资范围，农村社会养老基金的投资范围主要为政府债券、公司债券、股票等；其次，建立风险评估体系，规定风险标准，由专业的风险评估公司为债券和股票进行评级和分类，养老基金公司做出投资规划后需要经政府的养老基金管理委员会审批，并且，一般情况下，除了投资政府债券之外，投资某一项目的比例不得超过养老基金总额的30%；再次，设定最低收益保证制度，即养老基金公司的当月投资效益不得低于过去12个月平均效益的两个百分点；最后，政府补贴制度。万一养老保险基金公司出现投资失败的情况，不能达到最低投资效益目标时，则由政府给予相应的补贴。

智利的农村养老制度是以强制储蓄为核心的，养老资金的来源主要依靠企业或者员工的缴纳，政府没有给予资金上的补助，主要运用政策性的优惠和补贴对未能达到最低养老金标准的差额部分给予支持。这类养老保险属于个人完全积累的筹资模式，国家的财政负担较小，但是也存在着参保人之间互济性较差的问题，这与社会养老保险的基本性质不相符。

二、国外农村社会养老保险制度对中国的启示

（一）建立符合国情的农村社会养老保险制度

我们在研究中不难发现，各国的农村社会养老保险制度的建立和形成，无不基于本国的经济发展水平、人口状况和社会条件。西方发达国家建立农村社会养老保险制度时的条件极为相似，其一是建立时国民人均GDP都比较高，如德国1957年建立时其人均GDP为1345美元；日本1971年建立时其人均GDP已达3802美元；美国1990年建立时人均GDP为21，696美元；加拿大1990年建立时人均GDP为21，842美元；韩国1994年建立时人均GDP为6740美元。[①] 其二是农业产值占国民总收入的比例或者农村人口占国内总人口的比例都比较低，例如德国当时农业产值占比是5.7%，日本是6.0%，美国是2.0%，韩国是8.0%。其三是大规模工业化和城镇化，出现农业发展和农业人口锐减的双重困境，必须采

① 吕学静.社会保障国际比较[M].首都经济贸易大学出版社，2007：227.

取工业反哺农业的方式保持农业的持续发展和农村稳定，而其中的一个重要方式就是建立农村社会养老保险制度。当然个例如巴西、智利等，在经济相对落后的条件下，也颇有成效地建立了农村社会养老保险制度，特别值得去认真观察和总结。

尽管西方国家设立制度的背景相似，但是由于各国政治经济学背景及发展历程差异，或福利保障理念迥异，而导致了模式差异性选择。焦点首先在于是在全国范围内实施统一的制度还是针对不同的部门单列一个制度，是强调国家的主要责任还是首先强调个人责任等。英国、美国、瑞典选择城乡统一的无差别的社会保险制度，是因为这些国家有条件把农业从业人员（相当于农业工人）和城镇工人养老保险体系有机融合，而这三国在缴费上，参保者还是承担了部分义务，只不过是采取了税收的形式，国家承担了重要责任。以巴西为代表的拉美国家，居民没有缴费义务，支出由国家税收承担，实际是一种社会救助，通过资历审查发放养老金，不过这些国家需要解决日益扩大的资金缺口的问题。德国和日本安排了独立的养老保险体系，参保者履行缴费义务，国家财政上给予大力支持，使被保对象在退休后得到保障，但这仅是保障基本生活，要想得到更多的保障，可以自行参加其他社会或商业保险。这些国家给予中国农村社会养老保险制度建设和完善的最大启示是，中国不能跨越历史阶段去寻求解决问题的办法，而是要从中国的实际情况出发。

1. 中国农村社会养老保险制度应有更多社会保险模式特点

中国应区别于社会救助型的养老保险模式，参保个人应该要承担缴费任务，同时国家要在财政上、法律制度上给予大力的支持。目前要重点解决两个责任主体充分到位的问题，即个人缴费在自愿原则下不能充分到位的问题，应该借鉴缴费国家的做法，在基本保险方面通过国家立法，强制农民参加农村社会养老保险。另外，逐步提高财政补贴比例，保证政府充分履责到位。

2. 综合考虑经济社会发展的可承载力

现阶段我国国情决定了只能提供低水平、广覆盖的农村社会养老保险制度，一方面确保农村老人基本生活水平不降低；另一方面鼓励有意愿的居民通过“增加型”保险提高自己的保障水平。目前，最关键的是要解决我国农村养老保险金替代率过低的问题，农村养老金的基础养老金替代率只有12.81%，而国际上普遍认为，若要满足老年人的基本生活需求，养老金替代率要达到50%至70%才行。

3.探索推进“基本保障统一＋多个层次选择”的农村社会养老保险体系

我国目前难以像美国那样采取全体国民统一养老保险模式，农村单列一个系统是必然的，但是可以有多个层次供选择，可以和城镇职工养老保险在某些方面共通，诸如最低层次的保障可以全面覆盖，甚至统一，在此基础上，农民或居民可以按照自己的经济收入水平选择个人能力范围内适合自己的养老保险。同时，也要看到，社会养老保险制度城乡一体化是必然趋势。应确立“公平优先、兼顾效率”的政策理念，努力构建多元化的农村社会养老保险制度，努力在城乡统筹的基础上体现社会公正。在公平的基础上也要兼顾效率，充分应用市场的调节作用，比如借鉴智利养老金的市场化运行模式，切实加强农村社会养老资金的投资和管理，利用市场机制，实现农村养老金的保值和增值等。

（二）农村社会养老保险制度的政府主导责任

农村养老保险是公共物品，原则上应当由政府提供。国外虽然各国经济发展水平、文化传统和社会保险的理念各不相同，筹资形式和保障水平也有所差异，但无论采取何种模式，政府都发挥着主导作用。借鉴国外经验，我国农村社会养老保险中，政府主要应加强如下主导性作用：

1.通过颁布相关法律、政策来推进制度的实施

如美国1936年颁布《社会保障法》建立了OASDI制度，日本先后颁布了《国民年金法》（1959年）、《农村劳动者年金基金法》（1970年），将农民纳入国民养老金计划，确立了完善的制度。德国政府1957年制定的《农村老年救济法》，建立了相关制度，1975年颁布《农村老年年金保险法》，1995年又颁布《农村保障法》，对制度进行规范和修改完善。从国外来看，政府几乎参与了政策制定和实施的所有环节。政策的发布、管理机构和人员的配备、资金的征缴、养老保险待遇的发放等都是政府

发挥作用的重要环节。中国历经20多年的改革探索，于2010年颁布了《社会保险法》，这使中国的社会保障事业初步走上法制化轨道，但在农村社会养老保险方面，在个人缴费、基金管理、政府补贴等诸多方面，还缺乏具体明确的规定，必须加快立法步伐。

2.通过多样化的补贴承担提供财政保障的责任

国外要么公共财政给予缴费农民一定的参保缴费补贴，要么直接由财政出资给予农民基本的养老保障。德国联邦政府的补贴主要有以支定补、差额补贴和保费补贴等三种方式；日本的厚生年金基金来源中，财政补贴占1／3；在法国，农业互助金来自制度外的资金支持约占基金的3／4；巴西的相关资金主要来源是政府的税收和国债收入；在韩国和波兰，农村养老保险中财政补贴的比例都达到了2／3。总之，事实上，国外无论什么模式的制度，保险基金的来源都不可能完全来源于缴费，主要的来源途径是财政补贴和城乡社会保障转移支付。我国由于农民之间存在贫富差距，有部分农民缴费非常困难甚至缴不起费，政府必须提供必要的财政补贴。而且在改革开放初期，农业一直帮助政府支援工业的发展，如今工业发展起来了，政府应该拿出一部分资金去反哺农业。当前我国对社会保障的财政支出占财政总支出的比例仅为5.3%（2012年），且更多地投入到了城市的社会保障方面，我国对中西部地区最低标准基础养老金实行的是全额补助，对东部地区是补贴50%，基础养老金标准是每月70元，这不足以激发农民参加养老保险的积极性。因此，我国农村社会养老保险的财政补贴力度还有待进一步加大。

3.主导社会保险与农业等相邻政策的对接整合，形成多元化的筹资渠道

国外农村社会养老保险制度实施充分考虑到与农业政策的对接，或成为农业政策的一部分，或两者实现良性互动。如德国农民养老金给付以农场主移交农业企业为前提条件。这一做法对于当今中国借鉴意义尤其重大。首先，我国应增加对农业的投入，加大对农业的扶持力度，使农民增收，这样他们才能够有能力参加养老保险。我国目前青壮年劳动力外出务工和人口老龄化加快，农村因缺少劳动力，土地荒芜或土地利

用率不高。同时，越来越多丧失劳动能力的农村老年人老无所依。为适应农业、农村发展的新情况，应切实按照十八届三中全会提出的“赋予农民对承包地占有、使用、收益、流转及承包经营权抵押、担保权能，允许农民以承包经营权入股发展农业产业化经营”要求，利用现有土地资源，通过托管、入股等形式发展现代农业，增加村集体和农民收入，解决年老丧失劳动能力农民的养老问题。另外，政府要主导发动社会力量，通过社会捐赠等方式，拓宽农村社会养老保险的筹资渠道。

（三）构建多支柱支撑模式的农村社会养老保险体系

从上述几个国家来看，尽管各国农村养老保险制度模式有所不同，但基本上采取了多层保障的方式来抵御农村老年人的养老风险，这就是所谓的“二支柱”或“三支柱”模式。[①] 英国、瑞典采取的是“第一支柱”和“第二支柱”构成的混合制度模式，“第一支柱”指通过给付确定型或名义固定缴费确定养老待遇；“第二支柱”则是建立完全积累的固定缴费制度，澳大利亚、波兰即是如此。日本则有“三支柱”保障：第一支柱为国民基础年金，是普惠型或仅针对低收入人群，采取筹资现收现付制，资金来源于公共财政，给付为待遇确定型；“第二支柱”是农民专业年金，专门针对农民，采取农民个人缴费的个人账户基金积累制；“第三支柱”是个人储蓄型养老计划。第一支柱能防止农民老年贫困，实现了“保基本”，体现养老保险城乡统筹；第二和第三支柱能提高农民的老年生活水平，满足不同收入水平农民的不同层次需求，同时也能减轻公共财政的支付压力。德国、法国等国家除了有普惠制的制度安排，都采取措施鼓励农场主自愿购买补充养老保险，实现由社会保险、终老财产、自我保障“三支柱”组成的多层次养老保障。无论是“二支柱”还是“三支柱”模式，其共同特点是基于保障老人免于贫困而努力提高保障水平，将普惠与激励、统筹与差别有机结合起来，非常值得我国借鉴。

目前，我国农村社会养老保险基础养老金相当于第一支柱，个人账户养老金相当于第二支柱，应该说在制度模式上与国外有相同之处。问

---

① 邓大松，等.可持续发展的中国新型农村社会养老保险制度研究[M].经济出版社，2014.

题在于无论是基础部分还是个人积累部分都处于非常低的水平，还达不到基本保障的目标，还不能够满足不同收入水平农民的不同层次需求，进而实现提高保障水平的目标。此外，我国还应结合自己的实际情况，建立和完善包括家庭养老保障、社区养老保障、社会保险、商业保险、土地保障在内的多支柱保险制度。

（四）农村社会养老保险的社会化管理

国外的经验表明，农村社会养老保险的社会化显现越来越明显的趋势。传统意义上，社会保障管理主要采取政府集中管理模式，主要的特点就是政府全面负责具体政策的实施，直接参与各环节管理，对整个管理流程监控有力。其优势是有利于政策的实施和推广，有利于参保人的利益和体现社会的公平，但是容易导致机构臃肿，加大制度内耗，降低管理效率，另外管理质量也不尽如人意。然而，在农村社会养老保险领域，管理体制的社会化体现了世界农村社会养老保险体制发展的主要发展方向。在社会化管理中，政府负责政策指导和进行监督，实际各项具体管理职能则交给社会组织、外部竞争性机构。发达资本主义国家经济实力雄厚，社会自治组织发达，在社会保障的管理中充当重要角色。比如德国，农村保险的管理机构是农村养老保险机构总联合会（GLA），该机构不隶属任何政府部门。日本农村社会养老保险业务主要交给日本农协（日本农业协同组织）办理，其不仅是一个经济上的法人实体，也是连接政府与农民、城市与乡村、农业与工业的中介组织。此外，有的国家还设立了专门负责审理社会保障纠纷的法院，如德国的社会法院。从各国的经验来看，社会化管理有利于实现民主、科学的管理，建立较为完善的监督体系，使得政府责任小、负担轻、管理简便灵活、管理效率高，但是该方式需要较高的社会环境条件，包括法制健全、社会自治组织发达等。

随着我国养老保险在农村的实施和人口老龄化的加速，养老服务对象数量急剧增加，服务需求增多，与有限养老服务资源之间的矛盾进一步凸显，也应通过“政府购买服务”方式满足群众养老需求；通过市场方式引导更多资源流向农村，逐步推进公共服务均等化，最终实现养老资源的均衡配置。引导社会力量参与社会保险体系建设，借助公共服务市场化实现管理服务流程再造，解决服务资源相对不足与服务需求巨大之间的矛盾，最终实现“小政府、大社会”的公共服务改革目标。

（五）农村养老保险基金的保值增值

各国根据各自特点建立不同的农村社会养老保险基金运行模式，主要有三种：一是政府运营模式。政府作为主体，或成立专门部门或者建立投资公司进行经营，如日本农民国民年金由厚生省社会保险厅管理，基金的投资运营不经过保险公司，而是根据国家政策导向进行长期运营，成为财政投融资的主要来源。新加坡的中央公积金也由具有政府公共管理机构性质的中央公积金局按照政府的投资计划进行投资运营并接受社会监督。这一模式的特点就是能够最大限度地服务于国民经济的发展，安全性也较高，但是缺乏竞争机制，收益率不高，容易受政治影响。二是分散竞争型运营模式。养老基金完全交由外部竞争型私营机构进行具体的投资运营，严格遵守市场化原则，政府只负责监管和进行最低收益率担保。这一模式可以获得较高的回报率，促进资本市场的发展，但是其相对高昂的营销费用和管理成本也影响了收益水平的稳定性。智利是实行这一模式的主要国家。三是外部基金会托管模式。这一模式基金一般由政府负责筹集，而基金的投资运营则通过相关协议交由外部基金管理机构实施，这减少了政府的责任，但是过多的投资限制和协议的滞后性将影响基金市场化投资的进一步发挥。瑞典从2000年正式开始实施的辅助养老金计划由新成立的辅助养老局（PPM）管理，由国家税务局征收的参保者供款并负责记录个人账户情况，包括记录供款、投资收益、资金划转等，同时辅助局通过与基金公司签订合同等方式将自己的养老基金交给基金公司运营。

目前，我国养老保险基金投资渠道主要有银行存款、购买债券、参与证券投资基金等，养老保险的资金运用余额逐年增长。国外统计数据表明，只有当养老保险基金年收益率达到7%以上时，养老保险基金投资经营才能进入良性的发展道路。从2001年到2010年，只有2007年、2009年两年达到这一目标，且这十年来收益起伏比较大。因而，我国农村社会养老保险基金投资要借鉴国外成功经验，改善投资渠道。

第二节　国内部分地区农村养老保险发展模式及借鉴

一、国内部分地区农村养老保险发展模式

我国的农村养老保险制度从1986年开始探索、试点，逐步建立起来，经历了“老农保”的探索和稳步发展、“老农保”的整顿规范、“新农保”的探索与创建、“新农保”的试点推广和“新农保”与“城居保”整合实施的五个主要发展阶段。目前我国的农村社会养老保险已普遍实现对“老农保”成功转型，建立了个人缴费、集体补助、政府补贴相结合的新农保制度，探索形成了具有覆盖城乡居民功能的，基本养老金与个人账户相结合，个人缴费、集体补助、政府补贴相结合的城乡居保制度。各地在国家统一的基本制度背景下积极探索，不断进行政策措施、实施方式和经办管理等方面的创新，创造出不少可借鉴的经验，形成了一些比较成功的模式。换句话说，各地实施总体一致制度的同时，在具体制度设计、覆盖人群程度、缴费资金来源渠道、账户运行模式、基金运营以及参保激励机制、待遇发放办法和水平、经办服务等方面都有着不同的做法，取得了不同的经验，有不少地区被作为成功的典型在全国推广或被相邻、类似地区学习借鉴。比如在制度和政策创新方面，北京、嘉兴、青岛、通江、宝鸡、中山等地形成了极有典型特色的模式。而目前最迫切的问题——参保激励机制的建立和完善方面，湖北、浙江平湖受到不少关注。在经办服务创新方面比较有代表性的有：贫困县罗山，政府主导高效推进新农保的实施；宝鸡的县、乡（镇）、村三级服务机构网络和金融服

务网点代办服务，德阳市购买商业保险公司经办服务；东台外包信用社的“四不出村”服务；广东由邮政储蓄银行经办新农保业务。

总结和考察这些典型地区的农村养老保险模式，对于促进各地农村养老保险发展意义重大。而我们所研究的连片贫困地区，虽然不能照搬这些经验和做法，但是至少给我们树立了一个标杆，指明了一条可以参照（包括正面和反面）的路子。基于此，我们从上述一些典型地区做法中选取部分进行介绍。

（一）北京模式：政府主导性突出，实现城乡标准一体化

北京市模式作为一个典型，是我国2009年9月1日国务院《关于开展新型农村社会保险试点的指导意见》中全国统一的新农保制度模式的基本蓝本。

北京的新农保从“老农保”发展而来，2005年底印发了《北京市农村养老保险制度建设的指导意见》，确立了“个人缴费、集体补助、国家政策支持”的筹资模式，改变了过去的个人缴费为主，集体补助为辅，国家政策扶持的筹资方式，对于明确政府责任具有重要意义。2008年1月1日，北京市开始实施《北京市新型社会养老保险试行办法》（简称《办法》），之后2009年又印发了《北京市城乡居民养老保险办法实施细则》（简称《细则》），走出了一条全市城乡统一的新农保制度建设之路。

北京在制度设计上实行个人账户与基础养老金相结合的制度，采取个人缴费、集体补助与政府补贴相结合的筹资模式。具有本市户籍的，男年满16周岁未满60周岁、女年满16周岁未满55周岁（不含在校生），未进入城镇职工基本养老保险体系的所有城乡居民都可以参保，在实际运作中，男满45周岁、女满40周岁，都必须参保。如果推迟参保，达到领取退休金的年龄则会顺延。养老金待遇在达到法定年龄后按月计发，从而实现城乡劳动者社会养老保障制度的全覆盖。

在筹资方式上，按年缴费的方式缴纳养老金，基础养老金部分主要是政府统一补贴，国家的补助是每月280元，所需资金由市、区（县）财政共同筹集，分别列入市、区（县）财政预算并建立养老金的正常调整机制；个人账户主要是个人缴纳的养老保险费及利息、集体或者其他

补助收入。个人缴费的最低标准是北京各区县上年度农村居民人均纯收入的9%，最高标准为30%。

男年满60周岁、女年满55周岁的，符合下列条件之一从次月起，按月享受城乡居民养老保险待遇：自《办法》施行之日起累计缴费年限满15年的；自《办法》施行之日起男已年满45周岁、女已年满40周岁，每年按标准缴费不间断的；外埠迁入，男年满60周岁、女年满55周岁时缴费年限不满15年，按照上一年度最低缴费标准，一次性补足差额年限保险费的。参保人员达到领取年龄时缴费年限不符合领取条件的，可以延期缴费、延期领取待遇，最长延期5年，延长期满仍达不到规定领取条件的，按照不低于上一年度最低缴费标准，一次性补足差额年限保险费后，可领取待遇。在待遇领取方面，个人领取的养老金包括个人账户缴纳保费总额除以一个系数（男139；女170），得到每个月可领取的金额，再加上国家每个月发放的基础养老金部分。对于60岁以上未缴纳新农保的老年群体，国家发放每人每月基础养老金。

北京农村社会养老保险发展模式的主要特点：

一是充分体现各级政府的补贴责任。在北京市由个人缴费、集体补助和政府补贴三部分构成的筹资模式中，明确规定基础养老金的发放主要由市、区（县）两级政府负责，也可以适当提高待遇标准。从目前来看，北京财政补贴“出口”的280元，明显高于全国多数省区。对未享有社会保障的60岁以上的老人，每月每人发放福利金也主要由市、区（县）两级投入，充分体现了政府在农村养老保障中的主导责任，有利于新农保来源的稳定，提高农民的积极性。

二是实现城乡一体化。北京将失地农民和农民工群体纳入了城镇养老保险体系中，北京市户籍的农民工群体和私企员工可以同时缴纳职工社保和新农保，二者并无冲突，并且可以衔接。这说明北京统一了城乡标准，在全国率先建立了一体化的养老保险制度。在制度衔接上，对于户口转为城市的农村居民，对其之前缴纳的社会保险金进行结算，转化为城市基本养老保险金。对于已经参加城镇基本养老保险的农民工群体，将其缴纳的保费划入地方所属的新农保经办机构，并建立其个人账户，按新农保的待遇标准发放；对于过去加入农村养老保险的个人，将其个人账户关系转入城乡居保账户，统一进行管理。

（二）青岛模式：实现人群全覆盖，落实四方主体筹措机制

青岛市在城乡养老保险一体化方面走在全国的前列。从2003年下半年起，青岛市开始探索建立新农保制度，并且在经济比较发达的城阳区试点成功。2004年在城阳、黄岛、崂山三个经济比较发达的近郊区推开，2005年下发《关于推进各市被征地农民纳入养老保险的意见》，在即墨、胶州、胶南、平度、莱西等五个欠发达的县级市从被征地农民入手推行这一制度。2010年青岛市人民政府印发了《关于实施城乡居民社会基本养老保险制度的意见》（青政字〔2010〕10号），将全市各区县纳入城乡居保制度实施范围，实现制度的全覆盖。

参保对象为年满16周岁及以上（不含在校学生）、具有青岛市户籍、未参加企业职工养老保险或机关事业单位养老保险、未按月享受社会养老保险待遇的城乡居民，可在户籍地自愿参加城乡居保。

养老保险费筹资模式：由个人、村集体和区（市）、街道（镇）财政共同承担。个人缴费部分，在国家规定的缴费档次基础上，增设了若干档次，目前共有12个缴费档次，即每年分别缴费100元、300元、500元、600元、800元、1000元、1500元、2000元、2500元、3000元、4000元和5000元。其中，100元档次只适用于低保家庭成员等缴费困难群体。除100元档次外，参保人自主选择缴费档次。市、区（市）政府对参保人缴费给予补贴。政府对按时缴费的参保人实行多缴多补激励政策：对选择100—300元档次的每人每年补贴30元；对选择500—1000元四个档次的补贴60元；对1500—5000元六个档次缴费补贴100元，缴费即补。对重度残疾人，市、区（市）政府按每年500元标准代缴15年养老保险费。村集体的补助比例，各区（市）可根据当地实际，确定补助的下限标准。城乡居保制度实施时45周岁（含）以下的，应按年缴费，累计缴费年限不少于15年；缴费不足15年的参保人员，达到60周岁时也可补缴，但不享受相应补缴年限一次性政府缴费补贴。城乡居保制度实施时46—59周岁的，应按年缴费，累计缴费年限应不少于实际

年龄到60周岁的剩余年数，允许达到60周岁时补缴，但补缴后累计缴费年限不超过15年，同时享受相应补缴年限的一次性政府缴费补贴。

青岛实行社会统筹与个人账户相结合的制度模式，个人账户包括个人缴费和村集体补助费，其他社会经济组织、社会公益组织或个人资助资金。市、区（市）政府补贴资金、利息用于支付个人账户养老金，区（市）、街道（镇）补助资金用于建立统筹基金。

养老金领取条件为男年满60周岁、女年满55周岁，且个人按规定累计缴费满180个月。养老待遇包括个人账户养老金和基础养老金两部分，其中个人养老保险金月标准为个人账户累计结存额除以139，基础养老金月标准各区（市）政府根据各区（市）、街道（镇）财政补助社会统筹基金比例确定，基础养老金由社会统筹支付。

城乡居保制度与其他保障制度衔接。部分居民既有城镇职工基本养老保险缴费记录，又有城乡居保缴费记录。或享受了被征地农民社会保障、农村计划生育家庭奖励扶助、农村五保供养、社会优抚、最低生活保障、水库移民后期扶持政策等待遇，国务院有关部门将制定相关政策，在不降低标准、不损害居民既得利益的原则下，妥善做好城乡居保与这些制度、政策的衔接工作。对新老农保制度衔接、新农保与职保的制度衔接、跨地区流动养老保险的转移等都进行了规定。

青岛市农村养老保险发展模式的突出特点：

1. 实现人群全覆盖

规定了青岛籍年满16周岁及以上城乡居民都要参保（在校学生和参加其他社会养老保险的除外），在实际操作中，允许制度实施时46—59周岁人员在达到60周岁时补缴，政府为重度残疾人代缴；截至参保基准日，男年满60周岁、女年满55周岁以上的可一次性补缴并同时享受相应年限的一次性政府缴费补贴；也可不用缴费，按月领取基础养老金。

2. 采取多元筹资机制

规定个人、村集体、区（市）、街道（镇）四方主体共同筹措基金，各地在青政发〔2004〕41号文件的基础上，都明确了各地缴费和补助的比例。其中，从各地新农保政策法规来看，个人缴费的比例最低为6%，最高达到18%，集体补助比例在2%—12%之间，市、镇财政补助低限为4%，高的达10%。

（三）宝鸡模式：财政两头补，进行参保约束，形成县乡村经办网络

陕西省2007年起率先在宝鸡市开展了新农保试点工作，创立了个人缴费、集体补助、政府补贴的新农保“宝鸡模式”，成为全国新农保试点的样板。该市确定2007—2008年为试点示范阶段，率先在太白和全市50个新农村建设重点村试点，2009年开始在全市推广。2011年6月28日，宝鸡市出台了《宝鸡市城乡居民社会养老保险实施办法》，在全国率先实现了城乡居民养老保险无缝隙、全覆盖、一体化。截至2013年底，参保人数达到152.58万人，有40万左右的60周岁以上城乡居民每月按时领到了80元到110元不等的养老金。[①]

该市参保对象为年满16周岁、尚未参加其他社会基本养老保险的农村居民。缴费实行县级统筹，筹资方式实行个人缴费、集体补助、财政补贴相结合的模式，建立新农保个人账户。个人缴费档次由国务院规定的200—1000元8个档次增加到11档，最高档1500元，自主选择档次缴费，多缴多补，多缴多得。缴费可以按月、季或按年交纳，也可以一次缴纳。参保缴费起始日满60周岁以上人员不缴纳养老保险，本人家庭成员按规定参保并正常缴费，可享受养老待遇。待遇领取的个人账户养老金按月领取标准为个人账户积累总额除以139。农村老年农民养老补贴金标准为：政府给予参保人领取补贴，比国务院规定的统一标准分别增加20元。其主要特点是：

1. 做实养老金个人账户

使得社会统筹基金和个人账户基金分账征收，独立运营，互不挤占。

2. 建立“进口补”和“出口补”两项财政补贴制度

“两头补”为全国首创。农民缴纳养老保险费时，财政根据政策对参保人缴费给予30元—80元高低不等的财政补贴。城乡居民缴费补贴所需资金省财政承担50%，市、县（区）财政各承担25%；完全丧失劳动能力的

① 武丽娜，宋元梁.宝鸡市城乡居民社会养老保险财政补贴预测[J]，新西部，2014（21）.

农村贫困残疾人员参加新农保，参保费由市、县（区）按各承担一半的原则全额补助。参保人员年满60周岁领取养老金时，只要其家庭成员按规定参保缴费，就可享受由政府全额提供的基础养老金。政府给予参保人“出口补贴”，比国务院规定的统一标准分别增加20元，即60岁、70岁、80岁、90岁以上年龄段补贴分别增加为80元、90元、100元、110元。城乡居民基础养老金中央财政承担55元，其余部分市、县（区）财政各承担50%。

3. 建立缴费年限和养老金待遇挂钩的缴费激励机制

将政府财政补贴基础养老金（补“出口”）与缴费年限挂钩，调动了农村青年居民参保积极性。比如，商洛对缴费满15年以上人员每多缴一年，给予基础养老金每月增加不低于2元的补贴。

4. 加强管理经办服务

一是加强机构建设和人、财、物配备。市、县（区）分别建立农保经办中心，逐步实现“一厅式”服务、“一站式”办结，采取政府购买服务等方式，按照标准配备充实人员。县级经办机构每1万人配备1人，镇级经办机构每1.5万人配备4人，村级经办机构根据各个村人数多少相应配备1—2个人。县、镇、村三级机构分别按每个参保对象2.5—3.5元、2元、1—1.5元的标准拨付工作经费。在完善人员编制和社保平台建设的基础上，将工作结果与奖金补助挂钩，激发工作人员的积极性。二是建立“就近”服务的经办网络体系。该市为市内各县区农保经办中心及乡镇劳动保障事务所统一配备280多套计算机设备，统一安装新农保管理信息系统，实现市、县（区）、乡（镇）“一网联”，选择布局广泛的金融机构网点，与之加强合作，构建“四位一体”的支付渠道，包括POS机、转账电话、服务站点、专用车辆和设备等，设立了新农保专用服务窗口。如商南县地处山区，部分农户居住地离参保缴费、待遇领取地点很远，加之老年人腿脚不便，每次去领取养老金都会出现诸多问题，比如密码记不住、操作困难、看不懂存折内容等。县政府选择布局广泛、网点众多、乡镇全覆盖的陕西信合作为新农保资金的基金收入和支出专户开户银行，方便群众缴纳参保金和领取养老金。同时针对农民领取困难的问题，商南县购买了终端机（POS机）17台，农保办已安装到位，陈仓区部分乡镇将POS机安装于便民彩票店内，极大地方便了农民缴费和领款。三是加强经办审计监督，建立严格的待遇审核机制，各镇按月上报养老金待遇增减变动情况，进行初审、复审、交叉审核、分级审核，严格审查新增待遇人员资格，掌握待遇人员生存状况，准确核实死亡人员资料，确保养老金发放“不错一人，不漏一人”，尽力减少和杜绝虚报冒领。

（四）通江模式：突破参保重点人群、分类参保补贴和筹资制度

通江县是中日两国政府合作“中国农村社会养老保险制度创新与管理规范”试点项目实施县，2006年正式启动实施《通江县农村养老保险制度创新与规范管理试点工作实施方案（试行）》，之后按照国家统一部署，推进城乡居民社会养老保险工作，工作一直走在全国试点县的前列。2012年9月，被国务院表彰为“全国新型农村和城镇居民社会养老保险工作先进单位”。截至2015年3月，全县参保覆盖人数达26.06 万人，养老金社会化发放率达100%。[①] 该县农村养老保险制度在运行上有如下特点：

1. 突出重点参保对象

以农民自愿和“低水平、广覆盖”为原则，突出以被征地农民、进城务工经商农民、农村村组干部、独生子女和双女户、农村专业大户、乡村医生、小城镇农转非人员以及暂不具备参加城镇职工基本养老保险条件的乡镇企业职工等“五大类”人群为参保对象，并设计了针对被征地农民、进城务工经商农民、农村村组干部和种粮农民的分类养老保险，其中种粮农民养老保险作为制度设计的重点和难点。

2. 建立动态缴费机制

以当地农村上年度最低生活保障标准的25%作为缴费基数，最低200元/人，上不设限，缴费方式可以按月、按年连续缴费，也可以采取不定期、间断性缴费或一次性大额趸缴。参保人可根据自身的经济状况选择不同的缴费方式和缴费档次，这在一定程度上解决了缴费起点过低、保障水平过低等弊端。

3. 建立分类别的参保补贴制度

① 鲜杭烨，任薇.撑起社会“保障伞”—— 通江县创新推进城乡居民社会养老保险工作[N].巴中日报，2015-5-14（3）.

总体上形成个人缴费、集体补助、政府补贴的三方筹资机制。个人实行动态缴费机制。县政府每年按上年末养老保险基金积累总额的2.5%对参保农民进行补贴，其中，2%计入参保人员个人账户，0.5%纳入农保专项调剂基金管理，用于弥补基金支付缺口和提高农民养老保险待遇。对被征地农民的保险缴费从安置补助费、土地补偿金中按一定比例列支和抵交。对连续任职3年以上的在职村干部每人每年参保补助100元。对农村独生子女户参保也制定了不同的补贴政策。另外，制度实施之初，还采取了“粮食换保障”的方式，解决种粮农民参保资金匮乏的问题，即在农民自愿的前提下，从每年的售粮收入和其他收入中拿出适当的资金缴纳保险费。这项试点为探索各级财政直接建立专项资金、重点用于支持粮食主产区农村社会养老保险制度建设，积累了较重要的实践经验。

4. 在养老待遇上实行保底弹性的计发办法

月领取标准=个人账户积累总额×1/160。可以提前领取养老金，提前不超过5年，每提前一年减发1.5%的养老金，鼓励推迟领取，每推迟一年，增发1.5%的养老金，被保险人领取养老金，保证期为10年。同时，建立了储备调剂金账户，使保障水平可以随着经济社会发展和人均收入水平同步提高。

5. 建立农村社会养老保险证质押贷款新机制

为有效解决部分参保农民因生病或发生意外等特殊情况亟需资金的现实问题，县农保局与县农村信用合作社联合开展个人农村社会养老保险手册质押贷款业务，避免了一些参保农民因一时困难而要求退保现象的发生。

6. 规范管理机制，创新管理模式

通江在管理上实施“三权分立”，信息公开透明，即采取“乡镇征收基金，农保部门经办业务，基金中心核算，财政管理基金，银行专户储存，审计定期监管，社会化发放，制度化管理”的运作模式，确保了基金安全增值。

（五）湖北模式：多缴多补，长缴多补

湖北省共有17个市、州、县，为激励城乡居民多缴费、长缴费，部

分地区在给予30元/年补贴的基础上加大了补贴力度，主要分为“多缴多补”和“长缴多补”两种方式。①

1.“多缴多补”

一是按绝对数额增补，即各地区除对所有参保人给予30元/年的缴费补贴外，再根据参保人选择较高缴费档次情况增加补贴额，以鼓励参保人多缴费。这些市、州、县中，规定达到一定档次后，每提高一个档次（或资金额度）即进行定额增补，如秭归县规定，缴费档次在300元以上，每提高一档增补2元；而大冶市则是600元以上，每提高200元增补5元。同样的情况下，有的市规定了最高补贴额度，如竹山县规定缴费档次在500元以上，每提高一档增补2元，最高不超过10元；有的规定达到一定档次后，不论以后档次如何变化仅补贴一样数额，如鄂州市，600元以上增补10元；有的按不同的档次进行不同的资金额度增补，如松滋市按缴费档次的1200 元、1500 元、1800元、2000元分别给予增补5元、10元、15元、20元的补助等，如表3-1所示。

表3-1 湖北省部分地区按绝对数额“多缴多补”情况

地区	缴费档次	增补额度
秭归县	300元以上	提高一档增补2元
竹山县	500元以上	提高一档增补2元，最高不超过10元
竹溪县	200元以上	提高一档增补5元，最高不超过20元
大冶市	600元以上	每提高200元增补5元
石首市	500元以上	提高一档增补5元
鄂州市	600元以上	增补10元
松滋市	1200元、1500元、1800元、2000元	分别增补5元、10元、15元、20元

资料来源：根据湖北省部分地区“城乡居保”实施办法整理而得。

① 薛惠元，鲁欢，仙蜜花.城乡居民社会养老保险缴费激励机制研究——以湖北省为例[J].广西经济干部学院学报，2014（4）.

二是按固定比例增补，即对选择较高缴费档次的参保人按照超出数额部分的一定比例进行补贴，而补贴数额的多少由各地规定，并由当地政府承担增补的补贴。如安陆市、大悟县规定600元以上，按高出600元部分的2%补贴。云梦县、京山县规定1000元以上，按高出1000元部分的2%补贴。

2.“长缴多补”

主要是按固定金额增加补贴。由于湖北省各地经济发展水平存在差距，对于缴费超过15年的参保人给予的补贴数额也不同，部分地区对每增加一年缴费，加发月基础养老金1元或3元，而大部分地区选择加发2元，加发部分由地方财政承担，因此，加发数额视地方财政情况而定。如天门市、大悟县、孝昌县、云梦县、兴山县、枝江市规定，缴费超过15年的，每增加1年，月基础养老金加发1元；同等条件下，恩施市月基础养老金加发2元；沙市区加发3元；远安县加发3元，上不封顶。具体情况如表3-2所示。

表3-2 湖北省部分地区“长缴多补”情况

地区	补贴标准
天门市	缴费超过15年的，每增加1年，月基础养老金加发1元。
恩施市	缴费超过15年的，每增加1年，月基础养老金加发2元。
沙市区	缴费超过15年的，每增加1年，月基础养老金加发3元。
远安县	缴费超过15年的，每增加1年，月基础养老金加发3元，上不封顶。

资料来源：根据湖北省部分地区“城乡居保”实施办法整理而得。

（六）罗山模式：保基本、可持续，政府主导高效推进

河南信阳市的罗山县，是豫南大别山区的一个省级贫困县。2009年5月，罗山制定了《罗山县新型农村合作养老保险实施方案》等文件，确立了新农保制度框架，到2010年底，全县73万人中，已参保农民为39.36万人，达参保适龄人口的91.2%，得到了人社部的高度肯定。罗山新农保主要内容和特点体现在如下方面：

1. 广覆盖，保基本

年满16周岁以上（不含在校学生）的罗山县农村居民可以参加新农保，尽量做到对农村适龄居民的全覆盖。罗山县开始推行这项制度时，将基础养老金确定为70元/月。以上年度农民人均纯收入为缴费基数，按缴费基数的6%和8%进行选择，按照2008年全县农民人均纯收入4179元计算，选择6%，每人每年缴费250.70元；选择8%，每人每年缴费334.32元。对于60岁以上老人，可任选一档一次性缴纳15年的保费，选择6%的，一次性缴纳3761元，参保后每月领取101.3元；选择8%的，一次性缴纳5015元，参保后可每月领取111.8元。对于70岁以上的老人，政府另外补贴10元。

2. 低水平起步，可持续

罗山县实行“以个人缴费为主，集体补助、政府补贴、社会捐赠相结合”的筹资模式。县政府每年拿出本级财政收入的3%补贴新农保基金，做到财政能支撑。个人缴费在6%和8%之间选择，有自由度，群众也能承受。在参保与不参保的问题上，罗山县的新农保政策规定，以家庭为参保单位，符合条件的家庭必须参保，同时以行政村为参保单位，参保人达60%方可进入新农保的制度体系，这大大提高了参保率，也有利于增强基金的安全性和抗风险能力。

3. 共同担责，相邻政策衔接

罗山的农村养老保险采用个人账户与社会统筹相结合的筹资方式，个人、集体和政府共同承担农村养老保险责任，并且与社会救助、土地保障等政策配套，与国家扶贫政策相衔接，同时缴费水平较低，充分考虑了当地农民的经济实力，有利于政策的稳定。

4. 政府主导，推进高效

第一，在政策执行前，组织了深入的实地调研，全面掌握了全县的基本情况、农民的生存现状和养老要求，制定了较为科学的政策推进方案。第二，进行典型示范，每个乡镇选取2—3个基础条件好的村进行示范。第三，多元化宣传，重点帮扶。该县组织1名县领导干部联系1—2个村民组；组织10名完成较好的村支部书记进行经验介绍；组织100个县级直属单位对行政村进行帮扶；组织1000名公务员到基层宣传。第四，方便群众，农民缴费和领取方式便利、快捷，基金管理效率也较高，农民缴纳费用一年一缴，缴费和领取待遇都是到任何一个乡镇农村信用社即可。

（七）东台模式："便民宝"进村屯，"四不出村"贴身服务

江苏盐城的东台市位于江苏省中部，人口30万人，是我国百强县之一。该县在实施新农保政策过程中，与信用社合作创新养老保险经办模式，做到了不出村就可以进行参保登记，不出村就可以进行养老保险金的缴纳，不出村就可领取待遇，不出村就可进行待遇查询。

首先，在养老金的领取上，信用联社与社保机构合作，开发出"便民宝"，既有传统座机的作用，又有新农保养老保险待遇即时领取功能。新农保经办机构在每个村居选择设置一个便民服务点（通常是村居小商铺），信用联社给参保人员办理储蓄卡，定期将养老金打到储蓄卡上，给便民服务点的负责人（商铺店主）办理一张个人信用卡；参保人领取待遇时，将其储蓄卡和店主的信用卡同时插在"便民宝"上，将领取的金额转账至店主信用卡，再由店主将这笔钱以现金形式交给参保人，之后由银行根据信用卡记录与店主进行结算。其次，保费的缴纳也可以通过"便民宝"完成。缴纳程序与领取的程序相似，同时插上储蓄卡与信用卡后，参保人将确定的"保费"交给店主，店主将相应金额从信用卡上转账到参保人的储蓄卡上，信用联社将相应保费从该储蓄卡上扣除并转至财政专户，此后，"便民宝"同时"吐出"两张凭证，显示从店主信用卡向参保人储蓄卡转账的具体金额一致，做相应登记和签字，缴费完成。最后，东台市在2011年建立了"江苏省新型农村养老保险系统"镇村级的信息终端，配备了计算机、传真机、打印机、电话机等，向参保人提供登记、信息查询等方面的服务。

东台模式利用了银行的专业化优势，开发了"便民宝"，实现"四个不出村"，充分解决了村民参保和领取待遇的难题；由于与村民相配合，利用熟悉村民的优势，极大地推动了新农保工作的开展；建立信息系统并与省系统接轨，促进了整个参保过程的规范化。

东台市借助村组工作人员及“劳动保障公益岗位”人员，推进村组工作人员开展参保动员、信息采集、确认、登记、注销与更正、便民服务点的选择与管理等，东台市有68个“劳动保障公益岗位”，全部由全省统一招考的大中专学生，在村居一级任劳动保障协理员。2011年东台市直接支付镇村人员办公费用为120万元，其中约80万元为村“兼职劳动保障协理员”（一般是村会计）从事新农保经办工作的报酬。报酬采取分值制，有效调动了村工作人员的积极性。①

（八）德阳模式：政府购买公司经办，公私合作开展管理服务

德阳是国务院批准的四川省首批21个新农保的试点地区之一。2009年国家出台政策后，四川省制定《四川省新型农村养老保险试点实施办法》，在德阳市的旌阳区开展了试点。该区包括11个乡镇、30万居民，据初步测算，至少需要投入资金600万元，增加经办人员12人。当时该区无力投入这笔资金，考虑之前经办职工补充医疗保险和养老保险时曾引入商业公司参与，2010年，该区政府通过公开招标，同市某人寿保险分公司正式签订合作协议，利用商业保险公司经办新农保服务。

合作内容主要包括：一是制定新农保工作规范与详细的业务流程，研发实施信息管理系统；二是建立乡、村两级服务队伍，开展新农保宣传、个人信息的采集、核实、登记等；三是建立银行代收代付渠道，进行养老保险的征收、支付手续管理等；四是商业保险公司不参与新农保基金管理和运作，不承担盈亏风险，服务内容与服务质量接受政府监管考核。

德阳的做法有如下特点：一是商业保险代办新农保。中国人寿德阳分公司招聘并培训180多名中专以上学历的本地农村青年担任新农保协理员，分六个片区，每个片区一个经理，在全区11个乡镇、112个行政村、3个街道全面展开推广和进村驻点服务。2010年前五个月，就实现15万人参保，如今旌阳区25万符合参保条件的人口已全部参保。二是引入市场化机制，化解政府经办力量不足难题。这种模式在很大程度上减

① 向春华．“四不出村”：东台新农保的贴身服务[J]．中国社会保障，2012（7）．

轻了经办人员压力，降低了行政成本；同时促使管办分离，政府不再负责事务性、技术性工作，而主要负责监督管理。三是提升服务水平。我国农村配套性金融机构网点覆盖面还较窄，乡镇金融网点严重不足，同时缺乏对数量庞大且极为分散的农户进行大规模服务的工作经验，一些文化水平较低的农村群众甚至无法进行养老保险的支付、领取，新农保金融服务压力巨大。而“德阳模式”恰好破解了这一难题。

二、国内先行地区农村养老保险发展模式对贫困地区的借鉴

（一）政府主导与多元筹资相结合，解决投入不足的问题

我国新农保制度实践的核心问题就是钱从哪儿来，谁出钱的问题，而各地情况不同，经济发展水平不同，采取的办法不同，取得的效果自然迥异。对贫困地区来说，很难把发达地区的经验拿来照抄，比如，广东中山市的农村社会养老保险，集体经济组织可以承担起城镇职工养老保险体系中企业缴费的角色，而西南集中连片特困地区远不能达到这一步。贫困地区可以参照的做法有：

1. 明确责任分担机制

我国各地基本上确定了以个人缴费为主，集体补助、政府补贴＋社会捐赠等相结合的各方合作筹资机制，政策非常清晰，但是由于不少地区没有对政策进行细化，出资主体责任没有履行到位，使筹资机制虚设。青岛明确由个人、村集体、区（市）、街道（镇）四方主体共同筹措基金，并且明确了各方的缴费和补助比例，发挥了机制的作用。贫困地区集体经济和社区（乡镇）经济实力可能相对薄弱，但是不能排除已有越来越多的区域因为旅游、林果业、养殖业等开始变得相对富裕，但因为没有明确分担比例，所以即使有能力支付，也无法实施到位。

2. 加大政府财政补贴力度

实际上，不仅宝鸡，全国各地基本上都已经建立起了“进口补”和“出口补”两项财政补贴制度，明确了市级财政和县（区）级财政分别承担的比例。问题是补额太小，远远不能推动实现“保基本”的目标，影

响了参保积极性，引发人们对制度“有用性”的质疑。对于贫困地区而言，如何在财政可承受的范围内，通过定期的补贴调整，逐步提高补贴比例，充分体现政府主导性，是一个最值得研究的问题。

3.建立健全差别筹资或补贴办法。应当细化政策，对不同群体采取不同的补贴办法。比如通江，对被征地农民、村干部、独生子女户采取了不同的补贴办法（也可称为收入抵扣办法），还有通过“粮食换保障”的方式解决种粮参保农民资金匮乏的问题等，都是非常值得借鉴的。

（二）积极创新制度模式，确保实现广覆盖的政策目标

“广覆盖”是我国新农保制度追求的一个根本的制度目标，而对贫困地区来说，新农保作为一种普惠制的制度安排，担负着让贫困地区群众脱贫的重大任务，因而实现广覆盖、保基本具有十分独特的意义。借鉴当前各典型地区的成功经验做法，并且从贫困地区的实际出发，可以探索如下政策创新。

1. 加强行政推动，适时变为强制参保

无论是经济较发达地区还是经济后发展地区，中青年参保积极性不高是一个普遍存在的问题，要解决此问题，除了加大宣传力度，还必须要加强行政推动。目前政策规定的是自愿原则，且不说这一原则和社保的强制性特性相互矛盾，实践中，目前工作推进得较好的地区，无不是采取某种“强制性”做法，反之则推进效果不理想。比如罗山县规定，以家庭为参保单位，符合条件的家庭必须参保，同时以行政村为参保单位，参保人达60%方可进入新农保的制度体系，这大大提高了参保率，也有利于增强社保基金的安全性和抗风险能力。当然对贫困地区实施强制性参保，要建立在贫困地区家庭和个人可以承担的基础上，这就要结合精准扶贫工作，对特困户采取政府代缴等办法，尽量扩大参保人群。

2. 制定针对性的办法，将不同群体纳入参保范畴

比如青岛就采取了补缴、代缴等办法，将按年缴费退休时达不到15年或者制度建立时已达退休年龄人员、特困人员全部纳入了保险范围。

3. 采取动态灵活的缴费机制

通江市的缴费可以按月、按年连续缴费，也可以采取不定期、间断

性缴费或一次性大额趸缴等方式。宝鸡市养老保险费可以按月、季或按年缴纳，也可以一次性缴纳。这种灵活的缴费方法对于存在大量外出务工人员的贫困地区特别具有借鉴意义。

（三）建立健全参保激励机制，实现农村养老可持续发展

目前，贫困地区农村养老保险参保积极性不高已经成为影响农村养老保险制度可持续发展的最大因素。这与新农保保障水平普遍较低密切相关，与目前制度设计中激励、调整等机制不到位有较大关系。为了提高贫困地区农民参保积极性，参照各地的一些做法，可以考虑采取如下办法：

1. 实行比例费率制，并建立自动调整机制

我国现行缴费制度大多采取设定若干档次的定额缴费制，由农民自由选择，它的优点是整数缴费，便于村民理解以及费用的征收。而国家政策要求要依据农村居民人均纯收入增长等情况适时调整缴费档次，这样的整数缴费办法，每年调整一次非常麻烦，几年一调整又会出现调整滞后于农民纯收入增长的情况，另外还容易引起参保人员对于调整与否的质疑。如果变为以农民人均纯收入为缴费基数并规定缴费比例随着收入增长而自动增长，可促使个人养老保险金供给替代率保持稳定，增强参保人参保的积极性。而作为贫困地区，这种“水涨船高”的模式，不会给财政增加额外的压力，是实现农村地区养老保险可持续发展的最佳办法。在上述的几个典型中，通江建立储备调剂金账户，使保障水平可以随着经济社会发展和人均收入水平同步提高；宝鸡市年缴费标准，包括财政补贴和集体补助，按国民经济发展和农民人均纯收入增长情况适时调整等都是很好的实践。

2. 尽快落实“长缴多得”“多缴多补”的办法

“长缴多得”“多缴多得”是目前我国农村社会养老保险制度的要求，但是多数地区落不到实处，从而严重影响了参保人员尽早参保、按高档次参保的积极性。贫困地区经济基础较薄弱，参保人在看不到长缴与多缴的收入明显增加预期目标的情况下，要求其早缴、多缴更难以实现。在上述典型中，湖北省“多缴多补”机制或按绝对数额增补，或按固定

比例增补，“长缴多补”机制主要是按固定金额增加补贴，所取得的经验都是非常有益的，值得贫困地区大力借鉴。

3. 建立符合贫困地区特点的待遇保底强制性办法

一方面，对贫困地区因多种原因不得不中断缴纳保费的人员有一个基本保障；另一方面鼓励延后“退休”。比如通江，如提前领取养老金，提前不超过5年，每提前一年减发1.5%的养老金，鼓励推迟领取，每推迟一年，增发1.5%的养老金，被保险人领取养老金，保证期为10年。这种办法是值得贫困地区深入思考的。

（四）推动经办模式创新，增进贫困地区服务能力

1. 加强政府主导，打牢社会保险工作基础

比如罗山县把工作建立在深入调查研究、精准施策的基础上，以典型示范带动，又推出百千干部挂村宣传、辅导等措施，迅速实现了农村养老保险的全覆盖。宝鸡市在市、县分别建设农保经办中心，按照标准从县到镇到村配备人员，拨付工作经费，配备计算机，安装管理信息系统，实现市、县（区）、乡（镇）一网通，构建“四位一体”的支付渠道，包括POS机、转账电话、服务站点、专用车辆和设备，建立分级交叉的严格待遇审核机制等。

2. 引入市场服务机制，缓解经办不足的问题

无论是德阳模式的政府购买商业保险公司经办服务，还是广东模式邮储银行行政经办农村养老保险业务，或是东台模式外包信用联社“四不出村”服务，都能降低人员成本，做到贴近服务，提高贫困地区服务效能。贫困地区特别是边远的山区、边疆或少数民族地区，农村居民居住分散，接受信息机会和能力都有限，典型地区的这些做法都非常借得借鉴。

第四章

西南集中连片特困地区农村居民基本养老保险制度的现状

第一节　西南集中连片特困地区经济社会发展概况

2011年《中国统计年鉴》的资料显示：截至2010年，中国14个集中连片特困地区农民人均纯收入2676元，仅相当于全国平均水平的一半；在全国综合排名最低的600个县中，有521个在片区内，占86.8%；其中西南集中连片特困地区有348个县，占全国的58%。国家对集中连片特困地区加大了扶贫力度，尽管这些县的经济发展加快了，但大部分县与其所在省区的平均水平相比，农民人均纯收入还存在较大差距。表4-1、表4-2、表4-3、表4-4为2015年西南集中连片特困地区四省农民人均可支配收入情况。

表 4-1　2015 年云南省集中连片特困地区农民人均可支配收入

项目 县名	农民人均可支配收入（元）	项目 县名	农民人均可支配收入（元）	项目 县名	农民人均可支配收入（元）
云南省	8242	江城县★	7530	西畴县	7210
昆明市	11444	孟连县★	7482	麻栗坡县	7608
寻甸县★	6803	澜沧县★	7335	马关县	7644
禄劝县★	6595	西盟县★	7341	丘北县	7874
曲靖市	9451	临沧市	8063	广南县	7295
罗平县	11090	临翔区	8132	富宁县	8008
会泽县	7828	凤庆县	8265	西双版纳傣族自治州	10080

续表

项目 县名	农民人均可支配收入（元）	项目 县名	农民人均可支配收入（元）	项目 县名	农民人均可支配收入（元）
宣威市	9193	永德县	8237	勐腊县	8209
师宗县	9059	镇康县	8023	大理白族自治州	8766
昭通市	7272	双江县★	8051	漾濞县★	8295
邵阳区	7969	耿马县★	8373	祥云县	8906
鲁甸县	7303	沧源县★	7899	宾川县	11615
巧家县	7188	楚雄彝族自治州	8327	弥渡县	7668
盐津县	7351	双柏县	7580	南涧县	7098
大关县	6912	牟定县	7680	巍山县★	7634
永善县	7121	南华县	7961	永平县	7739
绥江县	7181	姚安县	8175	云龙县	7563
镇雄县	7183	大姚县	7960	洱源县	8157
彝良县	6777	永仁县	7575	剑川县	6835
威信县	7063	武定县	7592	鹤庆县	7943
丽江市	7924	红河哈尼族彝族自治州	8599	德宏傣族景颇族自治州	7917
玉龙县★	8359	屏边县★	10374	潞西市（芒市）	8497
永胜县	8133	石屏县	10091	梁河市	6652
宁蒗县★	5498	泸西县	9196	盈江县	8151
普洱市	7914	元阳县	6426	陇川县	7284
宁洱县★	8125	红河县	6438	怒江傈僳族自治州	4791
云县	8552	勐海县	9095	墨江县★	7780

续表

项目 县名	农民人均可支配收入（元）	项目 县名	农民人均可支配收入（元）	项目 县名	农民人均可支配收入（元）
景东县★	8120	绿春县	6385	福贡县	4494
景谷县★	8348	文山壮族苗族自治州	6998	贡山县★	4519
镇沅县★	8177	砚山县	8126	兰坪县★	4874
保山市	8572	昌宁县	7947	维西县★	6418
隆阳区	9289	迪庆藏族自治州	6487	全国	11421.70
施甸县	7807	香格里拉县	6557		
龙陵县	8484	德钦县	6516		
金平县★	6444	泸水县	4877		

资料来源:《2016年云南调查年鉴》，★为民族自治县。

表 4-2 2015 年广西区集中连片特困地区农民可支配收入

项目 县名	农民人均可支配收入（元）	项目 县名	农民人均可支配收入（元）	项目 县名	农民人均可支配收入（元）
广西（区）	9467	天等县	7193	田林县	6331
南宁市	9048	桂林市	10365	西林县	5997
隆安县	7277	龙胜县★	6637	隆林县★	5565
马山县	6664	资源县	8140	河池市	6164
上林县	6980	来宾市	8379	凤山县	5078
柳州市	9449	忻城县	7259	东兰县	5192
融安县	9245	百色市	6766	罗城县★	5323
融水县★	6586	田阳县	8161	环江县★	6668
三江县★	6672	德保县	6159	巴马县	5214

续表

项目 县名	农民人均可支配收入（元）	项目 县名	农民人均可支配收入（元）	项目 县名	农民人均可支配收入（元）
崇左市	8308	靖西县	5927	都安县★	5496
宁明县	8131	那坡县	4962	大化县★	5546
龙州县	7378	凌云县	5391	全国	11421.70
大新县	8668	乐业县	5428		

资料来源:《2016年广西统计年鉴》，★为民族自治县。

表 4-3 2015 年贵州省集中连片特困地区农民人均可支配收入

项目 县名	农民人均可支配收入（元）	项目 县名	农民人均可支配收入（元）	项目 县名	农民人均可支配收入（元）
全国	11421.70	锦屏县	6390	黔西县	7014
贵州省	7387	剑河县	6524	织金县	6883
六盘水市	11918	台江县	6171	纳雍县	6566
六枝特区	7114	黎平县	6587	威宁县★	6945
水城县	7088	榕江县	6464	赫章县	6560
安顺市	7042	从江县	6867	遵义市	9249
西秀区	9007	雷山县	6810	正安县	7560
平坝县	7639	麻江县	6569	道真县★	7572
普定县	6825	丹寨县	6595	务川县★	7534
镇宁县★	6566	黔南自治州	8047	凤冈县	8498
关岭县★	6621	荔波县	7670	湄潭县	10113
紫云县★	6534	贵定县	7989	铜仁地区	6931
黔东南自治州	7059	瓮安县	8324	普安县	6439
兴仁市	6999	毕节市（七星关区）	7116	晴隆县	6239
天柱县	7098	大方县	6974	贞丰县	6784

续表

项目 县名	农民人均可支配收入（元）	项目 县名	农民人均可支配收入（元）	项目 县名	农民人均可支配收入（元）
望谟县	5883	罗甸县	7933	江口县	6787
册亨县	6047	长顺县	7512	玉屏县	8709
安龙县	6731	龙里县	8354	石阡县	6834
黔东南自治州	6863	惠水县	8114	思南县	6677
黄平县	6526	三都县★	7501	印江县★	6650
施秉县	7205	遵义市	9249	德江县	6600
三穗县	6933	桐梓县	8987	沿河县★	6640
镇远县	7006	习水县	7847	松桃县★	6593
岑巩县	6894	赤水县	9235	铜仁市（碧江区）	9410
独山县	7823	毕节地区	6945		
平塘县	7393	万山区	7001		

资料来源:《2016年贵州统计年鉴》，★为民族自治县。

表 4-4 2015 年四川省集中连片特困地区农民人均可支配收入

项目 县名	农民人均可支配收入（元）	项目 县名	农民人均可支配收入（元）	项目 县名	农民人均可支配收入（元）
全国	11421.70	青川县	--	阿坝县	9794
四川省	10247	剑阁县	8610	若尔盖县	9563
泸州市	11359	苍溪县	7947	红原县	10879
叙永县	9023	南充市	10292	甘孜藏族自治州	8408
古蔺县	9604	仪陇县	9051	康定县	9843
乐山市	11649	达州市	10668	泸定县	8997

续表

县名 \ 项目	农民人均可支配收入（元）	县名 \ 项目	农民人均可支配收入（元）	县名 \ 项目	农民人均可支配收入（元）
沐川县	10959	宣汉县	7480	丹巴县	--
马边县★	---	万源市	7525	九龙县	10308
宜宾市	11815	巴中市	9084	雅江县	8251
屏山县	---	巴州区	9147	道孚县	7987
凉山彝族自治州	13620	通江县	7510	炉霍县	7750
普格县	7434	南江县	9084	甘孜县	6917
布拖县	6386	平昌县	7833	新龙县	7807
金阳县	6340	阿坝藏族羌族自治州	9711	德格县	- -
昭觉县	6657	汶川县	10078	白玉县	8219
喜德县	6347	理县	10085	石渠县	7634
越西县	7023	茂县	10128	色达县	7605
美姑县	6246	松潘县	9850	理塘县	7756
雷波县	7095	九寨沟县	9756	巴塘县	- -
木里县★	7182	金川县	10099	乡城县	7004
广元市	8939	小金县	8610	稻城县	--
元坝区	8769	黑水县	--	得荣县	8096
朝天区	8685	马尔康县	10228		
旺苍县	--	壤塘县	8653		

资料来源:《2016年四川统计年鉴》，★为民族自治县。

从表4-1至表4-4可以看出，西南集中连片特困地区大部分县的农村经济发展落后，连片特困地区大部分县农民人均可支配收入低于全国（11421.70元）、其所在省、市的平均水平，大部分县的农民人均可支配收入在5000—8000元，部分旅游业发展比较好和劳务输出大的县，农民人均可支配收入相对较高。从云南省的情况看，差距较大，泸水县、福贡县、贡山县、兰坪县农民人均可支配收入不到5000元。

表4-5 云南省集中连片特困地区所在县2015年贫困发生率

项目 省、市、县名	农村贫困发生率（%）	项目 市、县名	农村贫困发生率（%）
云南省	12.70	临沧市	12.70
昆明市	5.73	临翔区	13.20
禄劝县	5.54	凤庆县	12.56
寻甸县	14.66	云县	7.94
曲靖市	14.76	永德县	9.11
师宗县	14.40	镇康县	13.41
罗平县	4.78	双江县	10.78
会泽县	38.06	耿马县	9.16
宣威市	9.57	沧源县	17.64
保山市	9.58	楚雄彝族自治州	9.93
隆阳区	7.98	双柏县	11.93
施甸县	14.91	牟定县	4.89
龙陵县	12.65	南华县	8.81
昌宁县	12.84	姚安县	8.06
昭通市	21.53	大姚县	8.86
邵阳区	18.63	永仁县	15.87
鲁甸县	23.38	武定县	26.88
巧家县	25.68	红河哈尼族彝族自治州	16.22
盐津县	18.51	屏边县	39.79

续表

项目 市、县名	农村贫困发生率（%）	项目 市、县名	农村贫困发生率（%）
大关县	29.11	石屏县	7.96
永善县	28.59	泸西县	9.53
绥江县	30.28	元阳县	29.00
镇雄县	19.67	红河县	27.43
彝良县	25.54	金平县	23.03
威信县	10.32	绿春县	31.10
丽江市	9.30	文山壮族苗族自治州	11.33
玉龙县	4.81	砚山县	7.56
永胜县	10.20	西畴县	8.78
宁蒗县	15.32	麻栗坡县	17.57
普洱市	18.26	马关县	17.14
宁洱县	5.93	丘北县	8.88
墨江县	20.08	广南县	11.91
景东县	11.37	富宁县	12.82
景谷县	12.97	西双版纳傣族自治州	5.80
镇沅县	11.21	勐海县	5.63
江城县	23.68	勐腊县	10.65
孟连县	17.34	大理白族自治州	9.23
澜沧县	34.40	漾濞县	13.02
西盟县	26.66	祥云县	4.50
宾川县	6.63	盈江县	8.95
弥渡县	16.21	陇川县	8.78
南涧县	20.21	怒江傈僳族自治州	33.10
巍山县	7.11	泸水县	26.94

续表

项目 市、县名	农村贫困发生率（%）	项目 市、县名	农村贫困发生率（%）
永平县	12.24	福贡县	41.96
云龙县	14.23	贡山县	37.63
洱源县	5.69	兰坪县	32.72
剑川县	13.85	迪庆藏族自治州	30.31
鹤庆县	9.61	香格里拉县	26.21
德宏傣族景颇族自治州	7.76	德钦县	30.74
潞西市（芒市）	3.45	维西县	33.58
梁河市	13.00	全国农村	5.70

资料来源：2016年《云南调查年鉴》。

从表4-5可以看出，云南省集中连片特困地区农村贫困发生率普遍高于全国5.7%的贫困发生率。其中，贫困发生率在20%—30%的有鲁甸县、巧家县、永善县、大关县、彝良县、武定县、元阳县、红河县、金平县、墨江县、西盟县、南涧县、泸水县、香格里拉县等14个县，贫困发生率大于30%的有会泽县、绥江县、屏边县、绿春县、澜沧县、福贡县、贡山县、兰坪县、德钦县、维西县等10个县。其中屏边县达39.79%，福贡县高达41.96%，反映出云南集中连片特困地区贫困程度深、贫困人口集中。

表4-6 贵州省2015年贫困人口及贫困发生率

项目名称 市、县名称	贫困村（个）	农村贫困人口（万人）	贫困发生率（%）
贵州省	9000	493.00	14.00
贵阳市	67	1.52	0.80

续表

项目名称 市、县名称	贫困村（个）	农村贫困人口（万人）	贫困发生率（%）
南明区	–	–	–
云岩区	–	–	–
花溪区	11	0.16	0.60
乌当区	–	0.16	1.20
白云区	–	–	–
观山湖区	–	0.09	0.60
开阳县	14	0.14	0.40
息烽县	12	0.29	1.50
修文县	12	0.31	1.10
清镇市	18	0.37	0.90
六盘水市	615	41.65	15.70
钟山区	22	0.82	4.80
六枝特区	130	8.32	13.90
水城县	182	17.13	21.00
盘县	281	15.38	14.30
遵义市	871	55.83	8.40
红花岗区	8	0.90	4.00
汇川区	13	1.16	6.00
遵义县	105	8.02	6.70
桐梓县	121	4.24	6.00
绥阳县	46	2.99	5.70
正安县	90	7.17	15.10
道真县	48	3.59	11.60
务川县	67	5.72	13.70

续表

项目名称 / 市、县名称	贫困村（个）	农村贫困人口（万人）	贫困发生率（%）
凤冈县	41	2.92	7.20
湄潭县	64	2.77	6.30
余庆县	30	1.44	5.40
习水县	127	9.00	13.20
赤水县	51	1.79	7.50
仁怀市	60	4.12	6.90
安顺市	583	34.39	13.70
西秀区	134	3.89	6.30
平坝县	57	2.93	9.00
普定县	98	6.91	15.10
镇宁县	114	6.77	18.70
关岭县	88	6.63	18.00
紫云县	92	7.26	19.30
毕节市	1981	115.45	16.50
七星关区	282	14.73	13.30
大方县	224	17.07	19.10
黔西县	209	10.10	14.30
金沙县	87	5.35	11.40
织金县	333	19.78	22.50
纳雍县	245	15.84	18.10
威宁县	314	19.15	14.50
赫章县	287	13.43	17.90
铜仁市	1565	58.32	15.50
碧江区	34	1.46	8.90

续表

项目名称 市、县名称	贫困村（个）	农村贫困人口（万人）	贫困发生率（%）
万山区	37	1.77	13.30
江口县	80	2.79	13.80
玉屏县	44	1.65	12.70
石阡县	173	6.59	16.50
思南县	279	10.21	16.40
印江县	203	5.95	14.30
德江县	174	7.63	20.20
沿河县	250	10.05	17.00
松桃县	291	9.59	14.20
黔西南州	629	42.23	13.80
兴义市	92	4.95	7.40
兴仁市	78	4.69	10.60
普安县	44	3.53	10.50
晴隆县	56	7.94	25.70
贞丰县	83	6.46	16.10
望谟县	103	6.64	21.20
册亨县	74	4.93	20.90
安龙县	99	4.09	9.40
黔东南州	1853	84.32	21.70
凯里市	73	4.53	12.10
黄平县	135	8.21	23.00
施秉县	33	2.39	21.90
三穗县	85	4.75	23.80
镇远县	57	3.53	20.60
岑巩县	68	3.73	19.90

续表

项目名称 市、县名称	贫困村（个）	农村贫困人口（万人）	贫困发生率（%）
天柱县	170	8.08	22.50
锦屏县	112	5.13	23.70
剑河县	181	5.83	23.70
台江县	93	3.38	24.00
黎平县	249	9.17	19.90
榕江县	160	8.14	27.60
从江县	207	7.73	23.90
雷山县	90	2.83	20.80
麻江县	44	3.03	20.60
丹寨县	96	3.86	23.80
黔南州	836	58.29	16.50
都匀县	52	3.72	11.30
福泉市	26	3.08	14.10
荔波县	51	3.49	21.10
贵定县	51	3.59	13.80
瓮安县	46	3.98	9.10
独山县	74	5.82	17.60
平塘县	69	6.19	19.60
罗甸县	100	7.75	24.20
长顺县	39	5.03	20.50
龙里县	74	2.39	12.30
惠水县	108	5.10	12.70
三都县	46	8.15	25.50

资料来源：2016年《贵州统计年鉴》。

从表4–6可以看出，贵州省只有少数集中连片特困地区县贫困发生率低于全省贫困发生率平均数，大部分还是高于全省平均数。贫困发生率高于20%的集中连片特困地区县有：水城县、织金县、德江县、晴隆县、望谟县、册亨县、黄平县、施秉县、三穗县、镇远县、天柱县、锦屏县、剑河县、台江县、榕江县、从江县、雷山县、麻江县、丹寨县、荔波县、罗甸县、长顺县、三都县等23个县，占全省集中连片特困地区的35.39%。其中较高的贫困发生率集中在石漠化片区。滇桂黔石漠化片区是我国石漠化分布最集中，也是面积最大、贫困人口和少数民族人口最多的片区。"十二五"期间，该片区农村贫困人口由2011年的816万人减少到2015年的398万人，农村贫困发生率由31.5%下降到15.1%，治理石漠化面积近4 000万亩。①

① 白羽.滇桂黔石漠化片区吹响新一轮扶贫攻坚"冲锋号.2016年04月19日，http://news.xinhuanet.com/fortune/2016-04/19/c_1118672398.htm.

第二节　农村居民基本养老保险制度的发展历程

20世纪80年代中后期，农村实行家庭联产承包责任制几年后，随着农村人口的快速增长，土地分割成小块由家庭分散经营，人地关系日益紧张，农村土地的保障功能在弱化。以浙江省为例，至2001年底，浙江省人均耕地面积仅0.036公顷，远低于联合国粮农组织认定的人均0.053公顷的最低警戒线。① 农民耕地面积日趋缩小，使得农村家庭养老面临挑战。面对这种挑战，政府于20世纪80年代中期开始，探索性地建立农村养老保险制度。到目前为止，农村养老保险制度已经有了20多年的历史，大体可以分为老农保、新农保和城乡居保三个阶段。

一、“老农保”阶段

老农保从试点到整顿，大致经历以下三个阶段。

（一）试点阶段：1986—1991年

1986年10月，民政部根据“七五”计划提出的“建立农村社会保障制度雏形”的要求，在江苏洲县（现张家港市）召开了“全国农村基层社会保障工作座谈会”，标志着农村养老保险在我国开始萌芽。会议形成的主要意见是，从我国实际出发，因地制宜建立和完善多层次的农村社会保障制度，即在贫困地区主要搞社会救济和扶贫；在多数人的温饱问题已解决的经济发展中等地区，重点兴办福利工厂，完善“五保”制度，

---

① 关于我省率先推行农村社会养老保险制度的建议http://www.zi01.com.cn / ,2005—11—22.

建立敬老院，解决残疾人和社会孤老的问题；在经济发达和比较发达的地区，发展以社区（乡、镇、村）为单位的农村养老保险。会后，民政部在一些经济发达地区开展了农村社会养老保险试点工作。

（二）推广阶段：1992—1998年

1991年1月，国务院决定民政部在有条件的地区开展建立农村社会养老保险试点的工作，民政部农村社会养老保险办公室着手制定建立农村社会养老保险制度的基本方案，并在部分地区进行调查研究，总结经验。1991年6月，民政部农村养老保险办公室制定了《县级农村社会养老保险基本方案（试行）》，并在山东等地部分县（市）先行组织了试点，牟平、龙口、招远、荣成、乳山等五个县市的试点取得显著成效。1991年10月9日至12日，民政部在山东省烟台市牟平县召开了为期四天的全国农村社会养老保险试点工作会议，总结推广了山东建立县级农村社会养老保险制度的经验，并印发了《县级农村社会养老保险基本方案》（初稿）。1991年11月10日，民政部下发了《关于进一步加强农村社会养老保险工作的通知》（民办发〔1991〕26号），该文件指出：民政部“在山东组织的试点工作已先行一步，取得了基本经验，下一步试点将在全国推开”。试点一般应在经济较发达、农民收入水平较高、农民有一定的储蓄能力、民政工作基础较好的地区先开展。在讨论修改的基础上，民政部于1992年1月正式下发了《县级农村社会养老保险基本方案》（民办发〔1992〕2号）（以下简称《基本方案》），标志着农村社会养老保险制度的诞生。《基本方案》核心思想是鼓励农民在年轻时积累资金，从而为其有可能面临的老年生活风险进行储备。《基本方案》于1992年1月1日起在全国公布实施。此后，农村社会养老保险工作在各地逐步推广，参保人数不断上升。继《基本方案》之后，民政部又先后下发了一系列政策文件。到1995年底，全国已有30个省、直辖市、自治区的1500多个县（市、区）开展了工作，有近5000万农村人口（含乡镇企业职工）参加了农村社会养老保险（占农村总人口的5.8%），积累保险基金50多亿元。[①]

（三）整顿阶段：1999—2002年

1998年，国务院机构改革，将农村社会养老保险工作划归新成立的劳动和社会保障部管理。由于受多种因素的影响，全国大部分地区农村社会养老保险工作出现了参保人数下降、基金运行难度加大等困难，一些地区农村社会养老保险工作甚至陷入停顿状态。1999年，《国务院批转整顿保险业工作小组保险业整顿与改革方案的通知》要求对农村社会养老保险进行清理整顿，停止接受新业务，有条件的可以逐步过渡为商业保险。2001年，劳动和社会保障部根据温家宝同志关于“整顿规范农村社会养老保险，要从实际出发，充分考虑各地农村经济、社会发展的差异”的指示，对农村社会养老保险整顿规范进行了分类指导。2002年10月14日，劳动和社会保障部向国务院呈送了《关于整顿规范农村养老保险进展情况的报告》，阐明了农村养老保险整顿规范既要考虑目前我国尚不具备普遍实行农村养老保险的条件，同时也要考虑这项工作已经开展了十几年，参保人数和基金积累已达到一定规模，上百万农民开始领取养老金，如果简单停办或退保可能引发农村社会不稳定，提出农村社会保障工作要坚持在有条件的地区逐步实施，同时要研究探索适合农民工、失地农民、小城镇农转非人员特点的养老保险办法。

二、“新农保”阶段

2002年，党的十六大提出“在有条件的地区探索建立农村养老保险制度”，在这种大背景下，农村社会养老保险进入新的发展阶段。为了区别于1992年实施的《基本方案》，政府和学术界把《基本方案》称为“老农保”，把2003年之后探索建立的农村社会养老保险称为新农保。在政府的指导下，经济发达地区开始进入新农保探索试点阶段，纷纷出台新农保政策，大体原则为“个人缴费、集体补助、政府补贴相结合”。经

① 武力，等.解决“三农”问题之路——中国共产党“三农”思想政策史[M].中国经济出版社，2004：667.

济发达地区在加大政府引导和支持力度、扩大覆盖范围、创新制度模式、建立调整增长机制、防范基金风险等方面取得了一定的突破和进展。到2003年底，全国31个省、市、自治区的1870个县（市、区）开展了农村养老保险工作，养老保险基金积累总额为259.4亿元，约198万参保农民领取了养老金，当年支付保险金15亿元。①

在全国多个县试点成功的基础上，2009年9月1日，国务院办公厅发布《国务院关于开展新型农村社会养老保险试点的指导意见》(国发〔2009〕32号)(以下简称《指导意见》)。《指导意见》规定，2009年试点覆盖面为全国10%的县（市、区、旗），以后逐步扩大试点，在全国普遍实施，2020年之前基本实现对农村适龄居民的全覆盖。《指导意见》的实施标志着我国农村社会养老保险制度建设进入了一个崭新时期，这在我国农村社会保障发展史上具有里程碑式的意义。

在试点新农保成功的基础上，2011年6月7日，国务院办公厅发布《国务院关于开展城镇居民社会养老保险试点的指导意见》(国发〔2011〕18号)，标志我国城镇居民养老保险建设拉开序幕。该文件规定：城居保试点范围与新农保试点范围一致，筹集渠道、待遇领取与新农保大致相同。据2011年度人力资源和社会保障事业发展统计公报反映：2011年末，全国有27个省、自治区的1902个县（市、区、旗）和4个直辖市部分区县及新疆生产建设兵团开展了国家城镇居民社会养老保险试点；当年年末，国家城镇居民社会养老保险试点地区参保人数539万人，其中实际领取待遇人数235万人。全年城镇居民社会养老保险基金收入40亿元，其中个人缴费6亿元，基金支出11亿元，基金累计结存32亿元。2011年6月21日，温家宝总理在全国城居保试点工作部署暨新农保试点经验交流会议上做重要讲话：在本届政府任期内基本实现制度全覆盖。2012年5月7日，人力资源和社会保障部、财政部在北京召开全国新农保和城居保制度全覆盖工作动员视频会议，全面部署城乡居民社会养老保险制度全覆盖工作。2012年7月1日，人力资源和社会保障部、财政

① 赵殿国.农村养老保险的基金管理与风险控制[N].中国劳动保障报，2004-09-23.

部、河北省人民政府、中国邮政集团公司共同主办的城乡居民社会养老保险宣传活动启动仪式在革命圣地——河北省石家庄市平山县西柏坡举行，全国城乡居民社会养老保险制度全覆盖工作正式全面启动。人力资源和社会保障部副部长胡晓义主持了启动仪式，全国所有地区将在2012年7月1日全部启动新农保和城居保制度全覆盖工作，标志着我国覆盖城乡居民社会保障体系的主要制度基本建立，数亿城乡居民都将被纳入社会养老保险体系，我们向着人人享有基本生活保障的目标迈进了一大步。

三、“城乡居保”阶段

按照党的十八大精神和十八届三中全会关于整合城乡居民基本养老保险制度的要求，依据《中华人民共和国社会保险法》有关规定，在总结新农保和城居保试点经验的基础上，国务院决定，将新农保制度和城居保制度两项制度合并实施，在全国范围内建立统一的城乡居民基本养老保险制度。2014年2月21日，国务院颁布《国务院关于建立统一的城乡居民基本养老保险制度的意见》，农村居民与城镇居民享受同一养老保险制度。随后，全国各省都出台本省城乡居保实施办法。2014年12月23日，第十二届全国人民代表大会常务委员会第十二次会议审议了国务院关于统筹推进城乡社会保障体系建设工作情况的报告，报告指出：我国将实施全民参保登记计划，加快实现城乡居保人员全覆盖。截止到2015年末，城乡居民基本养老保险参保人数为50，472万人，比上年末增加365万人；其中实际领取待遇人数为14，800万人；全年城乡居民基本养老保险基金收入2855亿元，比上年增长23.6%，其中个人缴费700亿元，基金支出2117亿元，比上年增长34.7%；基金累计结存4592亿元。①

① 人力资源和社会保障部：2015年度人力资源和社会保障事业发展统计公报。

第三节　西南集中连片特困地区农村居民基本养老保险制度设计的原则

西南集中连片特困地区集山区、贫困、民族、劳务输出人数众多为一体，农村居民基本养老保险制度设计应该体现与地方经济发展、地域特征、民族文化以及国家脱贫攻坚战政策相适应的特点。

一、坚持人群全覆盖原则

“大数法则”是社会保险的基本原则，有利于提高社会保险抗风险的能力。统计文献及课题组的调查结果表明：尽管从2012年7月1日起，城乡居保在全国实现了制度全覆盖，但西南集中连片特困地区农村居民参加城乡居保的积极性不高，参保率低。为了保证该地区农村居民基本养老保险基金的可持续发展，必须要求人群全覆盖，让所有符合参保条件的对象都参保，这有利于提高农村居民基本养老保险抗风险的能力。同时，城乡居民基本养老保险政策是国家重大的惠民工程，人群全覆盖有利于让更多的农民享受到国家经济发展的成果，缩小贫富差距，增强农民对国家政策的认同感，促进社会稳定。

二、坚持个人缴费、待遇调整与经济发展相适应原则

经济发展程度与水平是社会发展的物质基础，也是建立社会保险制度的重要前提。在国家打赢脱贫攻坚战的大背景下，政府对集中连片特困

地区的扶贫力度很大，地方经济发展较快，农民的生活比以前有了较大改善。因此，西南集中连片特困地区农村居民基本养老保险制度设计必须与经济发展水平相适应。制度建设的目的在于保障西南集中连片特困地区农民年老时的基本生活，必须要求在制度设计上充分考虑个人缴费、待遇的领取要与地区经济发展水平相适应的问题。如果个人缴费和国家投入过低，则不能满足当地农民合理的养老需求，导致制度对年轻人的吸引力不足。因此，坚持个人缴费、待遇领取与地方经济发展水平动态调整协调的保障原则，才能保证农村基本养老保险制度的可持续发展。

三、坚持公平与效率、权利与义务相统一的原则

全体人民能够共同享有国家的发展成果，这是当今中国对公平与效率的一个较好的诠释。农村居民养老保险属于社会保障的一部分，同时也属于准公共产品。农村居民养老保险的公平性，主要体现在实现保障范围、保障过程以及保障待遇的公平性；而在效率中，主要是指政府以最低的投入实现并基本满足农村居民的养老需求。可以说，农村居民基本养老保险是否能实现可持续性的发展，除了要有经济基础作保障，还有一个重要的因素就是能否实现公平与效率。西南集中连片特困地区在农村居民基本养老保险推进过程中，应该尽力在公平与效率之间找到一个最佳的结合点，实现公平与效率的平衡，既反对政府包办，追求绝对公平的状况，又反对只为了效率而忽略对弱势群体的照顾。因此，合理确定国家、地方政府、集体以及个人在农村居民基本养老保险中的承担责任比例，让政府承担保障责任的同时，要求农民根据自身的收入水平缴纳合理的保险费用，实现在履行义务的同时享受权利。因此，西南集中连片特困地区农村居民基本养老保险的建设需要坚持公平与效率、权利与义务相统一的原则，这样既能切实保证该地区农村老年人的基本生活，又达到激励广大农民参保的效果。

四、树立“以人为本，服务至上”的服务原则

西南集中连片特困地区特殊的经济发展、地域文化特征导致经办管理服务是农村居民养老保险制度可持续发展的重要因素之一。因此，树立“以人为本位，服务至上”的服务原则是西南集中连片特困地区从实现制度全覆盖到实现人群全覆盖的关键。为经办机构配置足够的工作人员，提高经办人员综合素质，加快信息化建设，在一些偏远的少数民族乡增派熟悉少数民族语言的相关专业人员定期下乡、挨家挨户为居民提供服务，全力打造“业务精通、素质过硬、作风优良、群众满意”的基层城乡居保工作队伍，为参保人员提供及时、快捷的服务。

五、参保强制性原则

国务院《关于开展新型农村社会养老保险试点的指导意见》（国发〔2009〕32号文件）规定：新农保试点的基本原则是“保基本、广覆盖、有弹性、可持续”，政府主导和农民自愿相结合，引导农村居民普遍参保。新农保强调自愿原则。国务院《关于建立统一的城乡居民基本养老保险制度的意见》（国发〔2014〕8号文件）的指导思想是：按照全覆盖、保基本、有弹性、可持续的方针，以增强公平性、适应流动性、保证可持续性为重点，全面推进和不断完善覆盖全体城乡居民的基本养老保险制度，充分发挥社会保险对保障人民基本生活、调节社会收入分配、促进城乡经济社会协调发展的重要作用；任务目标是完善基础养老金和个人账户养老金相结合的待遇支付政策，强化长缴多得、多缴多得等制度激励机制，建立基础养老金正常调整机制，健全服务网络，提高管理水平，为参保居民提供方便快捷的服务。有关参保原则，国发〔2014〕8号文件没有明确规定是自愿参保。

以上国家政策定位为城乡居保制度重在“基本”保险，是多层次养老保险体系的最低层次，养老金是城乡居民年老后最稳定的收入保障，因此这项制度具有社会保险性质。社会保险最基本的属性便是“强制”

性原则，要想实施“强制”性原则，国家必须通过立法来强制规定，它要求凡是法律规定应参加社会保险的人们，必须一律参加，按规定缴费，享受规定的待遇。强制性原则保证了城乡居民基本养老保险制度的正规性和可持续性。另外，从世界各国政府的基本养老保险实践来看，无一例外都采取了强制性原则，通过立法保证社会养老保险的参保率和制度的稳定性、连续性。

第四节　西南集中连片特困地区农村居民基本养老保险制度实施的现状

一、西南集中连片特困地区农村居民基本养老保险制度实施取得的成绩

2009年9月1日，国务院办公厅发布《国务院关于开展新型农村社会养老保险试点的指导意见》（国发〔2009〕32号），确定以全国10%的县（市、区、旗）作为试点，以后逐步扩大试点，在全国普遍实施，2020年之前基本实现对农村适龄居民的全覆盖。西南四省区省级政府根据国家政策并结合本省情况，选择10%的县作为试点。2012年7月1日，新农保在全国实现了制度全覆盖，西南集中连片特困地区各县都在推进新农保制度的实施，至今已经实施了六个年头，各县在制度的实施中取得较大成绩。

（一）制定和完善制度，激励农民参加基本养老保险

从2009年新农保试点实施到2014年新农保与城镇居民基本养老保险合并实施，西南四省区根据国家政策，不断完善城乡居民基本养老保险制度，让农民与城镇居民一样享受到平等的基本养老待遇，从新农保原来的5个缴费档次增加到与城镇居民一样的12个缴费档次。对高档次的缴费，财政也根据各省情况对个人账户给予补贴，同时各省还鼓励有条件的地区对缴费超过15年的参保人员加发基础养老金，激励农村居民多缴多得、长缴多得。政策还兼顾了特殊群体的缴费问题，政府为缴费困难群体代缴部分或全部最低标准的养老保险费。各省政策出台后，各县

都根据省级文件，制定本县农村居民基本养老保险实施办法，并制定相应经办流程。西南四省区各省级政府均没有对本省集中连片特困地区农村居民养老保险制定特殊的政策。

广西农村居民参加基本养老保险缴费标准目前设为每年100元、200元、300元、400元、500元、600元、700元、800元、900元、1000元、1500元、2000元12个档次，参保人自主选择档次缴费，多缴多得。统筹地区人民政府可以根据实际情况增设缴费档次。据课题组的调查，各县均没有增加设置缴费档次。为了激励农民选择高档次缴费，政府对100—800元缴费档次分别按每人每年30元、40元、50元、55元、60元、65元、70元、75元进行补贴，对900—2000元缴费档次统一按每人每年80元进行补贴。目前，广西基础养老金为90元/月（其中中央财政负担70元，地方财政负担20元，比例为省级负担80%，县级负担20%），有条件的地区可适当提高当地基础养老金标准，提高基础养老金所需资金由统筹地区人民政府负担。广西对农村重度残疾人、贫困残疾人、农村“五保”供养对象，由政府代缴养老保险费100元；不属于上述四类群体的城乡低保对象由政府代缴养老保险费50元。据课题组在广西石漠化片区的马山县、都安县、融水县的调研，各县都按照自治区的文件设计本县的缴费档次和政府补贴，基础养老金马山县为95元，其中5元由县级财政负担，都安县基础养老金为90元，融水县为90元。由于县级财政困难，没有对缴费满15年的投保人每增加一年缴费每月增加基础养老金。

贵州省农村居民参加基本养老保险缴费标准目前设为每人每年100元、200元、300元、400元、500元、600元、700元、800元、900元、1000元、1200元、1500元、2000元等13个档次，参保人自主选择档次缴费，多缴多得，统筹地区人民政府可以根据实际情况增设缴费档次。据课题组的调查，各县均没有增加设置缴费档次。为了激励农民选择高档次缴费，对选择100元至400元档次标准缴费的，按每人每年30元给予补贴，省、市（州）和县（市、区、特区）人民政府各负担10元；对选择500元至900元档次标准缴费的，补贴标准为每人每年60元，省、市（州）和县（市、区、特区）人民政府各负担20元；对选择1000元至

2000元档次标准缴费的，补贴标准为每人每年90元，省、市（州）和县（市、区、特区）人民政府各负担30元。在中央财政负担70元的基础上，鼓励各县增加基础养老金。该省贵定县基础养老金为75元。

云南省农村居民参加基本养老保险缴费标准目前设为每年100元、200元、300元、400元、500元、600元、700元、800元、900元、1000元、1500元、2000元12个档次，参保人自主选择缴费档次，按年缴纳，多缴多得。据课题组的调查，各县均没有增加设置缴费档次。为了激励农民选择高档次缴费，参保人按照规定缴费后，省财政给予每人每年30元的缴费补贴。在此基础上，对选择100元以上档次缴费的参保人，每增加缴费100元，给予10元的缴费补贴，但最高补贴标准为每人每年不超过100元，所需资金由省财政承担50%，市州、县两级财政承担50%，市州、县两级财政具体分担比例由市州人民政府确定。参保人符合领取养老金条件时，由中央财政和省财政支付基础养老金，鼓励统筹地区增加基础养老金。在此基础上，对累计缴费年限超过15年的参保人，缴费年限每增加1年，市州、县两级财政每月加发不低于2元的基础养老金，市州、县两级财政具体分担比例由市州人民政府确定。参保人在领取待遇期间死亡，市州、县（区）人民政府应给予不低于600元的一次性丧葬补助金。对重度残疾人，省财政按照200元缴费档次标准逐年全额代缴养老保险费。对其他缴费困难群体，市州、县（区）级政府可根据财力情况自行制定具体养老保险缴费补助办法。为了更好地提高重度残疾人的保障待遇，云南省对年满55周岁的重度残疾人既实行代缴费，又给予领取基础养老金待遇，资金由地方财政负担。

四川省在2014年4月22日颁布川府发〔2014〕23号文件，规定：城乡居民参加基本养老保险缴费标准为每年100元、200元、300元、400元、500元、600元、700元、800元、900元、1000元、1500元、2000元、3000元13个档次。地方财政对参保人缴费给予补贴，补贴标准不低于每人每年40元。政府补贴分别对应为每人每年40元、40元、45元、50元、55元、60元、65元、70元、75元、80元、100元、120元、160元。省级财政按政府补贴总量的50%安排，根据各县（市、区）的人数、财力、民族等因素，分档次予以补助；参保人自主选择缴费档次，按年缴纳，多缴多得，基础养老金标准在中央确定标准的基础上，每人每月增加5元，增加部分由省级财政全额负担。参保缴费人员达到待遇领取年龄时，正常缴费年限超过15年的，每超过1年，基础养老金每月增加2元，加发部分资金由市县财政自行负担。据课题组调查，四川省100元的缴费档次只适用于重度残疾人等困难群体，其他参保人最低缴费档次为每年200—300元起，各县根据自身情况决定。

（二）得到农民的认可，参保人数和基金结余不断增加

2012年新农保制度在全国启动制度全覆盖工作后，广西、云南、四川、贵州四省各级政府都在积极推进新农保制度全覆盖，参保人数和基金积累不断扩大。表4-7、表4-8、表4-9、表4-10分别为四省2012—2016年城乡居民参保情况。

表4-7 2012—2016年广西城乡居保参保及基金收支情况表

项目 / 年份	年满16周岁，未满60周岁		年满60周岁以上		基金收入（亿元）	基金支出（亿元）	基金结余（亿元）
	参保人数（万人）	比上年增长（%）	参保人数（万人）	比上年增长（%）			
2012	1095.09	--	491.31	--	55.45	37.24	35.47
2013	1169.42	6.79	511.27	4.06	66.52	47.48	54.44
2014	1190.64	1.81	530.34	3.73	61.54	49.15	66.83
2015	1183.13	–0.63	558.38	5.28	87.61	66.41	88.89
2016	1188.78	0.48	583.25	4.45	85.08	63.42	110.55

资料来源：2012—2016年《广西人力资源和社会保障事业发展统计公报》。

表 4-8 2012—2016 年云南省城乡居保参保及基金收支情况表

项目 年份	16-59 岁		60 岁以上		基金收入（亿元）	基金支出（亿元）	基金结余（亿元）
	参保人数（万人）	比上年增长（%）	参保人数（万人）	比上年增长（%）			
2012	1683.50	--	419.70	--	47.20	24.20	48.70
2013	1721.20	2.34	431.50	2.81	63.90	33.50	94.40
2014	1696.90	-1.41	463.60	7.44	66.40	36.10	124.70
2015	1770.19	4.32	483.11	4.21	83.46	51.07	157.09
2016	1757.25	-0.73	500.28	3.55	83.60	49.15	191.54

资料来源：2013 — 2015年《中国统计年鉴》、2015 — 2016年《云南省人力资源和社会保障事业发展统计公报》。

表 4-9 2012—2016 年贵州省城乡居保参保人数及基金收支情况表

项目 年份	年满 16 周岁，未满 60 周岁		年满 60 周岁以上		基金收入（亿元）	基金支出（亿元）	基金结余（亿元）
	参保人数（万人）	比上年增长（%）	参保人数（万人）	比上年增长（%）			
2012	855.95	--	404.79	--	39.58	29.04	29.04
2013	1061.75	24.04	425.47	5.11	45.16	30.21	43.99
2014	1139.84	7.35	446.80	5.01	47.78	32.00	59.76
2015	1192.96	4.66	456.07	2.07	62.20	46.14	75.82
2016	1232.80	3.34	470.28	3.12	58.58	43.04	91.36

资料来源：2012 — 2016年《贵州省人力资源和社会保障事业统计公报》。

表 4–10 四川省城乡居保参保人数及基金收支情况表

项目 / 年份	年满 16 周岁，未满 60 周岁		年满 60 周岁以上		基金收入（亿元）	基金支出（亿元）	基金结余（亿元）
	参保人数（万人）	比上年增长（%）	参保人数（万人）	比上年增长（%）			
2012	1800.90	--	1，027.50	--	160.30	71.50	164.10
2013	1911.40	6.14	1，090.20	6.10	145.30	93.90	215.50
2014	1883.00	–1.49	1，130.90	3.73	150.50	110.90	255.10
2015	1871.10	–0.63	1，149.00	1.60	192.00	144.10	303.00
2016	1877.70	0.35	1，174.70	2.34	190.40	141.60	351.80

资料来源：2012 — 2016年《四川省人力资源和社会保障事业统计公报》。

从表4–7、表4–8、表4–9、表4–10可以看出，年满16周岁、未满60周岁参保人数及年满60岁以上参保人数2013年比2012年增长的幅度较大，因为全国在2012年7月1日实现制度全覆盖，2013年覆盖面扩大，参保人数增加。2014年以后，随着人口老龄化的加快和教育水平的提高，16 — 22周岁的大多数年轻人还在学校读书，16 — 40岁外出打工的年轻人由于工作不稳定，参保的积极性也不高；年满60岁以上的参保人数增长速度大于年满16周岁、未满60周岁参保人数。从基金收入来看，资金收入增长速度也大于基金支出增长速度，基金结余量逐年增加。

课题组的调研结果表明：西南集中连片特困地区的广西马山县2014年、2015年、2016年城乡居民参保人数分别为15.50万人、18.75万人、19.35万人；广西都安县2014年、2015年、2016年城乡居民基本养老保险的参保人数分别为21.29万人、21.42万人、24.87万人；广西融水县2014年、2015年、2016年城乡居民基本养老保险参保人数分别为20.42万人、20.48万人、15.3万人；云南禄劝县2014年、2015年、2016年参保人数分别为24.15万人、23.65万人、23.65万人；云南寻甸县倘甸镇2014年、2015年、2016年城乡居民基本养老保险参保人数为4.13万人、

4.10万人、4.10万人。从以上集中连片特困地区农村居民参保情况看，城乡居民基本养老保险制度得到了农民的认可，参保人数逐年增加。

（三）加强机构建设，着力提升经办管理服务能力

农村居民基本养老保险作为政府的一项重要公共服务内容，具有特殊性，极为复杂，需要依赖于强大的组织机构，因此加强城乡居保组织机构建设也是扎实有效推进农村居民基本养老保险工作的一项基础性工作。2012年新农保制度全覆盖之后，西南集中连片特困地区各县都启动了新农保工作，经办机构的建设成为制度实施的保障。因此，各县在县、乡（镇）设置新农保工作机构，在每个村委会设新农保协办员，形成了县、乡镇、村（社区）三级城乡居保经办机构。新农保经办机构在配备了相应人员后，各地对新农保经办人员的培训较为重视。各县（市、区）采取以会代训、县乡联训、分级培训、现场督导等多种形式，集中时间、集中人员、集中精力对新农保工作人员尤其是乡镇劳动保障事务所所长、新农保协管员、村干部进行了详尽细致的业务培训，全面提高新农保经办工作人员的政策水平、业务素质和工作能力，在要求掌握技术的同时，还要求熟悉相关政策，以便开展工作。为了让居民更好地了解相关政策，各县社会保障部门制定了《新农保宣传提纲》，县级、乡（镇）级经办机构除了在村、寨、街道办事处张贴宣传单外，部分地方还编出简明易懂、上口易读的宣传标语。新农保各级经办人员的工资待遇纳入县级财政预算。2014年，新农保制度与城镇居保制度合并实施，机构合并为城乡居保经办机构，经办人员也相应合并。各县还根据本县实际，与当地金融机构签订银行发放、代缴代扣协议，方便农民领取待遇和参保缴费。

（四）优化信息平台，提高工作效率

2009年，新农保试点工作在全国启动后，西南四省都根据本省情况建立了全省统一的新农保信息管理系统，纳入社会保障信息管理系统（金保工程）建设，实施现代信息化管理。2014年新农保与城居保合并实施后，各省都建立了城乡居民社会养老保险管理信息系统。通过借助“金保工程”，按照建设数据向省级集中的原则，部分县（市、区）一步到位实现了城乡居保信息管理系统省、市、县（区）、乡（镇）四级网

络互通，目前运行顺畅，较好地满足了各县在参保登记、缴费管理、待遇发放、个人账户管理等方面的业务经办需求，大大提升了经办服务效率。各省大力推行社会保障卡，方便参保人持卡缴费、领取待遇和查询本人参保信息。随着大集中数据的实施和推进，业务得到整合，人力资源极大优化，经办流程实现了更为标准、规范和高效的运行，促进了城乡居保逐步向业务规范化发展，为参保人提供优质、高效的服务。为了方便山区农村居民办理参保缴费和领取待遇、生死认证等业务，各省与联通公司、移动公司开发手机APP客户端的业务，并对相关人员进行培训。现在已经在有网络的地区投入使用，用户可以通过手机缴费，还可通过人脸识别进行生存认证。使用这一功能的用户不必到社保相关机构，现场即可进行生存认证，也可为他人认证。

二、西南集中连片特困地区农村居民基本养老保险制度实施中存在的问题

自2012年全国城乡居保制度全覆盖实施7年以来，西南集中连片特困地区农村居民参加基本养老保险取得较大成就，但因为地方社会发展落后，也存在不少问题。

（一）现行保障水平偏低，难以保障农民的基本生活

国家和各省城乡居保制度的指导思想是按照“全覆盖、保基本、有弹性、可持续的方针，以增强公平性、适应流动性、保证可持续性为重点，全面推进和不断完善覆盖全体城乡居民的基本养老保险制度，充分发挥社会保险对保障人民基本生活、调节社会收入分配、促进城乡经济社会协调发展的重要作用”。城乡居保制度实施以来，尽管国家对西部地区全额拨付基础养老金，但基础养老金待遇较低，加上西南集中连片特困地区城市化水平低、农村居民人口多，而地方政府难以拿出资金来增加基础养老金，基础养老金基本上都是执行中央的待遇标准或略高一点，基础养老金难以保障农民的基本生活。

据课题组调查，2016年贵州集中连片特困地区大部分基础养老金为

70元/月，广西基础养老金为90元/月，四川为75元/月，云南为75/月。而当地农村低保标准为200—280元/月不等，养老保险基础养老金保障水平低于最低生活保障水平，难以真正发挥养老保险保基本的作用。

（二）制度激励机制效果不明显，参保情况不乐观

1.基础养老金待遇水平低，农民参保意愿不强

目前，城乡居保相关国家政策规定：基础养老金是每月70元，西部地区由中央财政全额拨款，各地可以根据本地区的情况，提高基础养老金。从西南集中连片特困地区的情况看，广西自治区城乡居保政策规定最低基础养老金为每月90元，广西部分县（区）基础养老金达到每月120元，大部分石漠化片区的县基础养老金为每月90元，马山县为每月95元；四川、云南省最低基础养老金为每月75元，云南、四川大部分集中连片特困地区执行每月75元的基础养老金标准，由于昆明市基础养老金为每月85元，因此昆明市所属县禄劝县、寻甸县也执行昆明市的政策，基础养老金为每月85元；贵州省最低基础养老金为每月70元，贵定县基础养老金为每月75元。近年来，农村农民人均可支配收入和人均消费性支出都不断增加，而城乡居保从2009年到2017年实施8年来基础养老金仅仅增加过一次20元，基础养老金大约占农民人均可支配收入不到2%，对农民的激励作用不强。相比之下，城镇职工基本养老保险已经连续13年调增养老保险待遇，基础养老金替代率大约在50%—60%。

按照西方经济学的定义：需求是指消费者一定时期内在各种可能的价格下愿意并且能够购买该商品的数量。[①] 根据定义可以推出，居民对城乡居保的需求包含两方面内容：一是购买能力，即居民客观上有缴纳城乡居保个人缴费档次的能力；二是购买欲望，即居民有参加城乡居保的主观愿望。居民具备参加城乡居保的缴费能力后，是否有长期的缴费意愿和选择最高的缴费档次，这是我们要探讨的主要问题。对于一种商品来说，居民在有购买能力的条件下，是否选择购买该商品取决于以下条件：该商品给居民带来的收益有多大，是否划算。目前，城乡居保制度待遇水平的激励

① 高鸿业.西方经济学（上册 微观经济学）[M].中国经济出版社，1995：24.

政策在于基础养老金和部分地区对缴费满15年后每多缴费一年每月增加一定数额的基础养老金。从基础养老金的待遇水平来看，农民认为是不划算的。表4-11、表4-12、表4-13为部分省份的参保情况表。

表4-11 2012—2014年云南省城乡居保参保情况统计表

项目 年份	16—59岁在城镇单位就业未参加城镇职工基本养老保险的人数（万人）	16—59岁的城镇个体和私营就业人员（万人）	16—59岁乡村就业人员（万人）	16—59岁应参加城乡居保的人数（万人）	16—59岁已经参加城乡居保的人数（万人）	16—59岁参加城乡居保的参保率（%）
2012年	138.91	301.89	2187.34	2628.14	1683.50	64.06
2013年	136.71	326.27	2180.76	2643.74	1721.20	65.10
2014年	123.52	370.69	2188.81	2683.02	1696.60	63.23

资料来源：根据2013—2015年《中国统计年鉴》、2013-2015年《云南统计年鉴》、2012—2014年《云南省人力资源和社会保障事业发展统计公报》等资料整理获得。

从表4-11可以看出，自2012年云南省城乡居保实现制度全覆盖后三年来，城乡居保的参保率是比较稳定的，大约在63%—65%之间，说明还有35%—37%的就业人员未参保，说明云南省部分居民参加城乡居保的意愿不高。这与学术界的研究数据也大致相符。杨丽、李娟（2011、2012）对昆明市和开远市试点情况的调查结果显示，两市的参保率为70%左右，还有将近30%的农民没有参加新农保。① 云南民族大学研究生创新项目“民族地区农民参加新型农村社会养老保险影响因素——基于云南省的实证研究”课题组于2012年9月在昆明市富民县永定镇清河村和盘龙区滇源镇大哨村、临沧市云县忙怀乡忙贵大良子组、保山市龙陵县龙新乡对农民参加新农保的意愿进行问卷调查，78.3%的农民选择

① 杨丽，李娟.新型农村社会养老保险实施中存在的主要问题研究——基于云南数据的分析[J].未来与发展，2011（3）；杨丽.影响新型农村社会养老保险参保的主要因素研究——基于昆明农村的调查与分析[J].经济问题，2012（6）.

愿意参加，21.7%的农民表示不愿意参加。[①] 这些都说明云南省部分居民参加城乡居保的意愿不是很强，这既有农村居民收入低的原因，也有宣传不到位致使居民的参保意愿不强的原因。

表4-12 2012—2014年贵州省参加城乡居保情况表

项目 / 年份	城乡就业人员（万人）	年满16周岁、未满60岁已经参加城镇职工基本养老保险的人数（万人）	年满16周岁、未满60岁应参加城乡居保的人数（万人）	年满16周岁、未满60岁已经参加城乡居保的人数（万人）	年满16周岁、未满60岁参加城乡居保的参保率（%）
2012年	1825.82	232.44	1593.38	855.95	53.72
2013年	1864.21	255.39	1608.82	1061.75	66.00
2014年	1909.69	275.07	1634.62	1139.84	69.73

资料来源：根据2012—2014年《贵州省人力资源和社会保障事业发展统计公报》资料整理获得。

从表4-12可以看出，2012年贵州省城乡居保实现制度全覆盖后三年来，城乡居保的参保率逐年增加，年满16周岁、未满60周岁2013年比2012年的参保率增加12.28%，因为2012年刚实现制度全覆盖，一些县宣传和经办有一些滞后。年满16周岁、未满60周岁的参保率2014年比2013年仅增加3.73%。尽管2014年参保率已经达到69.73%，但仍有约30%的就业人员还未参保，说明贵州省部分居民参加城乡居保的意愿不强，这既有农村居民收入低的原因，也有宣传不到位致使居民的参保意愿不强的原因。

① 王凯.云南省民族地区农民参加新型农村社会养老保险影响因素分析[J].经营管理者，2013（27）.

表 4-13 2015 年四川部分集中连片特困地区城乡居民基本医疗养老保险参保情况

项目 县名	总人口（万人）	城乡居民基本医疗保险参保情况		城乡居民基本养老保险参保情况	
		参保人数（万人）	参保率（%）	参保人数（万人）	参保率（%）
剑阁县	66.40	57.29	98.20	26.50	70.00
苍溪县	77.25	55.060	100.00	29.40	--
平昌县	102.15	97.20	--	32.40	--
通江县	80.20	--	--	26.40	33.00
汶川县	9.79	5.74		1.57	65.70
九寨沟县	6.75	4.9111	100.00	2.5587	--
金川县	7.22	5.5204	--	3.0372	--
壤塘县	4.31	--	--	1.0900	--
阿坝县	--	6.6000	--	1.7000	--
九龙县	6.64	5.5024	99.02	2.0848	80.00
康定县	13.38	8.7677		3.3528	--
雅江县	--	4.0100	97.00	1.8800	85.00
道孚县	5.69	4.3321	99.00	1.8105	58.00
甘孜县	6.80	5.3534	99.16	2.4618	--
新龙县	4.95	4.3541	99.00	1.6237	--
德格县	8.57	7.5729	99.00	3.5375	--
白玉县	--	4.6545		1.7292	--
乡城县	--	--	99.00		63.00
稻城县	3.16	2.4515	90.00	0.9574	--
得荣县	2.76	2.1120	--	0.9978	--
木里藏族自治县	13.69	11.5477	99.48	5.0424	--

续表

项目 县名	总人口（万人）	城乡居民基本医疗保险参保情况		城乡居民基本养老保险参保情况	
		参保人数（人）	参保率（%）	参保人数（人）	参保率（%）
古蔺县	86.06	689936	--	283292	--
甘孜藏族自治州	109.23	907000	99	382000	--
凉山彝族自治州	515.20	3954800	99	1840000	35.70

资料来源：根据2015年四川农村年鉴整理而成。

从表4-13可以看出，四川集中连片特困地区部分县农村居民参加城乡居保的比例并不高，而参加农村基本医疗保险的比例和人数却高出很多。尽管农村基本医疗保险的参保人数包括0—16岁的人群和在校学生，但是这部分群体的比例不会占人口总数的50%以上，说明疾病的普遍性、治疗费用的不确定性导致农民参加基本医疗保险的比例远远高出参加基本养老保险的比例，说明农民对风险的认识具有短期性。

2.财政补贴不合理，引导农民选择缴最低档次

各级城乡居保政策都规定：个人缴费参保后，地方财政对个人账户补贴标准不低于每人每年30元，高档次缴费适当提高财政补贴标准。从各级政策的补贴标准来看，选择最低缴费档次100元/年的补助最高，补助率达到30%以上，四川省大多达到40%；选择高档次缴费后，补助率反而下降。表4-14至表4-18反映出广西、云南、贵州、四川参保居民的缴费档次。

表4-14 2012—2016年广西、贵州、四川省16—59岁城乡居保参保缴费平均数统计表

项目 省份		16—59岁参保人数（万人）	16—59岁缴费金额（亿元）	每人平均缴费金额（元/年）
广西	2012年	1095.09	13.46	122.91

续表

省份 \ 项目		16—59岁参保人数（万人）	16—59岁缴费金额（亿元）	每人平均缴费金额（元/年）
广西	2013年	1169.42	11.98	102.44
	2014年	1190.64	12.28	103.14
	2015年	1183.13	13.15	111.15
	2016年	1188.78	13.97	118.08
贵州	2012年	855.95	10.94	127.81
	2013年	1061.75	12.32	116.03
	2014年	1139.84	12.44	109.14
	2015年	1192.96	12.66	106.12
	2016年	1232.80	12.73	103.26
四川	2012年	1800.90	56.90	315.95
	2013年	1911.40	58.20	304.49
	2014年	1883.00	59.00	313.33
	2015年	1871.10	64.70	345.78
	2016年	1877.70	69.20	368.53

资料来源：以上资料来源于2012—2016年《四川省人力资源和社会保障事业统计公报》。

表4-15 为云南省禄劝县、寻甸县倘甸镇16—59岁农民参加养老保险人均缴费金额

省份 \ 项目		16—59岁参保人数（人）	16—59岁缴费金额（亿元）	每人平均缴费金额（元/年）
云南禄劝县	2014年	175，624	2259.51	128.65
	2015年	174，007	2200.21	126.42
	2016年	175，482	2312.37	131.77
云南寻甸县倘甸镇	2014年	30，722	405.23	131.90
	2015年	30，682	390.74	127.35
	2016年	30，919	413.98	133.89

资料来源：云南省禄劝县城乡居民基本养老保险局。

从以上数据可以看出，广西、贵州2012—2016年城乡居保人均缴费在102—123元之间，说明大部分人选择了最低缴费档次；四川省人均缴费在304—369元之间。课题组到仪陇县调研，座谈会上有同志反映，仪陇县最低缴费档次为200元，有的县提高到300—500元不等，嘉陵区最低缴费档次为500元。可以看出，如果政府提高缴费档次，农民还是有能力缴费的。

表 4-16 2015—2017 年广西柳州市城乡居民各档次参保情况表

年份 缴费档次	2015 年	2016 年	2017 年上半年
	参保缴费人数（人）	参保缴费人数（人）	参保缴费人数（人）
第一档（100元）	624，807	613，867	404，452
第二档（200元）	5544	5689	3455
第三档（300元）	1391	1475	862
第四档（400元）	249	237	144
第五档（500元）	6281	6265	3771
第六档（600元）	51	65	64
第七档（700元）	10	11	6
第八档（800元）	36	48	35
第九档（900元）	18	50	34
第十档（1000元）	3316	3522	2704
第十一档（1500元）	59	88	91
第十二档（2000元）	2480	7406	3478

资料来源：广西柳州市社会保险局。（注：因为三江县社保经办机构正在搬迁，无法统计参保人数，本表数据未包含三江县参保人数。）

表 4–17 2015—2017 年广西柳州市融水县城乡居民各档次参保情况表

年份 缴费档次	2015 年	2016 年	2017 年上半年
	参保缴费人数（人）	参保缴费人数（人）	参保缴费人数（人）
第一档（100元）	142，215	140，465	93，912
第二档（200元）	1847	1813	1093
第三档（300元）	461	484	289
第四档（400元）	121	102	54
第五档（500元）	1934	1943	981
第六档（600元）	14	24	15
第七档（700元）		1	
第八档（800元）	4	8	3
第九档（900元）	4	3	4
第十档（1000元）	326	377	191
第十一档（1500元）	11	13	11
第十二档（2000元）	328	573	367
合计	147，265	145，806	96，920

资料来源：广西柳州市融水县社会保险局。

表 4–18 2014—2017 年广西马山县城乡居民基本养老保险各缴费档次统计表

年份 缴费档次	2014 年	2015 年	2016 年	2017 年
	参保缴费人数（人）	参保缴费人数（人）	参保缴费人数（人）	参保缴费人数（人）
第一档（100元）	100，994	118，695	120，349	109，488
第二档（200元）	4563	2865	3411	941
第三档（300元）	287	288	247	220
第四档（400元）	34	26	29	25

续表

缴费档次＼年份	2014 年	2015 年	2016 年	2017 年
	参保缴费人数（人）	参保缴费人数（人）	参保缴费人数（人）	参保缴费人数（人）
第五档（500元）	858	873	916	871
第六档（600元）	43	36	10	9
第七档（700元）	1	4	6	3
第八档（800元）	16	11	12	13
第九档（900元）	15	15	15	16
第十档（1000元）	1267	1193	1147	1091
第十一档（1500元）	2	8	4	2
第十二档（2000元）	36	192	297	379
合计	108，116	124，206	126，443	113，058

资料来源：广西马山县社会保险局。

表4-14、表4-15、表4-16、表4-17、表4-18是课题组到各连片特困县调研时，由各县社会保险局提供的数据。从以上数据可以看出，如果没有政府部门强制提高缴费档次，95%以上的农民会选择最低缴费档次；选择第二档次200元的，大多数是特殊群体，由政府代缴100元，自己缴费100元。农民选择高档次缴费的意愿很弱。课题组与柳州市社会保险局、融水县社会保险局的经办人员座谈时了解到，经办人员普遍认为：部分农民愿意选择高档次缴费，但是由于现行城乡居保政策的缴费和待遇设计不合理，没有体现多缴多得原则，而且高档次缴费领取待遇反而下降，客观上削弱了农民选择高档次缴费的积极性。表4-19中的数据是柳州社会保险局和融水社会保险局根据广西现行的政策简单测算的结果。

4-19 广西最低、最高缴费档次 15 年后领取待遇比较表

缴费档次＼比较项目	财政补贴（元）	缴费年限（年）	预计每月领取待遇（元）	缴费比例	领取待遇比例
100元/年	30	15	107.92	1	1
2000元/年	80	15	376.67	20	3.49

注：按照现行基础养老金计算，每月基础养老金90元。

从表4-19可以看出，广西选择最高缴费档次与选择最低缴费档次，缴费比例是1：20，按照现行每月90元的基础养老金计算，领取待遇比例是1：3.49，如果以后增加基础养老金，那待遇比例将会更小。因为基础养老金最低档和最高档是相同的。可以看出该政策是多缴未多得，因此，农民选择低档次缴费是可以理解的。

（三）基层经办管理服务能力存在的问题

西南集中连片特困地区与全国一样，城乡居保在短短的几年内，参保人数迅速增长，然而，经办机构的建设和经办人员的增加却滞后于城乡居保的发展，经办服务能力较弱，主要存在以下问题：

1.乡镇经办机构管理体制不合理，人员队伍不稳定

据课题组调查，西南集中连片特困地区乡镇社会保险所的管理体制是"以块为主，不是以条为主"，即乡镇社会保险所由乡镇党委政府领导，隶属本级政府。这种管理体制一方面导致农村养老保险管理无法做细，因乡镇工作人员少，乡镇社会保险所的工作人员经常被乡镇领导抽调去做中心工作和其他部门的工作，无暇顾及农村居民参保服务，对农村居民的养老保险工作无法做细；另一方面，由于乡镇所属部门无法获得参公，只能按照事业单位管理，加上许多乡镇单位没有设置专业技术岗位，工作人员按照事业单位管理岗位晋升，晋升空间很小。只要有机会，工作人员就跳槽，人员队伍不稳定。

2.管理服务体系不能适应发展的要求

西南集中连片特困地区城乡居保制度全覆盖要求服务多样化发展。该地区农村山区多、农民居住分散，最大的难点和考验就是经办管理服务能否满足居民的需求。尽管各县都成立了县、乡镇两级经办机构，村级聘请了相应的协管员，但很多县、乡（镇）新农保经办机构是由原有劳动保障服务平台和社保（农保）经办机构转换或简单调整建立起来的。各县参保对象多，经办人员少，经办人员人均经办对象人数多。经办人员少与服务对象多的矛盾更为突出。县级经办机构工作人员一般是2—10人，乡镇一级一般是1—2人，存在工作人员不足、工作人员文化水平偏低、对新农保政策理解不透等问题。加上山区多，信息网络建设

滞后，工作量比较大。相关学者的调查结果显示：景谷县农民对经办机构办理点设置的便捷性认为“一般”的占51%，认为“不太满意”的占23.3%，“非常不满意”的占1.9%；农民对经办服务宣传力度“不太满意”的占37.6%，“非常不满意”的占5.2%。[①] 尽管普洱市设立了城乡居保局，但依然存在业务经办人员与工作量不匹配，宣传意识、服务意识、责任意识以及工作能力有待进一步提高的问题。目前，依靠手工操作成本高且效率低，并且出错概率大，迫切需要完善信息系统。[②] 据课题组调查，云南省禄劝县县级城乡居民基本养老保险局现有在编人员13人，公益岗位5人，共18人，2016年全县农业人口总数427，081人，应参加城乡居保人员276，489人，实际参保人数271，634人。县级经办人员与参保人员的比例高达1：15，000以上。全县共16个乡镇，各乡镇社保中心有工作人员3人，其中经办城乡居民基本养老保险业务1人，部分乡镇经办人员属于公益性岗位，待遇较低，加上边远山区交通不方便，最远的乡镇距离县城有200公里，山路不好走，在路上花费的时间比较多，难以把工作做细致。如生死认证需要现场认证，只能半年认证一次，导致死亡人数上报滞后。课题组到广西融水县调研发现也存在同样的情况。融水县县级经办机构有在编人员4人，聘用人员6人，全县20个乡镇，每个乡镇在编人员1—2人，其中红水乡没有在编人员。2016年全县已参保人数为22.09万人，经办人员与参保对象的比例高达1：22，000以上，最远的乡镇距离县城坐车需要大约5个小时，各乡镇与所属村的距离也较远，交通不便，网络建设滞后。尽管融水县已经开通了手机生死认证服务，但有的村落没有手机信号，部分地方生死认证需要现场认证，也存在死亡上报不及时的问题。交通不便还使工作人员难以进村宣传，导致政策宣传不到位。

3.金融服务网点少，农民缴费和领取待遇不方便

西南集中连片特困地区相关政策规定，年满16—59岁的参保人选

① 粟琪.景谷县城乡居民基本养老保险制度实施效果研究[D].云南大学.2015.

② 朱弘，李硕.云南少数民族地区农村养老保险现状与对策探析——基于对普洱市农村养老保险的调查[J].中国市场，2012(22).

择好缴费档次后，应将需要缴纳的养老保险费存入个人养老保险存折（卡）或社会保障卡。年满60岁以上的参保人领取养老金，按月实行社会化发放，终身支付。但与发达地区相比该地区金融网点明显过少，除各县县城有中国银行、农业银行、工商银行及建设银行网点分布外，仅有部分乡镇设有农村信用社服务网点，到村委会一级几乎没有金融网点。部分乡镇城乡居保经办部门与农村信用社服务网点之间的相互沟通、协调不够，导致部分乡镇农村信用社为农民参保提供高效、优质、便捷服务的意识淡漠，所以农民参保缴费和领取待遇都不方便，不愿意参保。

（四）资金管理问题

城乡居保的资金管理主要指资金在征收、发放环节的管理和个人账户的资金管理是否存在风险。

1.资金征缴、发放环节不够规范，资金安全隐患较大

据课题组调查：在资金征缴环节，由于西南集中连片特困地区交通不方便，农民文化素质有限，部分地方尚未实行银行代扣代缴。部分乡镇为了方便农民缴费，让农民把钱交给村协管员，再由村协管员把钱存入银行，并到乡、镇经办机构开具收据，或者农民直接到乡镇社保中心缴纳现金。根据相关文献，少数乡镇社会保障服务中心还存在收取现金保费的现象。[①] 这种做法确实方便了农民缴费，提高了工作效率，但部分工作人员未严格执行经办规程和财务管理制度，在自收自存社保费时，不及时归集存入银行，导致资金存在风险。据怒江州人力资源和社会保障局2016年1月20日的信息报道《州人社局稳妥处理泸水县工作人员违规挪用城乡居民养老保险资金问题》称：2015年12月31日，泸水县称杆乡人民政府社会保障服务中心史某违规挪用71.03万元社保资金，尽管资金全部追回，但反映出基层资金征收工作中存在的问题。

在资金发放环节监管的难度更大。由于领取城乡居保待遇的对象是全县60岁以上的参保农民，领取对象数量较大。西南集中连片特困地区农村交通不便，网络建设滞后，部分地方没有手机信号，各村屯居住

① 禄劝人社.禄劝县城乡居民养老保险局开展参保续保及基金指导安全检查工作.http://www.12333shebao.com/c57766. html.

分散，生存认证工作难度较大。一方面，由于协管员报酬不高，他们也还需要从事农业生产，对于报送死亡信息不积极；另一方面，由于部分协管员对城乡居保政策认识不足，而且都是乡里乡亲的，认为死亡人员“能领取就领取”，反正对自己和别的村民没有造成损失，不愿及时上报死亡信息，甚至故意隐瞒不报。尽管城乡居保政策规定每年在行政村范围内对参保人的缴费情况和待遇领取资格进行公示，接受群众监督，但由于农民的监督意识不强，不时出现已经死亡的人员“领取”养老金待遇的现象，而在边远山区，追回多发的养老金所需成本是很高的。同时，由于部分县城乡居保制度与公职人员的遗属补助没有很好理顺，公职人员的遗属既领取供养补助，又领取城乡居民基本养老金，是否允许重复领取，需要有关规定明确。

2.资金管理层次低，存在安全、增值风险

在个人账户管理方面，西南集中连片特困地区城乡居保个人账户的基金暂时由县级机构管理。尽管资金收支实行“收支两条线”，但是由于县级政府既是管理员，又是监督员，基金监督难以落实，容易引发道德风险，甚至有违规案件出现。正如美国经济学家在20世纪 70 年代对新加坡的中央公积金进行评论时所说的：如果政府手中有一笔规模庞大的资金“闲置着”，就有可能会“情不自禁”地想动用它。[①] 国家审计署2011年对全国18项社会保障资金进行审计（其中重点审计新型农村社会养老保险、城镇居民社会养老保险基金）的结果显示：部分地区扩大范围支出或违规运营养老保险基金23，737.86万元。其中，用于基层经办机构等单位工作经费629.31万元，委托理财规模达23,108.55万元。[②] 对审计署这一审计结果，广西新农保基金管理应该引以为戒。

新农保个人账户资金的县级管理导致基金分散，难以形成规模优势，投资收益不高，管理费用加大。同时，县级单位很少具备相应基金管理人才和投资市场。基金的投资途径主要是银行存款和购买国债，尽管这

① 唐钧.新农保的“软肋”[J].中国社会保障，2009（11）.

② 审计署：新型农村社会养老保险等审计情况.http://finance.sina.com.cn/china/20120802/104512739376.shtml

两种方式安全可靠，无风险，表面上看是保证资金安全、保值增值，但在CPI不断上涨的情况下，意味着资金的贬值。

（五）信息化系统建设滞后，基层工作人员工作效率不高

完善的信息系统是保证城乡居保经办管理服务规范化、系统化、自动化和便捷化的前提条件。

1.城乡居保信息系统与各相关系统不能融合，审核工作量大

目前，西南四省辖区内城乡居保经办机构使用的是“省城乡居民社会养老保险管理信息系统”，该系统在设置和使用过程中还存在一些问题。据课题组调研，主要存在如下问题：第一，信息平台有地域限制，“城乡居民社会养老保险管理信息系统”仅限于本省范围内使用，既阻碍管理信息的省际流通，又压制流动人员的参保积极性。第二，信息系统设置不健全。经过经办人员的归纳整理，该信息系统具有录入、统计、查询功能，与银行、公安系统挂钩，但缺少养老金享受人员的资格认证模块，无法识别和控制养老金享受人员是否通过年检。面对庞大的参保对象，仅靠人工登记，难以确保参保人员年检工作准确完成。第三，系统功能与城乡居保服务项目不能完全配套。该系统无法打印养老金待遇终止支付表的领取人信息，给实际领取信息的核对工作带来不便。第四，信息系统尚未建立起统一的缴费信息资源库，各级财政的补助无法直接划入参保人个人账户，无法做实个人账户，同时还造成养老金不能及时发放给适龄参保人的问题。第五，与其他相关系统的融合问题，如城乡居民基本养老保险、城镇职工基本养老保险、失地农民养老保险的系统之间不能融合，在审核重复参保问题时无法识别，需要人工审核，工作量较大；与扶贫系统不融合，无法核查贫困人口的参保情况；城乡居保财务系统与业务系统不融合，审核缴费、领取待遇工作量较大。在审核死亡人员方面，与卫计委病故死亡、民政的火化死亡、公安的注销死亡、司法的死亡证明几个系统不能共享信息，导致生死认定难度大。

2.乡镇网络建设滞后，农民参保、领取待遇成本高

近年来，城乡居保在全国实现制度全覆盖之后，国家不断出台相关

政策，完善经办服务。国家出台的相关政策规定，全面建设城乡居民养老保险“四个不出村”便民快捷服务工程，即“参保登记不出村”“缴费不出村”“待遇领取不出村”“权益查询不出村”。全国各省结合自身实际情况，构建村级服务站以及便民服务点，对基层管理服务措施进行创新，将经办管理服务功能延伸至各个村，加快城乡居民养老保险的基层工作平台以及信息系统、服务能力的建设，完善“便民快捷”服务体系。

据课题组调查，集中连片特困地区山区多、交通不方便、经办经费少、金融服务设施滞后，给农民参保、缴费、查询、待遇领取带来许多不便。如广西马山县正在建设手机APP并在村里安装POS机，力争在2020年实现手机参保缴费；广西都安县部分村没有网络，主要是网络建设费没办法落实，村里没有安装POS机，农民都到乡里的农村信用社缴费和领取待遇，还有1—2个乡没有农村信用社经办点，农民只能到附近的乡或者县城办理；广西融水县一些村里没有安装POS机，现在正在开发手机缴费、待遇领取及人脸识别系统，全县还有3个村没有通电信网络，其他边远村庄也存在网络信号差问题。由于经办服务平台建设滞后，农民参保、领取待遇成本比较高。课题组在与云南、贵州、四川省级人力资源和社会保障厅、县级的经办机构工作人员座谈时也了解到，目前各省都在探索适合本省的便农服务模式，如贵州、云南省正在启动“社保金融一体化平台”建设，力争村村通POS机，实现缴费、待遇领取、认证、查询一体化，但需要完善网络建设，经费由银行落实。同时，云南省还在探索开发手机APP缴费功能。经办人员还谈到：这些项目建成后，还需要有人来管理和引导农民使用，需要不断加强村级协管员队伍建设，也可以采取政府购买服务的方式。

（六）地方财政负担重，统筹地区提高基础养老金能力有限

表 4-20 四省财政负担城乡居保的情况

项目 省份	个人账户最低补助标准（元/年）	基础养老金标准（元/月）	丧葬费及抚恤金（元）	缴费满 15 年后，每一年增加基础养老金标准（元）
广西	30	90	400	
云南	30	75	600	
其中：昆明	30	85	600	
贵州	30	70	有建议，不强求	
四川	40	75	有要求，无规定标准	2

资料来源：根据各省相关文件整理。

城乡居保相关文件规定：中央财政对西部地区按中央确定的基础养老金标准给予全额补贴；统筹地区提高的基础养老金由统筹地区负担；地方财政负担个人账户补贴及一次性支付丧葬补助金；地方城乡居保经办机构的经费纳入统计财政预算。从表4-20可以看出，西南四省地方财政负担还是比较重的，已经没办法拿出更多的资金来提高基础养老金。广西区政府规定，提高基础养老金每人每月20元，县级财政负担20%（即每月每人4元），由此广西的石漠化地区基础养老金最低标准为每人90元/月/人，大部分县执行这一最低标准；云南省基础养老金最低标准为75元/月/人，昆明市规定基础养老金最低标准为85元/月/人，因此禄劝县基础养老金为85元/月/人；贵州省规定基础养老金最低标准为70元/月/人；四川省规定基础养老金最低标准为75元/月/人。据课题组调查：广西马山县基础养老金为95元/月/人，都安、融水县为90元/月/人；贵州贵定县基础养老金为75元/月/人。丧葬费补助标准云南为600元，由州、市、县财政负担；广西为400元，由省级财政负担；四川仪陇县丧葬费为本人4个月的基础养老金，一次性抚恤金为本人8个月基础

养老金，由县级负担70%的资金；贵州省尚未建立丧葬费补助制度。四川仪陇县还规定，缴费满15年后每增加缴费一年，每月增加基础养老金20元，由县级财政负担70%。课题组了解到，西南四省地方财政负担较重，地方财政拿出资金来提高基础养老金的能力是非常有限的。据课题组调查，如果贵州提高基础养老金5元，全省财政负担一年就要增加2.8亿元。

三、完善西南集中连片特困地区农村居民基本养老保险制度的对策建议

（一）提高缴费金额，按照农民可支配收入的比例缴费

目前，国家及各省城乡居保政策规定：缴费档次大约分为12—13个档次，最低档次100元/年，最高档次2000元/年—3000元/年，农民可以自由选择缴费档次。发达地区农民对养老保险的参保意识强，都自愿选择高档次缴费。广西、云南、贵州根据国家政策结合本省实际分别制定了城乡居保的缴费档次，最低缴费档次为100元/年/人。据课题组的调查，三省集中连片特困地区95%以上的农民选择最低缴费档次。四川省城乡居保制度颁布时规定的最低缴费档次也是100元/年，随后各县先后通过政策手段提高缴费档次，仪陇县于2015年提高缴费档次至200元/年，部分县已经提高到500元/年。但全国及西南四省财政对个人账户的补贴实行“累进递减”政策，农民大都选择最低的缴费档次，导致城乡居保基本养老金中财政的基础养老金占很大比例，个人缴费占基础养老金的比例很小。在制度全覆盖的情况下，参保人数多，在短期内通过财政支出的方法提高基础养老金的难度较大，不利于制度的可持续发展。因此，提高个人缴费金额是非常必要的。按照农民人均可支配收入的比例设计缴费档次，有利于稳步增加农民的缴费金额，提高基金积累水平。同时还要充分考虑两个问题：一是贫困人口的缴费能力，贫困人口可以按照最低缴费比例缴费，财政给予全部或部分补贴；二是对于有能力承担

城镇职工最低缴费档次的农民，鼓励他们参加城镇职工基本养老保险。

（二）多渠道筹集资金“补出口”，实现“保基本”的待遇目标

城乡居保制度设计的待遇目标应是“保基本”，即保证待遇领取能够保障农民的基本生活需求，并且可以与城镇职工基本养老待遇那样，根据物价上涨，调整基础养老金。按照“保基本”的目标，目前，学者们探索了比较常见的三类保障水平。一是以当地最低生活保障水平（简称“低保”）作为居民基本生活所需；二是以当地最低工资标准作为居民基本生活所需；三是利用恩格尔系数确定食品总支出占城乡居民可支配收入比例，以此作为居民基本生活所需确定的标准。对于这三类“保基本”的标准，低保标准线相对较低，以低保水平作为“保基本”的待遇目标较易实现。现行政策是中央财政对西部地区全额承担最低基础养老金70元/月/人，由于西部地区城乡居民参保人数众多，中央财政难以拿出大笔资金来提高基础养老金。要实现“保基本”的目标，可以多渠道筹集资金提高基础养老金待遇，主要渠道如下：一是地方财政补助由“补进口”转为“补出口”，提高待遇水平。二是整合现行各种财政对农村人口进行补贴，把部分资金拿来“补出口”。如现行的高龄补贴，80岁以上老人每月领取20元的补贴，经过调查，这部分补贴对老人生活质量的提高效果不明显，部分社保经办人员提出可以整合这部分资金，提高基础养老金。三是以扶贫开发政策的部分资金补充基础养老金。目前，国家对集中连片特困地区扶贫开发的项目资金较多，可以整合部分资金来提高基础养老金。四是探讨城乡居保的代际供养，用个人账户的资金“补出口”。五是政府加大对西南集中连片特困地区城乡居保的转移支付力度，用于提高基础养老金。通过这五种资金渠道提高基础养老金，可以使农民看到希望，增强城乡居保对农民的吸引力，有能力的农民就会根据自身的能力提高缴费档次。当城乡居保参保人数实现人群全覆盖时，个人账户就会积累一大笔资金，可以按照城镇职工基本养老保险制度基金管理的模式——实行代际供养，即可以拿出年轻人个人账户的资金补助上一代人的基础养老金。这样就如同目前城镇职工基本养老保险的现行政策，个人账户空账运行，也符合目前部分学者提出的城镇职工基本养老

保险账户不需要做实，可以是“名义账户”的主张。

（三）参保缴费由自愿参保向强制参保转变

国家及地方城乡居保相关文件规定：城乡居保以政府主导和农民自愿参保相结合，引导农村居民普遍参保。在领取待遇时规定：当地实施新农保制度时，距规定领取年龄不足15年的，应逐年缴费至60周岁，可以在领取待遇前一次性补缴不足年限的缴费部分，政府按本办法第八条规定给予缴费补贴，累计缴费不超过15年；距领取年龄超过15年的，应按年缴费，累计缴费不少于15年。在任何保险中，凡是自愿参保的，参保人都会考虑到自身利益的最大化，或者存在一些短视行为。城乡居保制度也如此，农民参保出现逆向选择，16—45岁的农民参保积极性很低。据课题组的调查和统计资料显示：西南集中连片特困地区16—59岁的农民参加城乡居保的比例较低，一般地区参保率为60%—70%，部分地区参保率仅35%。大部分农民会等到45岁以后才参保。另外，在经济欠发达的西南集中连片特困地区，由于老年贫困人口众多，为了与扶贫开发政策衔接，部分地方政府还制定了到60岁可以一次性补缴15年且不收滞纳金即可领取基础养老金的地方政策。因此，很多45岁以上的农民选择不参保，等到60岁一次性补缴15年。从理性经济人角度分析，现行的城乡居保政策会使居民更愿意选择立竿见影或是相对不确定性因素较少的短期投资，最后使得缴费参保的人数越来越少，领取待遇的人数越来越多，财政负担越来越重。课题组的调研结果显示：由于农民参保意愿不强，为了完成参保任务，部分地方也实行了一些隐形的强制参保措施。一是对有60岁以上老人的家庭，还是执行新农保制度实施时的“捆绑”政策；二是对没有60岁以上老人的家庭，如果这些农民享受国家的部分补贴（如山林补贴等），村干部要求农民先参加城乡居保，再办理盖章领取补贴的手续。这些隐形的强制参保措施农民也接受了。目前，国家正在启动全民参保登记，也为城乡居保由自愿参保向强制参保转变奠定了一定的基础。

（四）加强经办管理服务能力建设

加强西南集中连片特困地区城乡居保经办服务，应主要从以下几个方面入手：一是理顺乡镇经办管理体制。县级以下城乡居保“以块管理”应转变为“以条管理”，让乡镇社会保险经办机构隶属县级人力资源和社会保障部门，而不是隶属于本级政府，同时让乡镇社会保险经办人员由原来的事业编制管理岗位转为参公或者走专业技术职称岗位，改变原来的管理体制。二是科学配置经办人员。当前，西南集中连片特困地区县级以下城乡居保机构人员配备不能满足城乡居保经办服务的需求，建议各级政府按照服务量和服务人群配置各级社保机构经办人员，国际上通常按照人均险种管理幅度配备管理人员，最高标准是按照1 ∶ 5000的比例配备，国内一些省市在这方面也做了有益的探索，如北京市的区县经办机构按略高于1 ∶ 5000的标准配备；新疆的乌鲁木齐、克拉玛依两市按1 ∶ 7000的比例配备，其他市州按1 ∶ 2300的比例配备；四川省成都市市级经办机构按1 ∶ 10000的标准配备，县（区）按1 ∶ 4000 的标准配备。① 参考国内外的配置标准，结合集中连片特困地区山区多、交通不方便的实际情况，可以按照1：5000的比例配置县级经办机构工作人员；乡、镇级可以按照1 ∶ 3000的比例配置经办机构工作人员；村级协管员要根据各村屯居民的居住分散程度及交通状况配备，如在交通好、居住密集的村屯可以按照1 ∶ 1500的比例配置工作人员，在交通不方便的村屯可以按照1 ∶ 1000的比例配置工作人员。三是信息化建设。首先要整合城镇职工养老保险信息系统、城乡居民基本养老保险信息系统、失地农民养老保险信息系统，让几个险种的参保人资料能在一个系统里查询到，为工作人员审核重复参保人员资料提供方便；其次要升级系统，实现录入、统计、查询、认证、转移、待遇领取与终止等功能，并与卫计委、民政、公安、扶贫、司法等系统联网，可以互相查询；再次，加强农村电信网络建设，让农村的手机都能够有信号上网，可以开发手机APP的缴费、待遇领取、生死认证等功能，方便农民办理参保业务。四是加强金融网络建设。各县应与金融部门协调，在村里安装POS机，方便农民缴费及领取待遇。五是建设“流动型”服务，做好基层经

① 赖永东.广西社会保险经办机构整合的现状及对策[J].人事天地，201（4）.

办机构的服务延伸工作。西南四省区山区多，农村交通不方便，从西南四省区城乡居保经办服务机构的设置上看，呈现“倒金字塔”型：基层经办机构工作人员少，却需要服务数目较大的参保人群，加上基层信息化体系不够完善，各部门之间的协调不够，导致服务能力不强，难以满足参保人员的需求。因此，建立流动型服务、做好基层经机构的服务延伸，有助于满足边远山区居民的参保需求。六是提高资金管理层次，实行省级统筹管理。随着城乡居保参保人数增多及参保时间拉长，个人账户积累的资金就会越来越多。2016年《国家统计年鉴》显示：2015年底，西南四省城乡居保基金结余为：云南157.10亿元、广西88.90亿元、四川303.00亿元、贵州75.80亿元。这么一大笔养命钱分散在各省县、市、（区）中，而且还包含特困地区县，除了存在安全及道德风险外，还存在资金分散难形成投资渠道，不利于资金保值、增值的问题。因此，对城乡居保资金要尽快实行省级管理，由省级投资管理；同时，也可以通过省级机构调节全省各县城乡居保资金，对连片特困地区，加大补助力度，弥补财政转移支付的不足。七是加强对基层经办机构工作人员的培训。针对城乡居保基层经办人员文化水平不高、对政策的理解不够的问题，县级经办机构要加强对乡镇、村级经办人员的培训，在使其掌握业务的同时，还要提高其服务意识，使其树立“以居民为本位”与“服务至上”的根本价值追求，全力打造“业务精通、素质过硬、作风优良、群众满意”的基层城乡居保工作队伍，为参保人员提供及时、快捷的服务。八是做好对经办管理服务机构的考核。考核内容不仅仅包括参保率和发放率，还要建立科学的农民满意度测评体系，以农民满意度为测评目标。

（五）做好与社会保障相关制度衔接的工作

做好城乡居保制度与其他制度的衔接是提高农村居民基本养老保险的待遇水平、增加制度吸引力的有效途径之一。按照人社部〔2012〕15号文件规定，课题组调查了解到，西南集中连片特困地区实施了新农保与农村低保、农村“五保户”、农村优抚对象的制度衔接。随着连片特困地区社会流动的加快，农民的流动也很快，可以进一步思考城乡居保制度与城镇职工基本养老保险、扶贫开发政策、社会福利政策的衔接问题，同时整合好部分可以整合的资金，让财政资金形成合力，用于提高城乡居保的待遇水平。对国家推行城乡居保制度实施的指导思想是：按照全覆盖、保基本、有弹性、可持续的方针，以增强公平性、适应流动性、保证可持续性为重点，全面推进和不断完善覆盖全体城乡居民的基本养老保险制度，充分发挥社会保险对保障人民基本生活、调节社会收入分配、促进城乡经济社会协调发展的重要作用。

第五章

西南集中连片特困地区农村居民基本养老保险的个人筹资能力分析

本章以广西为例，在意愿的基础上研究农村居民的筹资能力，强调农村居民对农村基本养老保险的筹资能力是建立在其有参保意愿、缴费档次合适基础上的缴费能力。筹资能力有两个要素：第一，是否有参加城乡居保及承担相应缴费的意愿；第二，是否具有缴费能力。主观意愿和缴费能力是筹资能力不可缺少的两个关键要素。本章由三部分组成，第一部分采用意愿调查法，从农村居民主观视角揭示其参保缴费意愿，包括是否有参加城乡居保的意愿，如果有意愿，他们对缴费档次的选择偏好如何；第二部分基于收入 — 支出理论评估农村居民的缴费能力，并将其缴费能力与当前的缴费档次进行比较，总体评价农民筹资能力提升的空间；第三部分是对提高农村居民筹资能力的对策建议。

第一节　广西农村地区经济社会发展及农村基本养老保险实施情况

广西壮族自治区属于经济欠发达的华南地区，是我国综合发展水平较为落后的西部少数民族省份之一。它共辖14个地级市，有县级行政区111个。2016年，GDP总量达18，245.07亿元，排在全国31个省、市、区的第18位，占全国GDP总量的2.45%；人均地区生产总值38，042元，低于全国的49，351元，农村居民人均可支配收入为10，359元，低于全国农村居民人均收入水平12，363元。按照其经济发展情况，《中国农村扶贫开发纲要（2011-2020）》将广西上林、马山、隆安等29个贫困县列入全国集中连片特困地区的滇桂黔石漠化片区。

广西于1996年先于全国进入老龄化社会，是进入人口老龄化社会较早的省区之一。2015年全国1%人口抽样调查资料显示，截至2015年年底，广西60周岁以上老年人口达798.4万，占全区常住总人口的16.6%，80周岁以上老年人口达119万，百岁老人达5932人。广西老年人口多数生活在农村。2015年广西60岁及以上老年人口中，居住、生活在乡村的有423.64万人，占比59.7%；居住在城镇的有285.69万人，占40.3%；乡村老年人占乡村人口比重为16.1%，城镇为12.4%。乡村人口老龄化程度比城镇高3.7个百分点。除了生育率降低、死亡率下降和人口预期寿命延长外，人口迁移流动更进一步加快了广西人口老龄化速度。广西是外出人口规模较大的省区，2015年1%人口抽样调查和公安户籍资料显示，2000年以来，广西净迁出（省外迁入 — 迁往省外）户籍人口年均5万左右。在外出人口中，45岁以下的占90.9%。由于大量的青壮年人口外出到经济发达地区务工、经商、就学，而其父母却仍然留在原籍，在一定程度上加深了广西的老龄化程度，尤其是欠发达地区和农村地区老龄化尤为明显。

从2009年9月起，广西正式启动第一批新型农村社会养老保险（以下简称“新农保”）试点工作，2011年启动第一批城镇居民社会养老保险（以下简称“城居保”）66个试点县工作。2014年7月30日，广西壮族自治区人民政府办公厅发布《关于印发广西壮族自治区城乡居民基本养老保险实施办法的通知》（桂政办发〔2014〕70号），将新农保和城居保两项制度合并实施，在全区范围内建立统一的城乡居民基本养老保险制度（以下简称“城乡居保”），实施对象为“年满16周岁的城乡非在职居民”。2015年，广西60岁及以上农村老年人口中，仍有12.9%的老年人没有参加任何社会养老保险，而参加了社会养老保险的大多数是参加城乡居保，养老金支付水平低，不能作为生活的主要来源，还有62.1%的老年人要依靠家庭其他成员供养，21.4%的老年人需要自食其力来维持生活。《2016年广西壮族自治区国民经济和社会发展统计公报》显示，2016年年末参加城乡居民基本养老保险的人数为1772.03万人，比上年增加了30.52万人。

根据广西壮族自治区社会保险事业局印发的《城乡居民基本养老保险参保手册》，广西城乡居保有关筹资方面的具体情况如下：

资金来源：个人缴费、政府补贴和集体补助；缴费档次：个人缴费标准目前设为每年100元、200元、300元、400元、500元、600元、700元、800元、900元、1000元、1500元、2000元12个档次；财政补贴：中央政府对符合领取城乡居保待遇条件的参保人全额支付基础养老金，广西壮族自治区政府对参保人不同的缴费标准给予不同的补贴。城乡重度残疾人、贫困残疾人、城镇“三无”人员、农村“五保”供养对象、村干部由政府代缴养老保险费每人每年100元，不属于上述四类群体的城乡低保对象由政府代缴养老保险费50元；集体补助：有条件的村集体经济组织、社会经济组织、公益慈善组织、个人可以提供对参保人的缴费资助，资助金额不超过当地设定的最高缴费档次标准。

广西壮族自治区的经济和社会发展水平大体代表了西南集中连片特困地区的发展水平，同时，西南集中连片特困地区城乡居保实施框架与国家颁布的相关政策基本一致。选择以广西壮族自治区作案例，在一定程度上可以评估西南集中连片特困地区农村基本养老保险的筹资能力。

第二节　数据来源与样本描述

微观数据来自2017年7月收集的关于“西南集中连片特困地区农村居民基本养老保险调查问卷”调查的原始数据。在课题组的带领下，由受过培训的访问员采用入户代填问卷的方式收集了广西马山县和都安瑶族自治县400个60岁以下的农村非老年人样本信息，问卷有效回收率为99.1%。

马山县和都安瑶族自治县属于广西连片特困地区。马山县隶属南宁市，全县辖7个镇4个乡，133个村，18个社区。2015年年末，全县总人口56.33万，常住人口40.39万，其中城镇人口9.97万。2015年，全县农民人均纯收入6664元，增长10.00%；人均生活消费支出6225元，增长12.53%，农村居民恩格尔系数为40.80%，比上年下降0.87个百分点。都安为河池市管辖1区9县之一，2016年该县辖19个乡镇248个村（社区），常住总人口71.67万，其中农业人口24.68万，占总人口的34.43%。2015年都安县农民人均纯收入为6130元。该县于2012年1月1日启动实施新农保制度，同年7月1日实施城乡居保制度，实现了两项制度全覆盖目标。2016年全县应参保人数26.25万，应缴费人数18.48万，已缴费人数16.85万，缴费率为92.22%。由于经济发展相对落后，参保人员主要选择第一档次（100元/年）缴费。

样本的具体情况如表5-1所示。400个样本，男女比例基本相当；年龄分布比较平均；文化程度较低，以初中及以下文化程度为主；自评健康状况“好”的略多于二分之一；如将未婚、离异、丧偶视为没有配偶的话，比例占到14.75%；平均有1.07个儿子、0.96个女儿。家庭规模比发达地区的要大，家庭人口数量平均为5.32人，但是多由祖父辈和孙辈构成，青壮年基本外流。

表5-1 样本的基本描述

变量	选项	频数（人）	频率（%）	变量	选项	频数（人）	频率（%）
性别	男	208	52	婚姻状况	无配偶	59	14.75
	女	192	48		有配偶	341	85.25
年龄	30岁以下	69	17.25	儿子数	0个	101	25.25
	30—39岁	91	22.75		1个	190	47.50
	40—49岁	106	26.50		2个	92	23.00
	50—59岁	134	33.50		3个及以上	17	4.25
文化程度	没上过学	49	12.25	女儿数	0个	148	37.00
	小学	151	37.75		1个	152	38.00
	初中	121	30.25		2个	77	19.25
	高中	50	12.50		3个及以上	25	5.75
	大专及以上	29	7.25	家庭人数	1个	4	1.00
职业	务农	204	51.13		2个	12	3.00
	务工	79	19.55		3—4个	132	33.00
	私营个体	20	5.01		5—6个	162	40.50
	自由职业	27	6.77		7个及以上	90	22.50
	无业	42	10.53	健康状况	差	43	10.80
	其他	28	7.02		一般	149	37.44
地区	马山	214	53.50		好	206	51.76
	都安	186	46.50				

数据来源：根据调查数据整理所得。

第三节　农村居民的参保缴费意愿

一、分析框架与研究方法

所谓农村居民的参保缴费意愿，是指当前在农村推行的城乡居民基本养老保险制度提供了12个可供选择的缴费档次的前提下，农民自愿选择参保和缴费档次的意愿，即参保和缴费的意愿。本课题组将其操作化为“以后您是否愿意参保，如果愿意参保，请填写缴费档次”，侧重测量基于自身实际情况考虑的农民的参保缴费意愿。

（一）分析框架

本课题组采用理性选择理论解释农民的参保缴费意愿。古典经济学家对人的行动做理性假设，认为人的理性在于他在各项利益的比较中选择自我的最大利益，以较小的牺牲满足自己最大的需要。新古典经济学家继承和发扬了古典经济学家的理性人假设，更加强调个体在获得完全信息并进行信息计算和分析后，按最有利于自身利益的目标选择决策方案。总之，理性选择理论是建立在下列前提之上的：第一，个人是自身最大利益的追求者；第二，在特定情境中有不同的行为策略可供选择；第三，人在理智上相信不同的选择会导致不同的结果；第四，人在主观上对不同的选择结果有不同的偏好排列。理性选择可以概括为最优化或效用最大化，即理性行动者趋向于采取最优策略，以最小代价取得最大收益。由于城乡居民基本养老保险属于经济保障，政策明确，通过广泛的宣传使参保人周知，不同的缴费档次未来可能提供不同的养老金收入，参保人可以通过简单计算预期，所以理性选择理论是合适的解释理论。

需要进一步清晰何为“理性”。社会学家马克斯·韦伯区分了四种社会行动的理想类型：目的合理性行动、价值合理性行动、情感的行动和传统的行动。从合理性角度来看，韦伯认为，只有目的合理性与价值合理性行动才属于合理的社会行动。就参加城乡居民基本养老保险并选择不同缴费档次这一行为而言，其目的是为了满足个人满60岁以后的基本生活需求，但是对于基本生活需求，不同农村居民有不同的界定，这涉及理性的第二方面——价值合理。如果认为基本生活需求仅仅指马斯洛需求层次理论中的生理需要，那么农村居民会考虑参加城乡居保并缴纳最低档次费用能否满足日后的生存需要。如果认为基本生活需求不仅包括生存需要，还包括更高层次的安全上的需要、尊重的需要等时，那么农村居民有更大的概率选择更高的缴费档次，以获得更多的养老金收入，保障年老后的体面和尊严。可见，农村居民的参保缴费意愿不仅受到现行制度的影响，更受到个人对自身老年生活预判的影响，而这又由个体的社会人口学特性、健康状况、经济收入等决定的。

家庭养老是我国深厚的养老文化和习惯。在这种大的养老环境下，农村居民的参保缴费意愿必将受到家庭自身的养老资源如土地养老、儿女养老等的影响。因此，家庭的耕地面积、家庭收入、子女数量等也是重点考察的因素。

总的来看，农村居民参保缴费意愿体现的是在城乡居保制度规定的大背景下，一个人考虑家庭养老资源，在不同的价值认定基础上做出的目的合理性选择。在理性选择下，农村居民缴费意愿用公式表达为：

农村居民参保缴费意愿＝f（家庭养老资源、个人特征、城乡居保情况）

（二）研究方法

上文提到，农村居民参保缴费意愿是在愿意参保的情况下，自愿在12个缴费档次中进行缴费选择的倾向。因为部分在保的农村居民表示下一年不愿意再参保，导致缴费选择上有大量的零值。需要澄清的是，本研究的零缴费选择并不类似于工资方程中的零工资，不存在样本选择性偏误，因为该零值是观察到的实际结果而不是潜在结果变量（Dow，

Norton，2003）。[1] 因此，我们采取两部模型（Two-part model）来分析农村居民是否继续参保和缴费档次选择意愿。两部模型与Heckman两步模型在函数形式上的区别在于条件方程中后者比前者多了一项逆米尔斯比率，用于纠正选择性偏误。[2] 两部模型将缴费意愿分成两个部分完成：第一部分为方程一，参保的概率模型；第二部分为方程二，参保的意愿缴费档次有序离散选择模型。

方程一：估计样本参加城乡居保的概率。被解释变量为农村居民是否会继续参保，是一个二分变量。将“是”赋值“1”，表示有继续参保意愿；将“否”赋值“0”，表示没有继续参保意愿。应用二元Logistic回归模型分析农村居民有无继续参保意愿的影响因素。二元logistic模型为：

$$p_i = E(Y = 1 \mid Y_i) = \frac{1}{1 + e^{-Y}}$$

式中，p_i是继续参保的概率，当p_i>0时，方程二中的缴费档次才有观察值；E（Y=1| Y_i）是给定一个Y_i，表示农村居民选择继续参保的概率；Y_i是解释变量。

方程二：估计在有参加城乡居保意愿的前提下，参保人选择缴费档次的概率。被解释变量为缴费档次，是有序的离散变量，本应使用有序Logistic模型进行估计，但是，选择100元/年/人缴费档次外的样本量过少，将“100元/年/人缴费档次”赋值“1”，其他缴费档次，包括200—2000元/年/人的赋值“0”，同样应用二元Logistic回归模型分析影响缴费档次选择的因素。

根据分析框架，方程一、方程二的解释变量均分为三大类，家庭养老资源、个人身体状况和人口社会学特征。同时，考虑到意愿是以当地的城乡居保作为宏观背景，还将马山、都安作为虚拟变量纳入模型。于是Y_i表述为：

---

① Willian H. Dow, Edward C. Norton. *Choosing Between and Interpreting the Heckit and Two-Part Models for Corner Solution*[J]. Health services & outcomes research methodology 4, 2003：5-18.

② 王亦秋.中国农村居民医疗服务需求研究[D].南京农业大学，2008.

$$Y_i = a+\sum_{i=2}^{k}\beta_i x_i+\sum_{i=1}^{m}\gamma_i f_i+\sum_{i=1}^{n}\lambda_i l_i+\sum_{i=1}^{w}g_i h_i+u_i$$

式中，a：常数项

x：家庭养老资源

f：个人特征

l：城乡居保情况

h：地区虚拟变量

u：模型残差

β、γ、λ、g：各解释变量的回归系数，反映各解释变量影响参保缴费意愿的方向和程度。

参考以往的研究，三大类解释变量各自包含的具体变量及含义和描述性统计分析见表5-2。

表5-2 变量的定义及基本描述

变量	变量定义	均值	标准差
参保意愿	是=1，否=0	0.63	0.48
缴费档次意愿	100元/年=1，其他=0	0.85	0.36
家庭养老资源			
婚姻状况	有配偶=1，没有配偶=0	0.85	0.36
家庭人数	实际值	5.32	1.82
家庭年收入对数	实际值	9.29	2.33
耕地面积	实际值	2.19	5.34
个人特征			
性别	男=1，女=0	0.52	0.50
年龄段	30岁以下=1，30—39岁=2，40—49岁=3，50—59岁=4	2.76	1.10
文化程度	没上过学=1，小学=2，初中=3，高中=4，大专及以上=5	2.65	1.08

续表

变量	变量定义	均值	标准差
职业	务农=1，务工=2，私营个体=3，自由职业=4，无业=5，其他=6	2.27	1.68
健康自评	很差=1，差=2，一般=3，好=4，很好=5	3.61	0.95
城乡居保情况			
了解程度	十分了解=1，了解=2，一般=3，不太了解=4，不了解=5	4.06	0.93
地区	都安=1，马山=0	0.47	0.49

数据来源：根据调查数据整理所得。

家庭养老资源包括婚姻状况、家庭人数、家庭年收入和有无耕地四个指标。婚姻状况可能是影响因素之一。从主要方面来讲，有配偶应当是减少养老风险的，但也可能由于配偶的经济和身体状况，反而加大养老风险。家庭人数是衡量家庭养老供给人力资源多寡的指标之一；家庭的经济收入则衡量家庭养老物质资源的多寡。但是，家庭经济水平对农村居民缴费意愿的作用不明显。因为家庭收入高可能使得个人更依赖于家庭养老，也可能使其更加具有缴费能力。土地在农村历来起到重要的社会保障作用，也是家庭最重要的资产之一。有无耕地、耕地面积的大小决定了将来老年人依靠土地养老的可能性。有耕地的农村老年人对社会养老保险的需求并不强烈。家庭关系通过影响家庭成员提供养老服务和物质的意愿，间接影响老年人参加社会养老保险的意愿。

个体特征包括农村居民的性别、年龄、文化程度、职业和健康自评。个体人口社会学因素是导致缴费意愿出现差异化的重要因素，体现了不同的农村居民缴费意愿的复杂性和多样性。性别、年龄、受教育程度和职业不同的农村居民，对是否参保缴费的选择会有所差异。不同健康状况的居民对自身养老的期望不同，健康状况良好者必然会对高质量的老年生活产生需求。

城乡居保实施情况包括农村居民对其了解程度和地区虚拟变量。马山和都安城乡居保是在《关于印发广西壮族自治区城乡居民基本养老保险实施办法的通知》（桂政办发〔2014〕70号）框架下统筹地区的具体安排，实施过程中两地会略有差异。例如，马山县城乡居保市级财政有部分补助，都安县则没有，等等。因此，我们在城乡居保实施情况这类变量中纳入了地区虚拟变量，以控制两地的差异；同时将农村居民对城乡居保的了解程度也纳入分析，是考虑到该变量在一定程度上反映了城乡居保宣传工作的效果。

二、影响农村居民参保缴费意愿的描述性统计分析

在对农村居民参保缴费意愿的测量中，总体来讲，农村居民继续参保意愿比较强烈（96.91%的参保人表示会继续参保），但是有超过80%的样本选择100元/年的缴费档次（见图5-1）。可见，新农保与城镇居保整合后，尽管参保人获得了选择更高缴费档次的空间，但现实中农村参保人往往依然保留着缴纳最低档次保费的习惯。

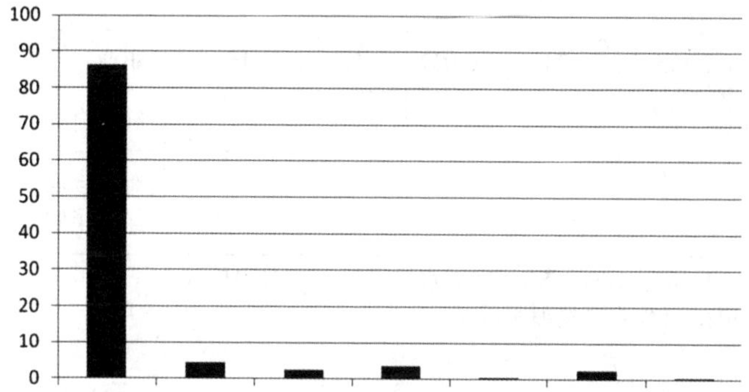

图5-1 农村居民参保缴费意愿

为了探讨农村居民缴费意愿的影响因素，本研究小组先对解释变量和被解释变量进行了相关性分析。按照被解释变量的不同类型和层次，选择不同的相关性分析方法。对于连续变量，采取组间均值比较法加以验证；对于二分类变量，采用皮尔逊卡方检验；对于定序变量，用

Spearman秩相关检验。

表5-3的分析结果显示，在三大类解释变量中，第一类解释变量中的四个变量与农村居民参保意愿在统计水平上均无显著相关性，其他两类变量与农村老年人社会养老服务意愿均呈统计水平上显著相关。个人特征中，性别、年龄、文化程度、职业均通过相关性显著检验，健康自评变量与意愿的相关关系不明显；城乡居保实施变量中，地区虚拟变量和对城乡居保的了解程度两个变量均在1%的统计水平上与参保意愿呈显著的正相关关系。

表5-3 农村居民参保意愿与其影响因素的相关性分析

连续变量	有参保意愿组的均值	无参保意愿组的均值	t值	二分类变量	皮尔逊卡方值	定序变量	皮尔逊卡方值
家庭人数	5.315	5.322	0.039	性别	6.674*	年龄段	25.837***
家庭年收入对数	9.356	9.172	–0.730	婚姻	1.376	文化程度	19.178***
耕地面积	2.195	2.174	–0.037	都安	61.154***	职业	24.409***
						健康自评	4.934
						对城乡居保的了解	48.945***

注：*、**、***表示10%、5%和1%水平上显著（双边检验）。
数据来源：根据调查数据整理所得。

表5-4的分析结果显示，在三大类解释变量中均有变量与农村居民缴费档次意愿在统计水平上显著相关。在家庭养老资源中，只有耕地面积在1%的统计水平上显著，表示耕地面积越多的农村居民越倾向选择更高缴费档次；个人特征中，年龄、文化程度、职业均通过相关性显著检验，性别和健康自评变量与意愿的相关关系不明显；城乡居保实施变量中，地区虚拟变量和对城乡居保的了解程度两个变量均在5%的统计水平上与缴费档次意愿呈显著的正相关关系。

表 5-4 农村居民缴费档次意愿与其影响因素的相关性分析

连续变量	意愿按100元/年缴费组的均值	意愿按其他档次缴费组的均值	t值	二分类变量	皮尔逊卡方值	定序变量	皮尔逊卡方值
家庭人数	5.335	5.211	-0.385	性别	0.069	年龄段	10.518**
家庭年收入	9.273	9.875	1.623	婚姻	1.101	文化程度	19.566***
耕地面积	2.098	2.779	1.915*	都安	3.826**	职业	13.277**
						健康自评	2.310
						对城乡居保的了解	12.403**

注：*、**、***表示10%、5%和1%水平上显著（双边检验）。数据来源：根据调查数据整理所得。

综上所述，当前农村居民以参保意愿为主，对100元/年以外其他档次缴费的意愿还有待激发。在三大类变量中，后两类变量与农村居民参保缴费意愿的相关性更强，意味着农村居民在考虑是否参保和选择缴费档次时，表现出一种基于个体特征和当地城乡居保实施状况的差异性，而家庭情况并不是影响农村居民参保缴费意愿的主要因素。

三、影响农村居民参保缴费意愿的回归分析

相关分析只能检验在没有其他因素影响下，单个解释变量与被解释变量之间无方向性的相互关系，无法检验在各种解释变量相互作用下，解释变量与被解释变量之间的因果关系。因此，下面用两部模型将缴费意愿分成参保和缴费档次意愿两部分，分析两部分的各解释变量的影响力及其显著性。

我们用Stata13.0统计软件对两部模型的两个Logistic模型进行了估计。第一、第二个方程估计结果分别见表5-5、表5-7;表5-5、表5-7均

报告了各解释变量的系数、Z值和发生比。为了保证回归结果的稳健性，模型2将模型1中都显著的变量进行再次回归。方程一、方程二中的两个模型的负2倍对数似然比均在0.001的水平上显著，表明模型在统计上总体是显著的。我们又通过方差膨胀因子（VIF）检验了各解释变量不存在多重共线性。以上检验结果表明，模型具有较好的拟合效果，解释力较强。

首先，对方程一农村居民参保意愿影响因素的回归分析见表5-5。

表 5-5 方程一：农村居民参保意愿影响因素的回归分析结果

解释变量	模型 1			模型 2		
	系数	Z 值	发生比	系数	Z 值	发生比
家庭养老资源						
婚姻状况	0.078	0.19	1.081			
家庭人数	0.037	0.48	1.038			
家庭年收入对数	0.035	0.60	1.036			
耕地面积	–0.015	–0.69	0.985			
个人特征						
性别	0.454*	1.65	1.574	0.315	1.27	1.370
年龄段	0.436 **	2.98	1.547	0.487***	4.11	1.627
文化程度	–0.165	–1.07	0.848			
职业	–0.127*	–1.44	0.881	–0.149**	–1.98	0.861
健康自评	0.100	0.68	1.105			
城乡居保情况						
了解程度	–0.814***	–4.52	0.443	–0.745***	–4.81	0.475
地区	–1.502***	–4.86	0.223	–1.632***	–6.24	0.196
常数项	3.158***	2.25	23.517	3.406***	4.28	30.143
LOG–L	–172.822			–199.657		
Pseudo R2	0.231			0.235		

续表

解释变量	模型 1			模型 2		
	系数	Z 值	发生比	系数	Z 值	发生比
Wald chi2	103.98			122.94		
Prob>chi2	0.000			0.000		
Number of obs	384			397		

注：回归结果已经过异方差调整。*、**、*** 表示 在10%、5%和1%水平上显著。数据来源：根据调查数据处理所得。

从参数估计的结果来看，模型1里用来反映家庭养老资源的因素没有变量在统计上呈显著性，个人特征和城乡居民情况两大类因素中均有变量在统计上呈显著性。模型2只用模型1中显著的变量进行回归，它的预测准确率也达到84.5%，在模型1中与参保意愿呈显著关系的五个变量，除“性别”外，其他四个变量在模型2中仍稳定地显著。模型2拟合效果最好，下面对模型2的回归结果进行详细解释。

相对其他两类因素，反映家庭养老资源的四个变量与农村居民参加居民基本养老保险的意愿没有显著的因果关系。这表明农村居民是否参加居民基本养老保险受家庭将来可提供养老资源多少的影响很小。

在代表个人特征的四个变量中，“年龄”和“职业”两个变量对农村居民参保缴费意愿有稳定的显著影响。年龄越大的农村居民对自己老年生活的预期越迫切和现实，因而随着年龄的不断上升，农村居民的参保缴费意愿也越强烈，年龄段每上升1个档次，参保的概率提高62.7%；务农者比从事其他职业的农村居民的参保缴费意愿高。其他职业包括务工、私营个体主、自由职业、无业等。务工和私营个体主的收入高于务农，同时他们可以选择参加平均待遇水平相当于城乡居保10倍的城镇职工基本养老保险；而自由职业者和无业人员，则可能因为收入不稳定而选择不参保。

代表城乡居民基本养老保险实施情况的两个变量对农村居民参保意愿有显著的负向影响。从理论上讲，当地的城乡居民基本养老保险开展得越好，宣传得越到位，人们对它的认同度就越高，越可能产生参保意愿。可以看到，对城乡居民基本养老保险制度的认识由十分了解到很不了解，每下降一级，参保缴费的概率就下降47.5%，说明信息不对称是参保缴费率下降的主要原因之一。政策宣传对提高参保缴费意愿具有巨大的作用，宣传的力度和广度有很大的改善必要。从地区上看，马山的参保缴费意愿显著高于都安。由于马山隶属广西首府南宁市管辖，都安隶属广西14个地级市财政收入排在第12位的河池市，这决定了马山的城乡居保可以实施更加优惠的财政补贴政策。除了财政补贴政策更优惠外，马山农村居民对城乡居民基本养老保险制度各方面的了解和满意度也较都安更高（见表5-6）。

表 5-6 马山和都安农村居民对城乡居民基本养老保险制度的满意度(单位:%)

	马山						都安					
	很不满意	较不满意	一般	较满意	很满意	不清楚	很不满意	较不满意	一般	较满意	很满意	不清楚
养老金待遇水平	7.48	22.43	25.23	19.16	10.28	15.42	4.86	11.89	24.32	12.43	5.95	40.54
发放及时性	0.00	0.98	7.35	23.53	34.80	33.33	0.00	1.62	10.81	14.59	11.89	61.08
养老金领取的便捷性	0.00	0.99	7.39	19.70	39.90	32.02	0.00	0.54	12.43	11.89	11.35	63.78
缴费的便捷性	0.93	0.47	8.41	27.10	38.32	24.77	0.54	1.08	11.35	13.51	11.89	61.62
缴费水平	2.34	5.14	22.90	23.83	25.23	20.56	0.54	3.24	15.68	12.43	10.27	57.84
工作人员的服务态度	0.00	0.99	6.90	18.72	42.86	30.54	0.54	1.08	12.43	12.97	11.35	61.62
工作人员的服务能力	0.00	1.00	7.50	20.00	41.00	30.50	0.54	0.00	11.96	13.04	12.50	61.96

数据来源：根据调查数据处理所得。

综上分析，农村居民参加城乡居民基本养老保险的意愿受到多种因素的综合影响，其中以城乡居民基本养老保险的实施情况影响最大。因此，在激励农村居民提高参保缴费意愿时，既要充分考虑不同群体的意愿，更要落实到制度的具体实施上。

对方程二农村居民缴费档次意愿影响因素的回归分析见表5-7。两个模型的负2倍对数似然比均在0.001的水平上显著，表明模型在统计上总体是显著的。两个模型的预测准确率均达到80%以上。我们通过方差膨胀因子（VIF）检验了各解释变量不存在多重共线性。以上检验结果表明，两个模型都具有较好的拟合效果，解释力较强。

表5-7 方程二：农村居民缴费档次意愿影响因素的回归结果

解释变量	模型1			模型2		
	系数	Z值	发生比	系数	Z值	发生比
家庭养老资源						
婚姻状况	–1.664*	–1.87	0.189	–1.087	–1.33	0.337
家庭人数	0.232	1.55	1.261			
家庭年收入对数	–0.192**	–0.89	0.826	–0.267**	–1.61	0.766
耕地面积	–0.082	–0.66	0.922			
个人特征						
性别	–0.107	–0.24	0.899			
年龄段	0.575**	2.39	1.777	0.442**	2.16	1.556
文化程度	–0.154	–0.71	0.857			
职业	–0.224*	–1.75	0.799	–0.232*	–1.85	0.793
健康自评	0.026	0.12	1.026			
城乡居保情况						
了解程度	0.409*	1.69	1.506	0.465**	2.14	1.592
地区	–0.931*	–1.90	0.394	–1.075**	–2.51	0.341

续表

解释变量	模型 1			模型 2		
	系数	Z 值	发生比	系数	Z 值	发生比
常数项	2.128*	0.76	8.401	3.256*	1.61	25.941
LOG–L	–77.601			–80.568		
Pseudo R2	0.158			0.133		
Wald chi2	29.14			24.72		
Prob>chi2	0.002			0.000		
Number of obs	226			231		

注：回归结果已经过异方差调整。*、**、*** 表示在10%、5%和 1%水平上显著。数据来源：根据调查数据处理所得。

从参数估计的结果来看，模型1里三类因素均有变量在统计上呈显著性，分别为用来反映家庭养老资源的“婚姻状况”和“家庭年收入对数”，个人特征因素的“年龄段”和“职业”，城乡居民基本养老保险实施情况的“了解程度”和“地区”变量。模型2只用模型1中显著的变量进行回归。在模型1中与参保意愿呈显著关系的六个变量中，除“婚姻状况”外，其他五个变量在模型2中仍稳定地显著。模型2拟合效果与模型1相差不大，并且模型2较为简洁。下面同样根据模型2的回归结果对影响缴费档次意愿的原因进行详细解释。

反映家庭养老资源的四个变量中，“家庭经济收入”与农村居民选择居民基本养老保险的缴费档次呈稳定的显著性，家庭经济收入越高的农村居民越有可能选择高于100元/年的缴费档次。这一结果与政策预期一致。新农保与城居保整合为城乡居保，将新农保原有的100 — 500元/年的5个缴费档次扩大并提高为100 — 2000元/年12个缴费档次，为经济条件较好的农村居民提供了提高养老保险待遇的政策设定。

在代表个人特征的四个变量中，“年龄”和“职业”两个变量对农村居民缴费档次意愿有稳定的显著影响。年龄越大的农村居民越倾向于选择100元/年的缴费档次，年龄段每上升1个档次，选择100元/年进行缴费的概率提高44.2%；务农者的经济收入相对于其他职业者而言往往较低，务农者比从事其他职业的农村居民选择100元/年缴费的意愿高。这一结果再次印证了家庭经济收入与缴费意愿之间的因果关系。

代表城乡居民基本养老保险实施情况的“了解程度”变量对农村居民缴费档次意愿有显著的正向影响，“地区”变量有稳定的负向影响。“了解程度”对农村居民缴费档次选择倾向的影响与其对农村居民参保缴费的影响方向相反。越了解城乡居民基本养老保险制度，越可能倾向于选择最低缴费档次100元/年。这可能是农村居民对财政补贴政策的了解造成的。《广西壮族自治区城乡居民基本养老保险实施办法的通知》(桂政办发〔2014〕70号）规定：“政府对参保人缴费给予补贴。政府对100—800元缴费档次分别按每人每年30元、40元、50元、55元、60元、65元、70元、75元进行补贴，对900—2000元缴费档次统一按每人每年80元进行补贴。”按照这样的政策规定，参保人按100元/年缴费获得的政府补贴率最高，随着缴费档次的上升而不断下降（从30%降到4%）。在地区虚拟变量上，马山的缴费意愿依然明显高于都安。

综上分析，农村居民参加城乡居民基本养老保险后对缴费档次的选择受到农村居民经济收入、年龄和当地城乡居民基本养老保险实施情况的影响。从制度本身来讲，要提高参保人选择较高缴费档次的意愿，关键是科学的缴费档次确定和划分、“多缴多得”政策的设计和体现。

总体上看，广西农村居民参加城乡居民基本养老保险的意愿强烈，96.91%的参保人会继续参保，但是有84.80%的参保人偏向选择100元/年的最低缴费档次，其中主要受到反映家庭养老资源的“家庭经济收入”、个人特征因素“年龄”“职业”和当地城乡居民基本养老保险具体实施状况的影响。因此，除去“年龄”“职业”等外生变量，提高农村居民的缴费意愿，一方面需要对现行政策规定加大宣传力度，提高农村居民对城乡居民基本养老保险的了解度，另一方面要完善缴费档次和“多缴多得”政策的设计，提高农村居民的认同度和满意度。

第四节　农村居民的缴费能力

农村居民对城乡居保的缴费能力，指农村居民缴纳城乡居民基本养老保险而不至于影响家庭基本生活支出的能力。本节将从宏观和微观两个方面分析农村居民的缴费能力。宏观层面上侧重于对农村居民整体缴费能力描述和评价；微观层面侧重于利用调研数据，基于上节分析，对有参保意愿的农村居民的缴费能力进行描述和评价。

本节用收入—支出法衡量农村居民的缴费能力。收入和支出是影响缴费能力的最关键因素。宏观、微观两部分都将首先描述农村居民的经济状况。其次，通过对比农村居民的个人收入与城乡居民基本养老保险的缴费档次，得到个人最低和最高缴费率。再次，借用收入—支出法，得出个人最大缴费能力，进而评价农村居民的缴费能力。最后，通过比较个人最低、最高缴费率与个人最大缴费能力，综合分析农村居民对城乡居民基本养老保险的缴费能力和提升空间。

一、农村居民缴费能力分析——基于宏观数据

2014年，我国政府决定合并新型农村社会养老保险和城镇居民社会养老保险，建立全国统一的城乡居民基本养老保险制度，因此本小节主要收集了2014—2015年的官方数据，对城乡居保农村居民是否有能力筹资以及筹资能力是否具有可持续性做出评判。

城乡居保农村居民个人缴费率简称“个人缴费率”，主要指参保的农村居民当年的个人缴费额度占当年居民个人人均可支配收入的比例。下面主要根据农村居民最低缴费档次100元/年、最高缴费档次2000元/年

和2014—2015年的农村居民人均纯收入数据，测算个人缴费率。如表5-8所示，2014年与2015年广西城乡居民基本养老保险个人最低缴费率约为1%，最高缴费率约为20%。总体而言，如果农村居民按照最低档次缴费，缴费比例很低，但如果按照最高档次缴费，则个人缴费比例远远高过城镇企业职工基本养老保险个人8%的缴费比例，甚至高于灵活就业人员参加城镇企业职工基本养老保险个人20%的缴费比例。

表5-8 2014—2015年广西城乡居民基本养老保险农村居民的个人缴费率

年份	农村居民人均可支配收入（元/年）	个人最低缴费率（%）	个人最高缴费率（%）
2014	8683.18	1.15	23.03
2015	9466.58	1.06	21.13

注：个人最高缴费率=最高缴费档次（2000元/年）/农村居民年人均可支配收入；个人最低缴费率=最低缴费档次（100元/年）/农村居民年人均可支配收入。资料来源：根据《广西统计年鉴（2016）》统计数据计算得出。

按照收入—支出法，剩余额为负，谓之“绝对没有缴费能力”，剩余额小于缴费档次，谓之“相对没有缴费能力”，剩余额是农村居民可缴纳城乡居保的最大能力。从均值上看（见表5-9），农村居民人均剩余收入为正，且大于100元/年的缴费水平，都具有绝对缴费能力。但是就于2000元/年的缴费水平而言，农村居民2014年的剩余收入刚好略多于2000元/年，具有相对缴费能力，而2015年没有相对缴费能力。

表5-9 2014—2015年广西城乡居民基本养老保险农村居民个人最大缴费能力

年份	农村居民人均可支配收入（元/年）	农村居民人均生活消费支出（元/年）	农村居民人均可支配剩余额（元/年）	个人最大缴费能力（%）
2014	8683.18	6675.07	2008.11	23.12
2015	9466.58	7581.98	1884.60	19.91

资料来源：根据《广西统计年鉴（2016）》的统计数据计算得出。

为了能够方便、直接地比较个人缴费率和个人最大缴费能力，我们将个人最大缴费能力表示为：个人最大缴费能力=（农村居民人均可支配收入-农村居民人均生活消费支出）/农村居民人均可支配收入。从图5-2中可以直观地看出，广西2014年个人最大缴费能力为23.12%，远远超过了2014年的个人最低缴费率1.15%，但只略高于当年个人最高缴费率23.03%。2015年的个人最大缴费能力19.91%也高于个人最低缴费率1.06%，但低于个人最高缴费率21.13%。图5-2直观显示了广西农村居民对较低档次的缴费具有缴费能力，但是很难承担最高档次2000元/年的缴费。

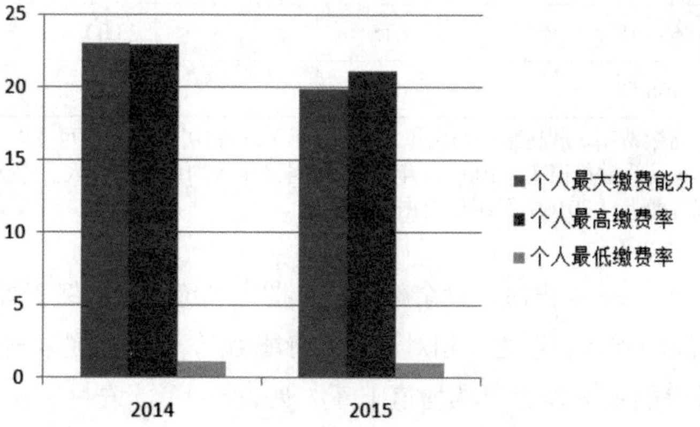

图5-2 广西城乡居民基本养老保险个人缴费率与个人最大缴费能力比较

注：根据调研数据整理所得。

二、农村居民缴费能力分析——基于调查的微观数据

本小节利用实地调查得到的数据，在农村居民的参保缴费意愿上进一步探讨有缴费意愿的农村居民的缴费能力。在缴费意愿之上的缴费能力才能真实地测量农村居民对于城乡居保的有效需求。

从调查数据看（见表5-10），2016年广西农村居民的家庭平均年收入为23，168.63元，有参保缴费意愿的农村居民的家庭平均年收入为

21，557.15元，其中意愿缴纳100元/年以上档次的比100元/年的高8954.21元/年。家庭人均收入也呈现同样的特点，意愿缴纳100元/年的家庭人均收入最低，其次是没有参保缴费意愿的农村居民家庭，收入最高的是意愿缴纳100元/年以上的农村居民家庭。

表5–10 广西农村居民收入与支出情况

	有参保缴费意愿		没有参保缴费意愿	总体
	意愿缴纳100元/年	意愿缴纳100元/年以上		
家庭收入（元/年）	20，374.82	29，329.03	27，704.02	23，768.63
家庭人均收入（元/年）	4080.67	8971.06	6428.51	5362.18
人均生活消费支出（不包括城居保缴费，元/年）	4496.04	6249.23	5891.13	5225.98
家庭人均收入－人均生活消费支出（元/年）	–415.37	2721.83	537.38	136.20
频数（人）	191	31	127	350
频率（%）	54.57	8.86	36.29	100

注：根据调查数据整理得出。

如上一小节所述，根据农村居民最低缴费档次100元/年、最高缴费档次2000元/年和有缴费意愿的农村居民人均纯收入的数据，测算个人缴费率。如表5–11所述，意愿缴纳100元/年的农村居民的个人缴费率为2.45%，低于城镇职工8%的个人缴费率5.55个百分点。如果假定意愿缴纳100元/年以上的农村居民按照最高档次缴纳，则其个人缴费率为22.29%，远高于城镇职工8%的个人缴费率。

表 5-11 广西城乡居民基本养老保险有参保缴费意愿的农村居民的个人缴费率

	农村居民家庭人均收入（元/年）	个人缴费率（%）
意愿缴纳100元/年	4080.67	2.45
意愿缴纳100元/年以上	8971.06	22.29

注：根据调查数据计算得出。

按照收入 — 支出法，如表5-10所示，农村居民人均剩余收入为正，且大于各自的意愿缴费水平谓之“具有缴费能力”；但是减去相应的人均生活消费支出，意愿缴纳100元/年的农村居民其收入余额为负数，意味着“绝对没有缴费能力”，则该类样本的缴费意愿难以转化为现实的缴费需求。这类样本超过总数的一半。意愿缴纳2000元/年的农村居民其收入余额多于其缴费意愿721.83元，表明此类占总数8.86%的样本具有缴费能力，其意愿可以转化为现实。而没有参保缴费意愿的农村居民，其最高缴费水平为500元/年，对于高于500元/年的缴费档次相对没有缴费能力。

综上所述，根据收入 — 支出思路，一方面就宏观数据而言，广西农村居民对于较低档次的缴费具有缴费能力，但是无法承担最高档次2000元/年的缴费；另一方面从广西马山、都安这两个贫困县实地调研得到的数据来看，意愿缴纳最低档次的农村居民没有缴费能力，反而是意愿缴纳最高档次的农村居民具有缴费能力。再次证明了经济收入会影响缴费水平意愿，农村居民的缴费行为是理性选择的结果。而没有缴费意愿的农村居民，具有500元/年及以下档次的缴费能力。对于贫困地区而言，提高其缴费水平，政策的着重点应该落在低收入群体，保证其对最低缴费档次具有缴费能力。同时，激励占总数三分之一有余的农村居民参保缴费。

第五节　提高农村居民筹资能力的对策建议

如本章开篇的定义，农村居民的筹资能力包括意愿和能力两层含义。农村居民的参保缴费意愿受到农村居民经济收入、年龄和当地城乡居民基本养老保险实施情况等因素的影响。缴费能力主要由剩余收入决定。当前，广西农村居民的缴费参保意愿很高，96.91%的参保人会继续参保，但是84.8%的参保人会选择100元/年的最低缴费档次。除去地区差异因素，在参保意愿中呈现年龄大的、务农的农村居民参保积极性高，经济收入低、务农的农村居民倾向选择最低缴费档次的特点。这也就意味着，当前城乡居保的参保人更多是年龄较大、经济状况较差的农村居民。而对于贫困地区，如广西马山和都安两个贫困县而言，意愿缴纳最低档次的农村居民恰好是没有缴费能力的。因而当前的城乡居保对于贫困地区一半的参保人而言，是一个需要放弃其他生活消费支出才能缴纳保费的社保制度。贫困地区如何提高农村居民的缴费能力？具体对策建议如下。

一、加大城乡居保的宣传引导力度，激发农村居民的参保缴费意愿

在实地调研中，大概占三分之一强的农村居民不愿意参加城乡居保，而这部分人群恰恰具有500元/年的缴费能力。对于这部分不愿意参保的农村居民，加大社会养老服务的宣传力度，提高农村居民尤其是中青年农村居民对城乡居保的了解度和认同度，促使其转变观念，是提高参保缴费意愿极为重要的对策之一。

（一）宣传的内容

宣传内容的重点是城乡居保的缴费方式和补贴方式。整合后统一的城乡居民基本养老保险制度有别于老农保和新农保，不仅缴费档次得到了提高，对财政补贴也存在不同的规定。但是，由于实施时间不长，部分农村居民持观望态度，而中青年农村居民则因为离老年生活尚远，对老年生活的规划模糊，这些都直接影响了城乡居保的参保率和缴费档次选择。因此，必须加强对缴费方式、补贴方式和未来老年生活的宣传引导，包括对缴费档次、缴费年限、财政对缴费档次的补贴、财政对长缴的补贴的宣导，对典型例子加以介绍，使农村居民对老年生活压力、老年生活预期树立正确的认识。

（二）宣传的策略

在现行的补贴政策规定下，宣传应强调，尽管随着缴费档次的提高，财政补贴比例逐渐减低，但是，自2015年10月24日起，为进一步降低社会融资成本，中国人民银行下调了金融机构人民币贷款和存款基准利率。其中，一年期的存款基准利率下调0.25%至1.5%。如表5-12所示，各缴费档次的财政补贴比例比同期银行存款基准利率高。四省五地财政对城乡居保补贴比例最低的是广西马山和都安对2000元/年缴费的补贴率，但该补贴比例也要比同期三年期银行存款利率高出1.25%。

表5-12 财政补贴比例与银行利率比较

缴费档次（元/年）	财政补贴（元/人/年）					财政补贴比例（%）					2016年银行存款基准利率（%）		
	马山	都安	仪陇	禄劝	贵定	马山	都安	仪陇	禄劝	贵定	一年	二年	三年
100	30	30	40	30	30	30.00	30.00	40.00	30.00	30.00			
200	40	40	40	40	30	20.00	20.00	20.00	20.00	15.00	1.50	2.10	2.75
300	50	50	45	50	30	16.67	16.67	15.00	16.67	10.00			

续表

缴费档次（元/年）	财政补贴（元/人/年）					财政比例（%）					2016年银行存款基准利率（%）		
	马山	都安	仪陇	禄劝	贵定	马山	都安	仪陇	禄劝	贵定	一年	二年	三年
400	55	55	50	60	30	13.75	13.75	12.50	15.00	7.50	1.50	2.10	2.75
500	60	60	60	70	60	12.00	12.00	12.00	14.00	12.00			
600	65	65	60	80	60	10.83	10.83	10.00	13.33	10.00			
700	70	70	65	90	60	10.00	10.00	9.29	12.86	8.57			
800	75	75	70	100	60	9.38	9.38	8.75	12.50	7.50			
900	80	80	75	100	60	8.89	8.89	8.33	11.11	6.67			
1000	80	80	80	100	90	8.00	8.00	8.00	10.00	9.00			
1500	80	80	100	100	90	5.33	5.33	6.67	6.67	6.00			
2000	80	80	120	100	90	4.00	4.00	6.00	5.00	4.50			
3000			160					5.33					

注：根据地方财政对城乡居保的补贴政策和银行利率整理。

（三）宣传的方式方法

由地方人社、村委会等相关组织牵头，开展宣传工作。可采取上门宣传，进行面对面交流的方式；定点宣传，如在集市开展现场宣传活动，解答政策疑问；利用农村墙体广告、农村小广播等多种方式进行宣传；并在村里人流量大的地方悬挂横幅，发放宣传海报、宣传单等。

二、精准确定贫困人群代缴范围，增强特殊人群参保缴费能力

当前，各地政府均有相关政策为缴费困难群体代缴部分或全部城乡居保保险费。广西区政府界定的缴费困难群体为城乡重度残疾人、贫困残疾人、城镇“三无”人员、农村五保供养对象和城乡低保对象；四川

省界定为重度残疾人、独生子女伤残死亡家庭夫妻；云南和贵州省界定为重度残疾人。但是对于西南连片特困地区而言，城乡居保扩面工作最需要重视有参保缴费意愿、但是无法承担最低缴费档次，占贫困地区农村人口一半的贫困群体，建立符合贫困地区特点的政府代缴办法。

（一）精准识别贫困人口，扩大代缴范围

对贫困的识别建立在贫困线的确定上，进而利用相关指标评估贫困的程度。不同的机构、学者根据对贫困发生机制的不同理解采用了不同的方法确定贫困线，选择贫困测量指标，导致贫困的识别结果差异较大。对于将贫困人口纳入城乡居保政府代缴人群，应按照国家统一制定的贫困人口识别办法，开展对贫困村和贫困对象的摸底调查、识别认定、建档立卡工作，对贫困对象实行实名登记，录入城乡居保信息系统。可参考《四川省建档立卡贫困人口医疗保障实施方案》的做法，引导有条件的地方由政府将建档立卡贫困人口逐步纳入代缴养老保险费范围。

（二）动态管理，实行有进有出的联动机制

城乡居保信息系统中的贫困人口信息与扶贫办的贫困人口信息资源共享，精准建立贫困户信息档案。按照贫困人口进退机制，以年度为节点，根据扶贫对象获得扶持和收入增长等方面的情况，定期认定调整纳入城乡居保政府代缴的贫困人口名单，使稳定脱贫的农户及时退出，新出现的贫困人口及时纳入，做到有进有出、动态管理。

（三）合理设定对贫困人口的财政代缴比例

贫困人口政府代缴以100元/年为起点，通过进村调查、贫困户信息梳理、查阅贫困户详细档案等办法，将贫困人口细分，加大对深度贫困人口的代缴力度。国务院扶贫办主任刘永富2017年10月10日在国务院新闻办举办的新闻发布会上表示，深度贫困是当前脱贫攻坚短板中的短板，将采取超常规举措攻克深度贫困。现在，中央确定的深度贫困地区有西藏、四省藏区、南疆四地州和四川凉山、云南怒江、甘肃临夏等“三区三州”，其中四川凉山和云南怒江属于西南连片特困地区。

三、以农村居民可支配收入余额为基础，科学设定缴费档次

以农村居民可支配收入余额为城乡居保的缴费基础，重新设定缴费档次。用农村居民可以承受的方式缴纳城乡居保，能够解决缴费档次过低或过高的问题，提高城乡居保作为一项基本社会保险的供给效率。

表5-10显示，农村居民的可支配收入余额（家庭人均收入-人均生活消费支出）均值为136.20元/年，其中，54.57%的农村居民的可支配收入余额为-415.37元/年，36.29%的农村居民的可支配收入余额为537.38元/年，还有8.86%的农村居民为2721.83元/年。城乡居保作为基本养老保险的一种制度设置，强调权利与义务的对等。因而，根据农村居民的可支配收入余额情况，最低缴费档次保持100元/年，然后为500元/年、1000元/年、1500元/年、2000元/年、2500元/年、3000元/年。

首先根据调研地的实际参保情况测算城乡居保的年度缴费总额。400个样本有63%表达了参保意愿，其中84.5%选择缴纳100元/年，选择缴纳200元/年、300元/年、500元/年、600元/年、1000元/年和2000元/年的比例分别为5.58%、2.33%、3.49%、0.39%、2.33%和1.39%（图5-1），则年度缴费收入为37，800元。然后再根据设置的缴费档次，假定有对应缴费能力的农村居民全部参保并按照对应的缴费档次缴费，即便有54.57%的农村居民因为无缴费能力而由财政负担养老保险费，城乡居民的年度缴费收入也可达到133，000元，为前者的3.5倍。

要达到这一效果，还要配套变自愿参保为强制参保，并且核定参保人的收入等相关数据。考虑到农村居民个体收入支出统计的困难，可采用宏观的农村居民五等份人均可支配收入和生活消费支出数据重新设定缴费档次。

第六节　本章小结

本章以广西为例，从参保缴费意愿和缴费能力两方面分析了西南集中连片特困地区农村基本养老保险农村居民的筹资能力。本章结论包括：第一，农村居民的缴费意愿受到农村居民经济收入、年龄和当地城乡居民基本养老保险实施情况等因素的影响。农村居民选择参加城乡居保与否以及选择何种缴费档次是一种基于未来生活预期和当前城乡居保具体实施情况、考虑自身经济条件的理性行为；第二，根据收入 — 支出思路，就整体而言，广西农村居民对于较低档次的缴费具有缴费能力，但是，广西马山、都安这两个贫困县中意愿缴纳最低档次的农村居民没有缴费能力，而意愿缴纳最高档次的农村居民具有缴费能力。

本章的政策含义包括：第一，提高农村居民参加城乡居保的比率，关键在于扩大政策的知晓度和提高政策的满意度；第二，激励农村居民选择较高缴费档次，关键是“多缴多得”政策的设计和体现；第三，科学设定缴费档次，构建与地方农民人均收入水平相关联的比例缴费机制；第四，精准确定贫困人群代缴的范围，增强特殊人群的参保缴费能力。

第 六 章

西南集中连片特困地区农村居民基本养老保险制度的财政收支能力和基金收支平衡分析

第一节　财政支持的基本内容

财政补贴是国家为了支持生产发展、调节供求关系、稳定市场物价和维护经营者与消费者利益而进行的政府财政无偿的转移性支付。它是一种公共财政再分配，是国家为实现特定目标对企业或个人给予的经济补偿。对于政府来说，这种补偿是无偿支付；对补贴的领取者来说，则意味着实际收入的增加。财政补贴的首要意义在于有效贯彻国家的经济政策，因此它也是一种通过影响相对价格结构来改变资源配置结构、供给结构和需求结构的调节国民经济运行的手段。财政补贴的规模和范围应与国民经济稳定发展的实际需要相符合，有效的财政补贴能够起到"四两拨千斤"的作用，带动社会资金、增强民间投资意愿、加大技术改造力度、推动产业升级。过分补贴则会造成财政负担加重，价格关系扭曲，还易使补贴接受者不可避免地产生依赖思想，加剧不公平竞争。从制度创新入手，建立适应社会主义市场经济发展的新型财政补贴制度，才能提高财政补贴的支出效应。① 城乡居保财政补贴是国家对城乡居保进行补贴的新探索，地方财政和中央财政都是补贴主体，并根据责任的不同划分了不同的补贴范围，出口补贴直接增加了城乡老年人的收入，入口补贴相对老农保制度已是重大进步。无论从何种程度上来讲，城乡居保的财政补贴都具有积极效应。

2014年2月国务院颁布的《关于建立统一的城乡居民基本养老保险制度的意见》（国发〔2014〕8号）（以下简称《意见》）决定，将新农保和城居保两项制度合并实施，在全国范围内建立统一的城乡居保。《意

---

① 冯星.甘肃省新型农村社会养老保险财政补贴的效应研究[D].西北师范大学，2016.

见》明确提出，城乡居保基金由个人缴费、集体补助、政府补贴构成，并规定“政府对符合领取城乡居保待遇条件的参保人全额支付基础养老金，其中，中央财政对中西部地区按中央确定的基础养老金标准给予全额补助，对东部地区给予50%的补助。地方人民政府应当对参保人缴费给予补贴，对选择最低档次标准缴费的，补贴标准不低于每人每年30元；对选择较高档次标准缴费的，适当增加补贴金额；对选择500元及以上档次标准缴费的，补贴标准不低于每人每年60元，具体标准和办法由省（区、市）人民政府确定。对重度残疾人等缴费困难群体，地方人民政府为其代缴部分或全部最低标准的养老保险费”。由此可见，城乡居保的财政激励机制是政府通过财政补贴的方式鼓励居民参保。

一、中央以及地方财政收支状况

政府财政补贴对城乡居保的推行和持续发展发挥着重要的作用，中央和地方财政支持力度的大小，不仅直接关系城乡居民的基本生活需求能否得到满足，还影响城乡居保制度的稳定性和可持续性。中央和地方财政的收支也极大地影响着城乡居保的财政补贴力度。

（一）中央和地方财政收支情况

2011—2015年中央和地方财政收支情况如表6-1所示。由该表可以看出，在财政收入方面，中央财政所占比重逐年下降，由2011年的49.4%下降到2015年的45.5%，地方财政所占比重则逐年上升。在财政支出方面，2011年以来中央财政所占比重变化不大，且所占比重较小（14.5%—15.1%之间）。通过这些数据可以看出，中央和地方在财政的收入和支出方面差异非常明显，地方财政在收入较少的情况下承担了较重的支出责任。2015年中央财政向各地方政府转移支付金额55,098亿元，占地方财政总支出的36.7%。由此可见，地方财政在支出方面还是主要依靠中央财政转移支付。对于西南集中连片特困地区来说，地方财政负担就更加沉重。

表 6-1 2011—2015 年中央和地方财政收支情况对比

年份	全国财政收入总额（亿元）	财政收入				全国财政支出总额（亿元）	财政支出			
		金额（亿元）		比重（%）			金额（亿元）		比重（%）	
		中央	地方	中央	地方		中央	地方	中央	地方
2011年	103，874.43	513，27.32	52，547.11	49.4	50.6	109，247.79	16，514.11	92，733.68	15.1	84.9
2012年	117，253.52	56，175.23	61，078.29	47.9	52.1	125，952.97	18，764.63	107，188.34	14.9	85.1
2013年	129，209.64	60，198.48	69，011.16	46.6	53.4	140，212.10	20，471.76	119，740.34	14.6	85.4
2014年	140，370.03	64，493.45	75，876.58	45.9	54.1	151，785.56	22，570.07	129，215.49	14.9	85.1
2015年	152，269.23	69，267.19	83，002.04	45.5	54.5	175，877.77	25，542.15	150，335.62	14.5	85.5

数据来源：国家统计局网站。

（二）西南四省区财政收支情况

各级财政作为城乡居保制度的筹资主体，其增长速度势必会影响到城乡居保的补贴。2011 — 2015年，中央、地方以及西南四省区财政收入变化情况如表6-2所示。从该表可以看出，2011年 — 2015年，中央财政收入由51，327.32亿元增长到69，267.19亿元，年均增速为7.78%；地方财政收入由57,547.11亿元增长到83,002.04亿元，年均增速为9.59%。在西南四省区中，广西壮族自治区的财政收入由947.72亿元增长到1515.16亿元，年均增速为12.45%；云南省的财政收入由1111.16亿元增长到1808.15亿元，年均增速为12.94%；贵州省的财政收入由773.08亿元增长到1503.38亿元，年均增速为18.09%，贵州省是西南四省区财政收入平均增长率最高的省份；四川省的财政收入由2044.79亿元增长到3355.44亿元，年均增速为13.18%；西南四省区财政收入占地方财政收入的比重在8.5%到10%之间波动。由这些数据可知，随着经济的快速发展，西南四省区的财政收入呈现快速增长的态势，这为城乡居保提供了坚实的财力保障。

表 6-2 2011—2015 年中央、地方以及西南四省区财政收入变化情况

单位：亿元

	中央	地方	广西	云南	贵州	四川	西南四省区总和	西南四省区所占的比重 %
2011年	51，327.32	57，547.11	947.72	1111.16	773.08	2044.79	4876.75	8.47
2012年	56，175.23	61，078.29	1166.06	1338.15	1014.05	2421.27	5939.53	9.72
2013年	60，198.48	69，011.16	1317.60	1611.30	1206.41	2784.10	6919.41	10.03
2014年	64，493.45	75，876.58	1422.28	1698.06	1366.67	3061.07	7548.08	9.95
2015年	69，267.19	83，002.04	1515.16	1808.15	1503.38	3355.44	8182.13	9.86
年均增长率%	7.78	9.59	12.45	12.94	18.09	13.18	13.81	

备注：根据《中国统计年鉴》（2011-2015年）公布的数据整理。

二、城乡居保财政支持的特征

政府主导、财政支持是城乡居保的重要特点，也是城乡居保能够得以快速、持续发展的重要原因。城乡居保政府财政补贴主要有两个方向：一是在待遇给付环节的补贴，即基础养老金部分；二是在参保缴费环节的补贴，即对个人缴费的奖励性、补助性措施。基础养老金部分的政府补贴即“出口补贴”，个人缴费环节的政府补贴即“入口补贴”。

（一）“出口补贴”

在“出口补贴”方面，主要包括基础养老金最低标准补贴和基础养老金加发补贴两部分。基础养老金最低标准补贴部分，2015年1月14日，人力资源和社会保障部、财政部联合发布的《关于提高全国城乡居民基本养老保险基础养老金最低标准的通知》明确提到，从2014年7月1日起，全国城乡居保基础养老金最低标准提高至每人每月70元。当然，城乡居保对基础养老金最低标准的动态调整问题也进行了考虑。《国务院关于建立统一的城乡居民基本养老保险制度的意见》（国发〔2014〕8号）

明确指出:“中央确定基础养老金最低标准，建立基础养老金最低标准正常调整机制，根据经济发展和物价变动等情况，适时调整全国基础养老金最低标准。地方人民政府可以根据实际情况适当提高基础养老金标准；对长期缴费的，可适当加发基础养老金，提高和加发部分的资金由地方人民政府支出，具体办法由省（区、市）人民政府规定，并报人力资源和社会保障部备案。”基础养老金加发补贴包括三种情况：第一种情况是考虑地区经济发展水平和生活实际水平因素增加的普遍式的补贴，这种补贴本地区参保人员都能够享受。比如，广西壮族自治区的城乡居保基础养老金标准为每人每月90元，其中超出国家确定的最低标准（每人每月70元）部分就是属于地方财政加发补贴的范围。第二种情况是对特殊人群（如高龄城乡居民）加发的特定式补贴。比如，内蒙古自治区在基础养老金最低标准的基础上，对年满70周岁至79周岁的另增加10元，年满80周岁及以上的另增加20元补贴。第三种情况是对长期缴费参保人员增加的基础养老金补贴，其目的主要是鼓励参保人长期缴费，解决参保人到了最低缴费年限（15年）以后缴费意愿不强的问题。不同地区该补贴的标准也不一样，比如，云南省规定，“对累计缴费年限超过15年的参保人，缴费年限每增加1年，州市、县两级财政每月加发不低于2元的基础养老金”；四川省规定，“对达到待遇领取年龄时，参保缴费人员正常缴费年限超过15年的，每超过1年，基础养老金每月增加2元”。

（二）“入口补贴”

在“入口补贴”方面，根据《意见》的规定，可分为最低缴费补贴、多缴缴费补贴以及特殊困难人员缴费补贴三种。最低缴费补贴就是《意见》中所规定的，对选择最低档次标准缴费的参保人给予不低于每人每年30元的缴费补贴。多缴缴费补贴主要是针对选择较高缴费档次的参保人进行的补贴，其目的主要是引导和鼓励参保人选择更高的缴费档次，以增加积累，提高待遇。不同地区缴费的档次不一样，对多缴缴费的补贴也不一样，表6-3是西南四省区对多缴缴费补贴的汇总与比较。困难人员缴费补贴，就是根据《意见》中的规定，对重度残疾人等缴费困难群体，由地方人民政府为其代缴部分或全部最低标准的养老保险费。

表6-3　西南四省（区）多缴缴费补贴政策

档次＼地区	广西	云南	贵州	四川
200元	10元（合计40元）	10元（合计40元）	0元（合计30元）	10元（合计40元）
300元	20元（合计50元）	20元（合计50元）	0元（合计30元）	15元（合计45元）
400元	25元（合计55元）	30元（合计60元）	0元（合计30元）	20元（合计50元）
500元	30元（合计60元）	40元（合计70元）	30元（合计60元）	30元（合计60元）
600元	35元（合计65元）	50元（合计80元）	30元（合计60元）	30元（合计60元）
700元	40元（合计70元）	60元（合计90元）	30元（合计60元）	35元（合计65元）
800元	45元（合计75元）	70元（合计100元）	30元（合计60元）	40元（合计70元）
900元	50元（合计80元）	70元（合计100元）	30元（合计60元）	45元（合计75元）
1000元	50元（合计80元）	70元（合计100元）	60元（合计90元）	50元（合计80元）
1200元	——	——	60元（合计90元）	——
1500元	50元（合计80元）	70元（合计100元）	60元（合计90元）	70元（合计100元）
2000元	50元（合计80元）	70元（合计100元）	60元（合计90元）	90元（合计120元）
3000元	——	——	——	130元（合计160元）

注：根据西南四省区政府公布的城乡居保制度财政补贴标准整理。括号内数据为一般缴费和多缴缴费补贴之和。广西、云南的缴费档次设12档，不设1200元档次和3000元档次；贵州和四川的缴费档次设13档，贵州不设3000元档次，四川不设1200元档次。

三、城乡居保财政责任分担机制

在目前的城乡居保中，中央、省（直辖市、自治区）、地级市（州、盟）、县（市、区、旗）政府承担了不同的财政责任。为了研究方便，以下把各级财政分别简称为中央财政、省级财政、市级财政、县级财政，而地方财政主要是对省及以下财政的统称。根据《意见》对各项财政补贴责任的划分，形成了基于城乡居保模式财政负担结构的财政责任分担机制。城乡居保模式财政责任分担机制如表6-4所示。

表6-4 城乡居保模式财政责任分担机制

补贴类别	补贴项目	补助对象	补助范围	负担的主体	补贴标准
“入口补贴”	一般缴费补贴	最低档参保人员	东部、中西部	地方财政	不低于每人每年30元
	多缴缴费补贴	较高档次标准缴费的参保人员	东部、中西部	地方财政	由地方政府适当增加补贴金额
		500元及以上档次标准缴费的	东部、中西部	地方财政	不低于每人每年60元
	困难人员补贴	重度残疾人等缴费困难群体	东部、中西部	地方财政	代缴部分或全部最低标准的养老保险费
“出口补贴”	基础养老金最低标准补贴	全体60岁以上参保人员	东部	中央财政 地方财政	各占50%，各负责35元
			中西部	中央财政	100%，70元
	基础养老金加发普遍式补贴	全体60岁以上参保人员	东部、中西部	地方财政	地方政府自定
	基础养老金加发特定式补贴	高龄参保人员	东部、中西部	地方财政	地方政府自定
	长期缴费增加的基础养老金补贴	长期缴费参保人员	东部、中西部	地方财政	地方政府自定

注：根据各省区政府公布的城乡居保制度财政补贴标准整理。

四、中央财政的补助政策

（一）西南四省区中央财政补贴测算

中央财政补贴主要体现在对基础养老金的补贴。根据2015年1月14日人力资源和社会保障部、财政部联合发布的《关于提高全国城乡居民基本养老保险基础养老金最低标准的通知》，从2014年7月1日起，城乡居保基础养老金最低标准提高至每人每月70元。同时，各地财政也增加了基础养老金，每个地区的基础养老金标准并不相同。西南四省区的城乡居保基础养老金标准具体如下：

1.广西的城乡居保基础养老金标准

根据2015年3月6日广西壮族自治区人力资源和社会保障厅联合广西壮族自治区财政厅印发的《关于提高广西壮族自治区城乡居民基本养老保险基础养老金标准的通知》（桂人社发〔2015〕14号），自2014年7月1日起，广西壮族自治区城乡居保基础养老金标准从原来的每人每月75元提高至每人每月90元。提高标准所需资金由中央财政与地方财政共同负担。

2.云南的城乡居保基础养老金标准

云南省并没有提高城乡居保基础养老金最低标准，还是根据人力资源和社会保障部、财政部《关于提高全国城乡居民基本养老保险基础养老金最低标准的通知》（人社部发〔2015〕5号）精神执行相关的规定，即从2014年7月1日起，城乡居保基础养老金最低标准提高至每人每月70元。2015年5月人力资源和社会保障部农村社会保险司编制的内部资料《建立统一城乡居民基本养老保险制度》显示：云南省城乡居保基础养老金中央财政补贴70元/人/月，地方财政补贴5元/人/月。

3.贵州的城乡居保基础养老金标准

贵州省的城乡居保基础养老金也是按照国家最低标准进行发放，所以贵州省的城乡居保基础养老金中央财政补贴也是按70元/人/月进行测算。

4. 四川城乡居保基础养老金标准

根据2015年1月27日四川省人力资源和社会保障厅联合四川省财政厅印发的《关于提高城乡居民基本养老保险基础养老金最低标准的通知》(川人社办发〔2015〕12号),自2014年7月1日起,四川省城乡居保基础养老金最低标准提高至每人每月75元,提高标准所需资金由地方财政补助。

根据上述西南四省区城乡居保基础养老金的政策,四省区的城乡居保基础养老金中央财政补贴均以70元/人/月进行测算,结合《中国统计年鉴》(2016)的数据,笔者测算出2015年西南四省区城乡居保中央财政补贴及其占财政总收入的比重情况如表6-5所示。从该表的数据可以看出,西南四省区城乡居保中央财政补贴占中央财政总收入比重都比较小,即使是最高的四川省,其比重也只有0.13%。由此可见,中央财政对西南四省区城乡居保的补贴水平还很低,在补贴力度上有待进一步加强。

表6-5 2015年西南四省区城乡居保中央财政补贴及其占财政总收入的比重情况

地区	未达到领取待遇年龄参保人数(万人)	领取待遇年龄参保人数(万人)	城乡居保中央财政补贴(亿元)	城乡居保补贴占中央财政总收入比重(%)
广西	1203.4	538.1	45.20	0.07
云南	1772.6	480.7	40.38	0.06
贵州	1216.0	433.0	36.37	0.05
四川	1925.4	1095.0	91.98	0.13

注:根据《中国统计年鉴》(2016年)相关数据计算得出。

五、地方财政的补助政策

地方财政主要以“补进口”为主,“补出口”为辅。在“补进口”方面,地方财政补贴主要是对参保人缴费进行补贴。根据《意见》的规定，地方政府应根据不同的缴费档次给予相应的补贴，对选择最低档次标准缴费的，补贴标准不低于每人每年30元；对选择较高档次标准缴费的，适当增加补贴金额；对选择500元及以上档次标准缴费的，补贴标准不低于每人每年60元。地方政府还可以根据实际情况增设缴费档次，最高缴费档次标准原则上不超过当地灵活就业人员参加职工基本养老保险的年缴费额。对重度残疾人等缴费困难群体，地方人民政府为其代缴部分或全部最低标准的养老保险费。这部分补贴连同个人缴费部分共同计入共同账户。

地方财政补贴还体现在对基础养老金的加发和提高上。地方政府可以根据实际情况来提高基础养老金，对长期缴费的，可适当加发基础养老金，提高和加发部分的资金由地方人民政府支出。如云南对累计缴费年限超过15年的参保人，缴费年限每增加1年，州市、县两级财政每月加发不低于2元的基础养老金，州市、县两级财政具体分担比例由州市人民政府确定。四川省规定，参保缴费人员达到待遇领取年龄时，正常缴费年限超过15年的，每超过1年，基础养老金每月增加2元，加发部分的资金由市县财政自行负担。地方财政在缴费方面对城乡居民参保人员进行补贴，可以减轻他们的缴费负担，对基础养老金进行补贴能够调动城乡居民参加城乡居保的积极性。

（一）西南四省（区）城乡居保财政补贴规定

1.广西城乡居保财政补助政策

2014年7月28日，广西壮族自治区根据《意见》的有关规定，结合广西实际，下发了《广西壮族自治区城乡居民基本养老保险实施办法的通知》（桂政办发〔2014〕70号，下简称《通知》）。《通知》规定：参加城乡居保的人员应当按规定缴纳养老保险费。缴费标准目前设为每年100元、200元、300元、400元、500元、600元、700元、800元、900元、1000元、1500元、2000元12个档次。参保人自主选择档次缴费，多缴多得。政府对100—800元缴费档次分别按每人每年30元、40元、50元、55元、60元、65元、70元、75元进行补贴；对900—2000元缴费档次统一按每人每年80元进行补贴。政府为缴费困难群体代缴部分或全部最低标准的养老保险费。城乡重度残疾人、贫困残疾人、城镇“三无”（无生活来源，无劳动能力，无法定赡养、抚养、扶养义务人或其法定赡养、抚养、扶养义务人无赡养、抚养、扶养能力）人员、农村“五保”供养对象由政府代缴养老保险费100元；不属于上述四类群体的城乡低保对象由政府代缴养老保险费50元。缴费困难群体可在政府代缴基础上增加个人缴费，并享受按政府代缴金额与个人缴费合计金额对应缴费档次的政府缴费补贴。广西壮族自治区确定的缴费补贴资金和政府对城乡重度残疾人等缴费困难群体代缴养老保险费，由自治区与设区市按6：4比例承担，自治区与县（市）按8：2比例承担。

2. 云南城乡居保财政补助政策

2014年4月24日，云南省制定了《云南省城乡居民基本养老保险实施办法》（云政发〔2014〕20号文，下简称《实施办法》）。《实施办法》规定：城乡居保缴费标准设为每年100元、200元、300元、400元、500元、600元、700元、800元、900元、1000元、1500元、2000元12个 档次，县级以上政府对参保人给予补贴。具体如下：（1）参保人符合领取养老金条件时，由中央财政和省财政支付基础养老金。在此基础上，对累计缴费年限超过15年的参保人，缴费年限每增加1年，由州市、县两级财政每月加发不低于2元的基础养老金，州市、县两级财政具体分担比例由州市人民政府确定。（2）参保人按照规定缴费后，省财政给予每人每年30元的缴费补贴。在此基础上，对选择100元以上档次缴费的参保人，每增加缴费100元，给予10元的缴费补贴，但最高补贴标准每人每年不超过100元，所需资金由省财政承担50%，州市、县两级财政共同承担50%，州市、县两级财政具体分担比例由州市人民政府确定。（3）对重度残疾人，从本《实施办法》实施之年起，省财政按照每人每年200元缴费档次标准逐年全额代缴养老保险费。对其他缴费困难群体，州市、县（区）人民政府可根据自身财力情况自行制定具体养老保险缴费补助办法。对符合享受养老补助条件的重度残疾人，省财政按月支付养老补助，支付标准与月基础养老金标准一致。（4）参保人在领取待遇期间死亡，州市、县（区）人民政府应给予不低于600元的一次性丧葬补助金。

3.贵州城乡居保财政补助政策

2014年6月14日，贵州省制定了《贵州省城乡居民基本养老保险实施办法》(黔府发〔2014〕20号，下简称《实施办法》)。《实施办法》规定：参加城乡居保的城乡居民，应当按规定缴纳养老保险费。缴费标准为每人每年100元、200元、300元、400元、500元、600元、700元、800元、900元、1000元、1200元、1500元、2000元13个档次。城乡居民可自主选择缴费档次，在一个自然年度内，缴费档次确定后，一次性缴纳。对重度残疾人等缴费困难群体，县（市、区、特区）人民政府按不低于每人每年100元的标准代为缴纳。有条件的市（州）、县（市、区、特区）可以增加代缴标准。城乡居民按年及时缴费的，政府给予缴费补贴。对选择100—400元档次标准缴费的，按每人每年30元给予补贴，由省、市（州）和县（市、区、特区）人民政府各负担10元；对选择500—900元档次标准缴费的，补贴标准为每人每年60元，省、市（州）和县（市、区、特区）人民政府各负担20元；对选择1000—2000元档次标准缴费的，补贴标准为每人每年90元，省、市（州）和县（市、区、特区）人民政府各负担30元。

4.四川城乡居保财政补助政策

2014年4月24日，四川省制定了《四川省人民政府关于建立统一的城乡居民基本养老保险制度的实施意见》(川府发〔2014〕23号，下简称《实施意见》)。《实施意见》规定：参加城乡居保的人员应当按规定缴纳养老保险费。缴费标准目前设为每年100元、200元、300元、400元、500元、600元、700元、800元、900元、1000元、1500元、2000元、3000元13个档次。各市（州）人民政府可根据实际情况增设缴费档次，最高缴费档次标准原则上不超过我省灵活就业人员参加职工基本养老保险的年缴费额。人力资源和社会保障厅会同财政厅依据国家统一规定和全省城乡居民收入增长等情况适时调整缴费档次标准。政府对符合领取城乡居保待遇条件的参保人全额支付基础养老金。国家规定标准的基础养老金由中央财政全额补助。全省各级人民政府应当对参保人缴费给予补贴，补贴标准不低于40元/年/人。对选择100元、200元、300

元、400元、500元、600元、700元、800元、900元、1000元、1500元、2000元、3000元档次缴费的，政府补贴分别对应为每人每年40元、40元、45元、50元、60元、60元、65元、70元、75元、80元、100元、120元、160元。省级财政按政府补贴总量的50%安排，根据各县（市、区）的人数、财力、民族、扩权等因素，分档次予以补助；其余部分由市（州）和县（市、区）两级财政分担，具体分担比例由各市（州）人民政府自行确定，扩权试点县（市）由本级财政负担。对重度残疾人、独生子女伤残死亡家庭（指独生子女三级以上残疾或死亡且未再生育或收养子女的家庭）夫妻，各市（州）、县（市、区）人民政府按100元/年/人的标准为其代缴养老保险费，所需资金和具体分担比例由市（州）人民政府自主确定，自行负担。

西南四省（区）城乡居保财政补贴规定归纳如表6-6所示。

表6-6 西南四省（区）城乡居保财政补贴规定

补贴环节	补助项目		广西地方财政补贴	云南地方财政补贴	贵州地方财政补贴	四川地方财政补贴
缴费环节	参保人个人账户缴费档次	100元	30元	30元	30元	40元
		200元	40元	40元	30元	40元
		300元	50元	50元	30元	45元
		400元	55元	60元	30元	50元
		500元	60元	70元	60元	60元
		600元	65元	80元	60元	60元
		700元	70元	90元	60元	65元
		800元	75元	100元	60元	70元
		900元	80元	100元	60元	75元
		1000元	80元	100元	90元	80元
		1200元	——	——	90元	——
		1500元	80元	100元	90元	100元
		2000元	80元	100元	90元	120元
		3000元	——	——	——	160元

续表

补贴环节	补助项目	广西地方财政补贴	云南地方财政补贴	贵州地方财政补贴	四川地方财政补贴
缴费环节	缴费困难群体代缴	为重度残疾人、贫困残疾人、城镇“三无”人员、农村“五保”供养对象代缴100元缴费档次；为城乡低保对象代缴养老保险费50元	为重度残疾人代缴200元档次缴费	重度残疾人代缴100元档次缴费	重度残疾人、独生子女伤残死亡家庭夫妻，代缴100元
给付环节	长缴缴费加发的基础养老金补贴	——	对累计缴费年限超过15年的参保人，缴费年限每增加1年，州市、县两级财政每月加发不低于2元的基础养老金	——	参保缴费人员达到待遇领取年龄时，正常缴费年限超过15年的，每超过1年，由市县财政每月增加2元基础养老金
	一次性丧葬补助金	400元	600元	——	——

注：根据西南四省区政府公布的城乡居保制度财政补贴标准整理。广西、云南的缴费档次设12档，不设1200元档次和3000元档次；贵州和四川的缴费档次设13档，贵州不设3000元档次，四川不设1200元档次。

（二）西南四省区城乡居保的地方财政负担情况

虽然《意见》已经明确了中央财政和地方财政的财政责任，但是对省级及省级以下财政的分担机制并没有做出规定，实际上是将省级及省级以下财政的分担办法决定权授权给省级政府，由省级政府自行制定相应的政策。在缴费补贴和对重度残疾人等缴费困难人员代缴方面，各地普遍采用了省及省以下各级财政分担的机制，表6–7和表6–8分别列出了西南四省区的财政缴费补贴和对重度残疾人等缴费困难人员代缴的分担比例。

表 6-7 西南四省区地方财政对缴费补贴的分担情况

地区	省财政	市财政	县财政
广西	6/10	设区市 4/10	0
	8/10	0	2/10
云南	1/2	由市政府自行确定	
贵州	1/3	1/3	1/3
四川	1/2	由市政府自行确定	

数据来源：西南四省区的城乡居保政策汇总。

表 6-8 西南四省区地方财政对重度残疾人等缴费困难人员代缴补贴的分担情况

地区	代缴的标准	省财政	市财政	县财政
广西	按100元/年/人的标准代缴	6/10	设区市 4/10	0
		8/10	0	2/10
云南	按200元缴费档次标准代缴	1	0	0
贵州	按不低于100元的标准代缴	0	0	1
四川	按100元/年/人的标准代缴	0	由市政府自行确定	

数据来源：西南四省区的城乡居保政策汇总。

由上述可知，西南四省区的中央财政和地方财政补贴结构具有以下的特点：

1. 由于西南四省区的基础养老金由中央财政全额补贴，所以省级财政在对缴费补贴进行补助时支撑能力较强，除贵州省之外，其他三个省区都是省级财政承担大部分的缴费补贴。

2. 在市、县两级财政责任划分上，特别是缴费补贴部分，西南四省区除了广西外，其他三个省份都倾向于由县级财政承担更多的责任，这势必加重这三个省份县级财政的负担。

第二节 城乡居保财政支持的能力评估

一、城乡居保财政支持能力的评估指标

（一）财政补贴负担水平

衡量城乡居保财政支持能力的一个重要指标是财政补贴负担水平（财政补贴与财政收入的比值）。财政补贴负担越轻，财政支持能力越强；反之，财政补贴负担越重，财政支持能力就越弱。

以广西为例，2012—2016年广西财政支持城乡居保的发展情况如表6-9所示。通过该表可以看出，2012—2016年，广西城乡居保财政支出占财政收入比重在3.19%—4.38%之间，其中2015年所占的比重最大，达到4.38%，2016年则有所下降。这些数据说明，广西城乡居保财政补贴负担相对较重，支持能力相对较弱，这也与广西的城乡居保政策有关。通过表6-7和6-8可知，广西不管是在缴费补贴方面还是在对重度残疾人等缴费困难人员代缴补贴方面，省级财政都承担了主要的责任。

表6-9 2012—2016年广西财政支持城乡居保发展情况

年份	财政收入（亿元）	城乡居民养老保险财政支出（亿元）	城乡居保支出占财政收入比重（%）
2012年	1166.06	37.24	3.19
2013年	1317.60	47.48	3.60
2014年	1422.28	49.15	3.46
2015年	1515.16	66.41	4.38
2016年	1556.24	63.42	4.08

数据来源：广西壮族自治区统计局、广西壮族自治区人力资源和社会保障厅。

（二）财政收入比重与城乡居民人口比重的比值

各地地方财政收入比重与城乡居民人口比重的比值可以从总体上反映各地实施城乡居保的财政负担。当一个地区的地方财政收入比重与城乡居民人口比重的比值小于1时，说明该地区的地方财政负担较重，中央财政应当给予政策倾斜；反之，当该比值大于1时，表明该地区地方财政的负担较轻，中央财政可以不予政策倾斜。2016年西南四省区地方财政收入比重与城乡居民人口比重的比值如表6-10所示。

表 6-10 2016 年西南四省区地方财政收入比重与城乡居民人口比重的比值

省份	地方财政收入占全国地方财政收入比重（%）	各地城乡居民人口占全国城乡居民人口比重（%）	各地地方财政收入比重与各地城乡居民人口比重的比值
广西	0.98	4.27	0.23
云南	1.14	4.45	0.26
贵州	0.98	3.37	0.29
四川	2.12	7.12	0.30

注：根据西南四省区《2016年国民经济和社会发展统计公报》数据整理计算。

由表6-10可知，西南四省区城乡居保的财政负担水平差不多。四个省份地方财政收入比重与各地城乡居民人口比重的比值都小于1，说明西南四省区的地方财政负担相对于其他省份较重，这也说明中央财政向中西部地区倾斜的导向是正确的。

（三）基础养老金实际替代率

衡量城乡居保财政支持能力的另外一个重要指标是养老金替代率。养老金替代率是指退休后领取的养老金与退休前所得工资之比，通过养老金替代率可以了解劳动者退休前后生活质量的差异，直观反映出退休人员的经济水平。而对于城乡居保而言，可以通过年人均基础养老金与当年城乡居民人均可支配收入之比来计算养老金替代率。如果基础养老金替代率过高，则说明中央财政补贴力度较大，存在财政补贴风险的可能性较大；替代率过低则说明中央财政补贴力度较小，保障能力不足。因此，养老金替代率应控制在一个合理的范围内。

表6-11为全国以及西南四省区2014—2016年的城乡居民年人均可支配收入以及基础养老金的收入替代率。由该表可知，西南四省（区）的城乡居民年人均可支配收入都比全国的平均水平低，以2016年为例，西南四省区中城乡居民可支配收入最高的地区是四川省，为11203.0元，但还是比全国的平均水平12363.0元低，最低的贵州只有8090.3元，只有全国平均水平的65%。另外，西南四省区的基础养老金替代率都比全国平均水平高，以2016年为例，除了四川仅为8.0%之外，其他三个省（区）的替代率都差不多，大概在10%左右。

表6-11 2014—2016年全国及西南四省区城乡居民可支配收入水平及城乡居保基础养老金替代率

地区	2014人均可支配收入（元）	2014基础养老金替代率（%）	2015人均可支配收入（元）	2015基础养老金替代率（%）	2016人均可支配收入（元）	2016基础养老金替代率（%）
全国	10489.0	7.2	11422.0	7.4	12363.0	6.8
广西	8683.0	11.4	9467.0	11.4	10359.0	10.4
云南	7456.0	10.9	8242.0	10.9	9020.0	10.0
贵州	6671.2	11.2	7386.9	11.4	8090.3	10.4
四川	9347.7	8.7	10247.0	8.8	11203.0	8.0
西南四省区平均值	8039.5	10.5	8835.7	10.6	9668.1	9.7

数据来源：国家统计局、广西统计局、云南统计局、贵州统计局、四川统计局。其中2014年上半年全国、贵州的基础养老金是55元/月，但从当年7月1日起，基础养老金上调至70元/月，2014年全国、贵州的基础养老金是（55+70）÷2×12=750（元）。2014年的全国、贵州养老金替代率=750/人均纯收入。2014年上半年广西的基础养老金为75元，2014下半年广西的基础养老金为90元，2014年广西的基础养老金是（75+90）÷2×12=990（元）。2014年上半年云南、四川的基础养老金为60元，2014年下半年云南、四川的基础养老金为75元，2014年云南、四川的基础养老金是（60+75）÷2×12=810（元）。

由表6-11还可看出，2016年全国、广西、云南、贵州、四川的农民人均可支配收入增长分别为8.2%、9.4%、9.4%、9.5%、9.3%，但是全国、广西、云南、贵州、四川的基础养老金替代率不但没有增长，反而有小幅下降。从2014年城乡居保实施以来，基础养老金调整的幅度不大，但是经济却快速发展，农民的收入也显著提高，因此西南四省区养老金替代率平均值从2014年时的10.5%下降为2016年的9.7%，仅两年时间替代率减少了0.8%，且面临着替代率水平持续下降的风险。我国基础养老金的替代率水平偏低，没有达到“保基本”的目标，这也说明中央及各级财政应加大支持城乡居保基础养老金发展的力度。

另外，既然城乡居保基础养老金是保障城乡居民最基本生活标准的，因此可以与保障农民最低生活的社会救济项目低保进行比较。表6-12为2016年西南四省区农村低保标准及当年农民收入的替代率。由该表可知，2016年西南四省区农村最低生活保障水平年均为2246.5元，占当年西南四省区农村人均可支配收入的24.55%，相比表6-11中2016年西南四省区平均基础养老金替代率9.7%，低保替代率是城乡居保基础养老金替代率的2倍多。作为养老保险制度的城乡居保替代水平竟低于社会救济的水平，这说明从基础养老金的保障目标来看，进一步提高基础养老金最低标准、加大中央财政的补贴力度已到了刻不容缓的地步。

表6-12 2016年西南四省区农村低保标准及其相对当年农民收入的替代率

地区	2016人均可支配收入（元）	低保标准（元）	替代率（%）
广西	10，359.0	1680.0	16.22
云南	9020.0	2694.0	29.87
贵州	8090.3	3184.0	39.36
四川	11，203.0	1428.0	12.75
西南四省区平均值	9668.1	2246.5	24.55

数据来源：国家统计局、广西统计局、云南统计局、贵州统计局、四川统计局。低保标准来源于国家民政局网站，替代率为计算得到。

二、财政支持能力的影响因素

城乡居保财政支持能力的影响因素主要有以下几个：

（一）财政收入

财政补贴占财政收入的比重是衡量城乡居保财政支持能力的一个重要指标，因此，财政收入是影响城乡居保财政支持能力的一个因素。财政收入越高，说明财政越充足，财政补贴的负担水平就越低，对城乡居保的财政支持能力越强，反之则越弱。

（二）参保缴费补贴标准和参保人数

根据国务院颁布的《关于建立统一的城乡居民基本养老保险制度的意见》的规定，参加城乡居保的条件为年满16周岁（不含在校学生），不属于职工基本养老保险制度覆盖范围、非国家机关和事业单位工作人员及城乡居民。另外，由上述可知，地方政府的财政责任主要是对“入口补贴”中的一般缴费补贴和多缴缴费补贴，因此，参保补贴标准和参保人数直接决定地方财政的缴费补贴金额，继而影响总补贴金额。如果其他条件确定，那么参保缴费补贴标准越高，参保人数越多，财政总补贴与财政收入的比值就越高，财政支持能力越弱；反之，财政的支持能力越强。

（三）待遇领取人数及基础养老金补贴标准

在“出口补贴”方面，上述《意见》规定，年满60周岁、累计缴费满15年且未领取国家规定的基本养老保障待遇的，可以按月领取城乡居民养老金，西部地区的基础养老金最低标准补贴由中央财政承担，基础养老金加发的普遍式补贴、基础养老金加发特定式补贴、长期缴费增加的基础养老金补贴由地方财政承担。在上述补贴中，基础养老金加发普遍式补贴所占的比例最大，因此从地方财政支持的角度看，待遇领取人数和加发的基础养老金补贴标准会影响地方财政的基础养老金补贴金额，从而影响其财政支持能力。如果其他条件一样，则待遇领取人数越多，加发的基础养老金补贴标准越高，加发的基础养老金补贴金额就越大，地方财政总补贴与财政收入的比值就越大，其财政支持能力就越弱；

反之，地方财政的支持能力越强。

（四）缴费补贴分担比例

确定了缴费补贴标准以后，各级财政的分担比例也会直接影响财政的支持能力。城乡居保的缴费补贴主要由地方财政承担，各地又根据自己的实际情况对补贴按比例进行分摊。因此，地方各级财政分担的比例越高，其财政支持能力就越弱。如果省级财政分担比例越高，其财政支持能力就越弱，而县级财政的支持能力就越强。

第三节　城乡居保财政支持政策建议

针对西南四省区城乡居保制度运行过程中出现的问题，在财政支持方面应从以下几点来确保城乡居保的顺利发展及可持续性。

一、大力发展经济，提高地方财政收入

财政收入与经济发展水平有着密切的联系，财政收入以经济发展为基础和前提，只有经济发展了，财政收入才能增加。未来，只要中国的经济能够按目前的发展速度保持稳定增长，中央以及地方的各级财政还是可以负担得起城乡居保财政补助的，但是，如果经济衰退或停滞不前，中央以及地方财政不能对城乡居保给予充分支持，城乡居保财政风险就会出现。因此，为了保证城乡居保制度的健康持续发展，政府目前的首要任务应该是以经济建设为中心，只有大力发展经济，提高财政收入，才能为城乡居保的财政支持打下基础。

二、优化财政支出结构，逐步加大财政投入力度

为了加大对城乡居保的扶持力度，应对财政支出结构进行优化。具体如下：一是把财政从那些从属于市场竞争性的投资中解脱出来，大力发展城乡居保等“民生”事业。二是调整财政支出结构，用压缩的行政经费和减少竞争性领域投资后增加的财政资金以适当比例来增加对城乡居保的支持，逐步增加财政对城乡居保的投入。三是打破社会保险城乡二元结构，缩小城乡居保与城镇企业职工社会养老保险支出的差距，改

变财政投入过于偏向城镇职工养老的做法，从向城镇倾斜转为城乡平衡发展，进一步加大对城乡居民社会养老保险的支持力度，促进城乡社会养老保险事业的协调发展。

三、加大事权改革，重新界定中央与地方政府的财权和支出责任

目前，我国地方政府还担负着提供城乡居保这一事权的支出责任，却没有相应的财力支持。针对这种现状，应加大事权改革，重新界定中央与地方政府的财权和支出责任。进一步明确中央政府与地方政府在城乡居保建设中的事权，使财力与事权相匹配。中央政府和省级政府应成为城乡居保财政责任的主体，地方政府应采取适当配套的方式提高城乡居保养老金的总待遇水平，中央政府要加大对城乡居保的投资力度。从财政实力和财政收入上看，中央财政相对于地方财政收入较多，因此，在财政责任分配上，中央政府应该承担较大的比例。另外，由于我国经济发展不平衡，地区之间的收入水平差距较大，中央财政应该通过财政转移支付的方式给予贫困地区特别是西南连片地区更多的财政支持，实现整体与区域平衡。

四、合理划分地方各级政府的财政责任

目前，我国城乡居保更多是由县级政府承担财政责任。而县级政府由于财政基础较弱，对城乡居保投入往往不足，不利于城乡居保制度的长远发展。因此，各地要根据当地经济发展水平和财政能力状况，明确地方各级政府的财政责任范围和承担的比例。要强化省级财政对城乡居保的责任，进一步明确省、市、县三级政府财政责任范围及应承担的比例，减轻县级政府尤其是贫困地区、农村老年人口多、补助困难的县级政府的财政压力，均衡各地区城乡居保的财政负担。另外，不但要提高省级政府承担基础养老金和缴费补贴的比例，在市、县级地方政府面临

较大支付压力时，省级政府还应补充增加可用于省以下转移支付的资金，加大对县级财政的转移支付力度。

五、完善基础养老金正常调整机制

随着经济的不断发展，物价水平的攀升，农民的生活成本也越来越高。目前，由于缺乏完善的调整机制，城乡居保基础养老金水平明显偏低，不能满足农民的基本养老生活所需。以广西为例，2016年广西基础养老金标准为每人每月90元，比广西2016年农村最低生活保障资金补助标准每人每月140元还低50元，远不能满足农民最低养老生活需要。因此，亟待建立和完善正常的城乡居保基础养老金调整机制，逐步提高基础养老金标准。中央要进一步加大对城乡居保的投入总量，并参照城镇企业职工基本养老保险每年定期调整的机制及比例，来定期调整城乡居保基础养老金的待遇，逐步提高城乡居保基础养老金的替代率。

六、建立灵活的“多缴多得”“长缴多得”激励机制

目前，西南四省区城乡居保的另外一个突出问题是缴费补贴低。以广西为例，虽然广西的城乡居保缴费标准分为12个档次，但是大多数参保城乡居民选择的是最低的100元的缴费档次，这不利于城乡居保制度的长远发展。实际上，按目前地方政府财政的状况，还是有余力落实“多缴多得”“长缴多得”财政补助政策的。因此，必须建立灵活的“多缴多得”“长缴多得”激励机制，提高农民的参保积极性。当然，考虑到经济条件差的农村居民一般负担不起较高的缴费档次，为了避免实行“多缴多得”的财政补助政策导致贫富差距加大，要兼顾公平，“多缴多得”的财政补助标准也不宜过高。另外，为了鼓励农民长期参保，可采取累进制的补助标准，重点落实“长缴多得”财政补助政策。

第四节　西南集中连片特困地区城乡居保基金的收支平衡

城乡居保基金收支平衡是指在预期目标区间内，城乡居保的缴费收入和支出相等，也就是说，在一定时期内，城乡居保的缴费收入能够保证日后养老金的足额发放，至该时期末，养老金结余数量为零，则称为实现了城乡居保基金的收支平衡。① 城乡居保基金收支不平衡的现象是常态，具体表现为收大于支或收不抵支。收大于支可以通过调节实现收支平衡，而收不抵支的调节相对比较困难。如果城乡居保出现收不抵支，将会给经济和社会带来很大的负面影响。

一、城乡居保基金收支平衡的现状

（一）我国城乡居保基金收支情况

人力资源和社会保障部发布的《2016年度人力资源和社会保障事业发展统计公报》数据显示：2016年末，全国城乡居保基金收入2933亿元，其中个人缴费732亿元；基金支出2150亿元；基金累计结存5385亿元。2012—2016年全国城乡居保基金收支情况如表6-13和图6-1所示。通过表6-13和图6-1可以看出，2012—2016年全国城乡居保基金收入和支出均稳步增长，其中2015年基金的收入和支出增长较快，增长率分别达到23.6%和34.7%，2016年基金的收入和支出相对前几年增长较慢，增长率分别只有2.7%和1.6%。基金累计结余方面，虽然2012—2016年

① 此处的收支平衡是数学意义上的严格的对等的平衡。

每年的基金结余都在不断增长，但是增长的速度在不断降低，2013年基金结余增长率为30.6%，到2016年，其增长率下降到17.3%。

表6-13 2012—2016年全国城乡居保基金收支情况 （单位:亿元）

年份	基金征缴收入	个人缴费收入	基金支出	累计结余	可支付月数
2012年	1829	594	1150	2302	24.02
2013年	2052	636	1348	3006	26.76
2014年	2310	666	1571	3845	29.37
2015年	2855	700	2117	4592	26.03
2016年	2933	732	2150	5385	30.06

注：根据2012—2016年人力资源和社会保障事业发展统计公报数据整理。(可支付月数=当年累计结余÷当年基金支出×12)

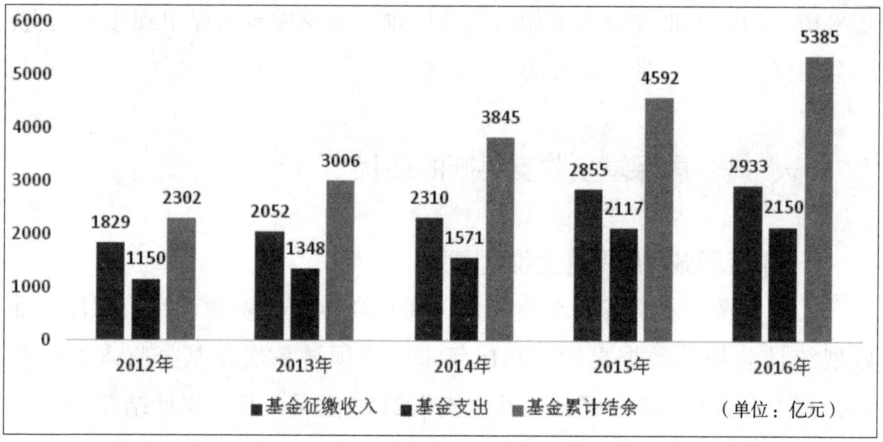

图6-1 2012—2016年全国城乡基本养老保险基金收支情况

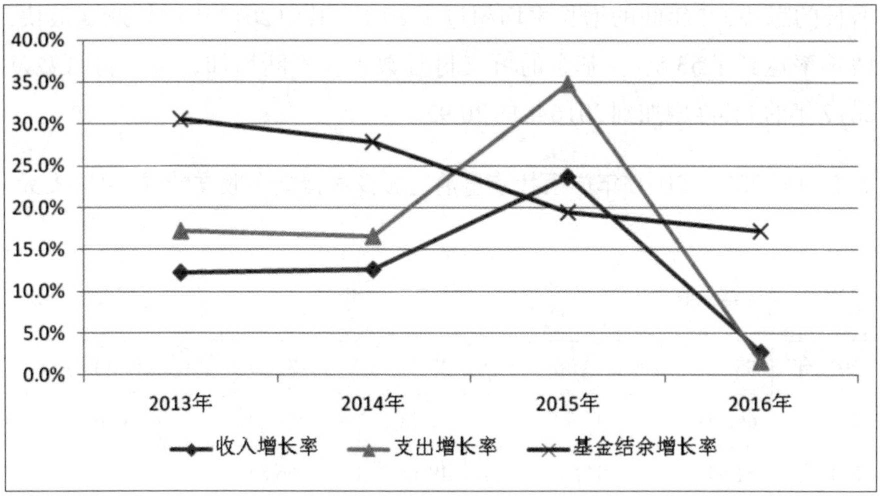

图 6-2 2013—2016 年全国城乡基本养老保险基金收支增长情况

二、西南四省区城乡居保基金收支情况

（一）广西壮族自治区城乡居保收支情况

2016年广西全区城乡居保基金收入85.08亿元，比上年下降2.89%。其中个人缴费13.97亿元，比上年增长6.28%。基金支出63.42亿元，比上年下降4.50%。年末基金累计结存110.55亿元。

2012—2016年广西壮族自治区城乡居保基金收支情况如表6-14和图6-3所示。通过表6-14和图6-3可以看出，2014年和2016年广西城乡居保基金收入有所下降，分别比上一年下降7.49%和2.89%，其余年份呈增长状态，2015年基金收入比2014年增加了26.07亿元，增长42.36%，2012年基金收入增长速度最快，达到了126.6%。在基金支出方面，除2016年有小幅下降外，其余年份都是增长的状态。而2014年基金支出增长的幅度最小，与2013年相比，仅增加了1.67亿元，增长率为3.52%，其余年份基金支出增长的速度较快，其中2012年的增长率最大，达到了143.70%。基金累计结余方面，2012—2016年基金累计结余呈快速增长的态势，5年间的增长率均超过了20%，其中2013年增长速度最快，增长率达到了53.5%。基金的可支付月数也在不断增加，可支付月数从2012年的11.43增加到2016年的20.92。

表 6-14 2012-2016 年广西壮族自治区城乡居保基金收支情况（单位:亿元）

年份	基金收入	个人缴费收入	基金支出	年末基金累计结余	可支付月数
2012年	55.45	13.46	37.24	35.47	11.43
2013年	66.52	11.98	47.48	54.44	13.76
2014年	61.54	12.28	49.15	66.83	16.32
2015年	87.61	13.15	66.41	88.89	16.06
2016年	85.08	13.97	63.42	110.55	20.92

备注：根据2012 — 2016年广西壮族自治区人力资源和社会保障事业发展统计公报数据整理。

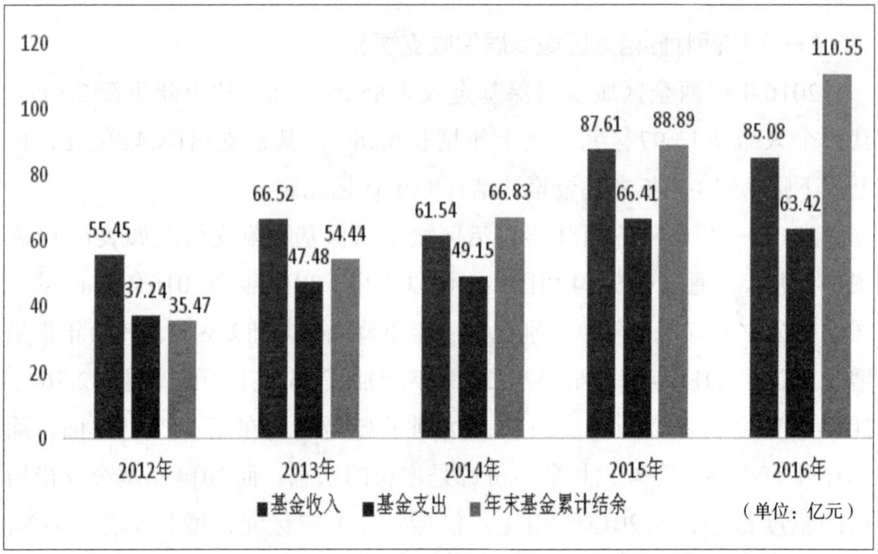

图 6-3 2012—2016 年广西壮族自治区城乡居保基金收支情况

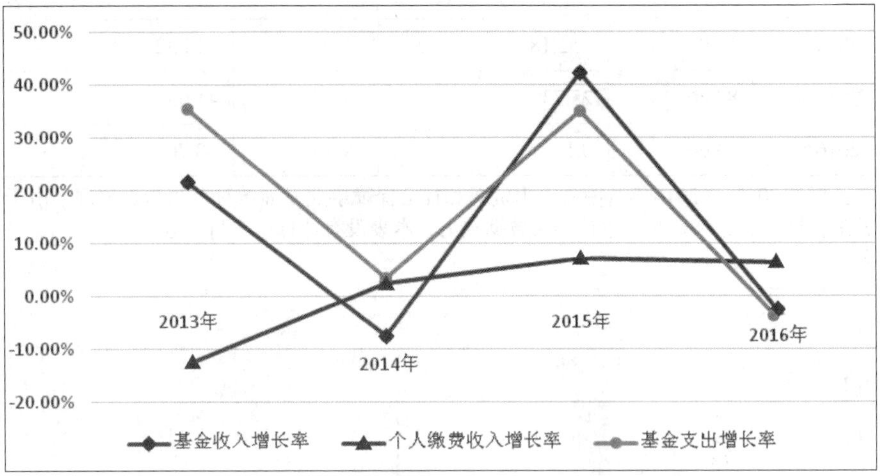

图 6-4 2013—2016 年广西壮族自治区城乡居保基金收支增长情况

（二）云南省城乡居保收支情况

2016年末，云南全省城乡居保参保人数达2257.30万人，全年领取城乡居保待遇人数为500.28万人。城乡居保基金收入83.60亿元，比上年增长0.17%。基金支出49.15亿元，比上年下降3.76%。

2012—2016年云南省城乡居保基金收支情况如表6-15和图6-5所示。通过表6-15和图6-5可以看出，2013年云南城乡居保基金收入增长较快，达到154.62%，2014年下降的幅度较大，比上一年下降了52.18%，2016年与2015年相比，基金的变化不大。在基金支出方面，2014年和2016年为下降的状态，其中2014年降幅较大，与上一年相比，下降了24.32%，2016年下降了3.76%，其余年份增长的速度较快，2013年达到了91.37%。

表 6-15 2012—2016 年云南省城乡居保基金收支情况

年份	基金收入（亿元）	基金收入增长率 %	基金支出（亿元）	基金支出增长率 %
2012年	54.52	15.75	24.90	53.80
2013年	138.82	154.62	47.65	91.37
年份	基金收入（亿元）	基金收入增长率 %	基金支出（亿元）	基金支出增长率 %

续表

2014年	66.38	-52.18	36.06	-24.32
2015年	83.46	25.73	51.07	41.63
2016年	83.60	0.17	49.15	-3.76

注：根据2012—2016年云南省人力资源和社会保障事业发展统计公报数据整理。由于云南省城乡居保年末基金累计结余数据缺失，本表没有计算可支付月数。

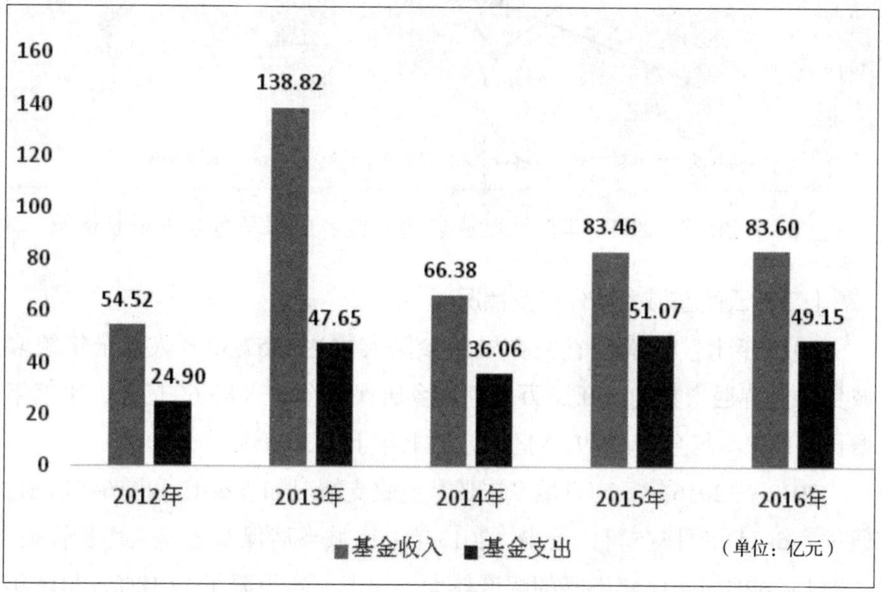

图6-5 2012—2016年云南省城乡居保基金收支情况

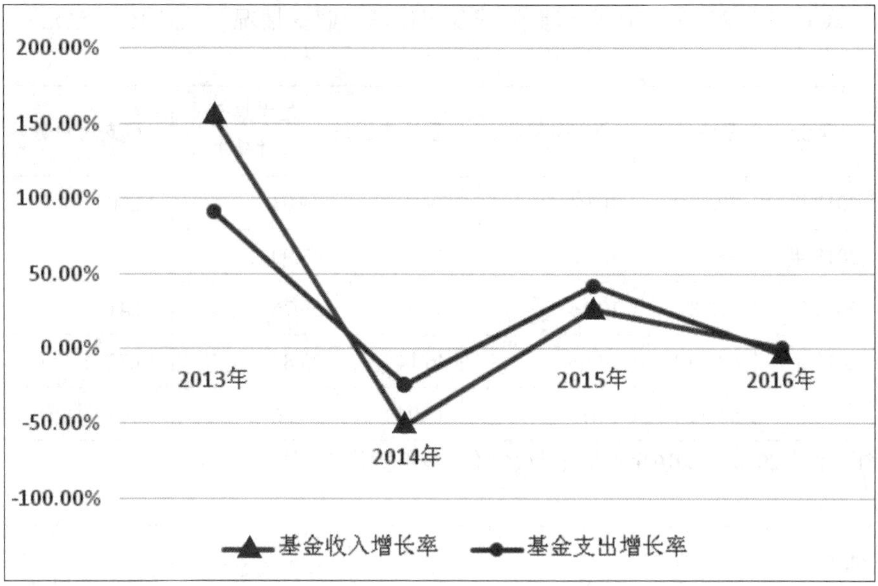

图 6–6 2013—2016 年云南省城乡居保基金收支增长情况

（三）贵州省城乡居保收支情况

贵州省2016年社会保险发展年度报告的数据显示，2016年贵州省城乡居保基金收支规模为101.62亿元，比上年减少6.72亿元，降低6.20%。其中基金收入58.58亿元，比上年减少3.62亿元，降低5.82%；基金支出43.04亿元，比上年减少3.10亿元，降低6.72%；年末基金累计结余91.36亿元，比上年增加15.54亿元，增长20.50%。

2012—2016年贵州省城乡居保基金收支情况如表6–16和图6–7所示。通过表6–16和图6–7可以看出，2012—2015年贵州城乡居保基金收入为增长的状态，2016年则有所下降，与2015年相比，2016年基金收入减少3.62亿元，下降5.82%。基金支出方面，与上一年相比，2012年和2016年基金支出有所下降，分别下降4.44%和6.72%。其余年份为增长的状态，其中2014年基金的增长幅度最大，增长率达到了44.19%。基金累计结余方面，2012—2016年基金累计结余呈稳步增长的态势，5年来的增长率均超过了20.00%。

表 6-16 2012—2016 年贵州城乡居保基金收支情况 （单位：亿元）

年份	基金收入	个人缴费收入	基金支出	年末基金累计结余	可支付月数
2012年	39.58	10.94	29.04	29.04	12.00
2013年	45.16	12.32	30.21	43.99	17.47
2014年	47.78	12.44	32.00	59.76	22.41
2015年	62.20	12.66	46.14	75.82	19.72
2016年	58.58	12.73	43.04	91.36	25.47

注：根据2012—2016年贵州省社会保险发展年度报告数据整理。

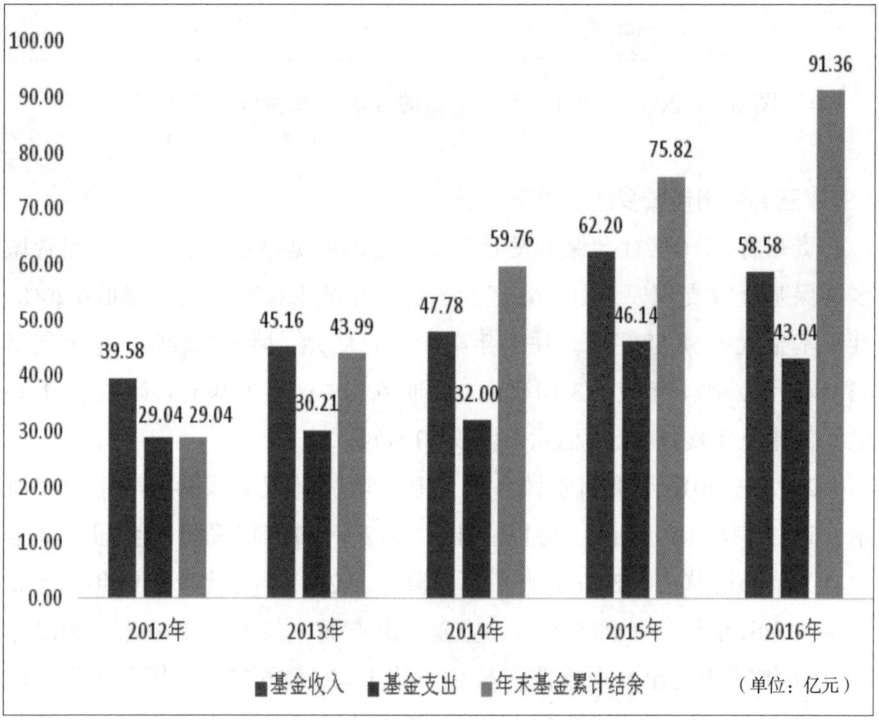

图 6-7 2012—2016 年贵州省城乡居保基金收支情况

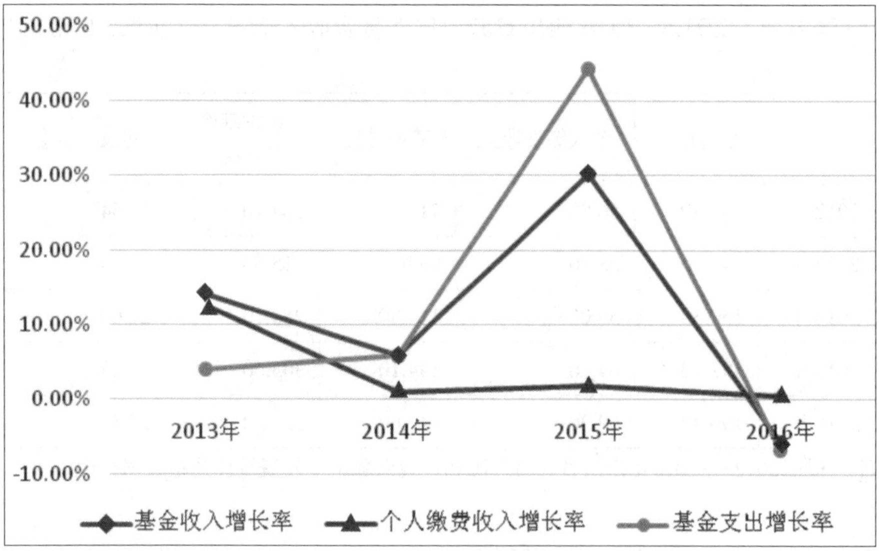

图 6–8 2013—2016 年贵州省城乡居保基金收支增长情况

（四）四川省城乡居保收支情况

2016年，四川省全年城乡居保基金总收入190.4亿元，比上年减少1.6亿元。其中个人缴费收入69.2亿元，比上年增加4.5亿元；中央财政转移支付95.9亿元；地方各级财政补贴18.1亿元。基金总支出141.6亿元，比上年减少2.5亿元，其中支付养老金138.0亿元，比上年减少2.3亿元。年末基金累计结存351.8亿元。

2012—2016年四川省城乡居保基金收支情况如表6–17和图6–9所示。通过表6–17和图6–9可以看出，2013年和2016年四川省城乡居保基金收入有所下降，分别比上一年下降9.36%和0.88%，其余年份则是增长的状态，2015年基金收入比2014年增加了41.6亿元，增长27.64%，2012年基金收入增长速度最快，达到了91.75%。在基金支出方面，除2016年有小幅下降外，其余年份都是增长的状态。其中2012年的增长幅度最大，达到了94.29%。基金累计结余方面，2012—2016年基金累计结余呈快速增长的态势，5年间的增长率均超过了15%，其中2012年增长速度最快，增长率达到了130.50%。基金的可支付月数变化不大，保持在25—30个月之间。

表 6-17 2012—2016 四川省城乡居保基金收支情况　（单位：亿元）

年份	基金收入	个人缴费收入	基金支出	年末基金累计结余	可支付月数
2012年	160.30	56.90	71.50	164.10	27.54
2013年	145.30	58.20	93.90	215.50	27.54
2014年	150.50	59.00	110.90	255.10	27.60
2015年	192.10	64.70	144.10	303.00	25.23
2016年	190.40	69.20	141.60	351.80	29.81

注：根据2012 — 2016年四川省人力资源和社会保障事业发展统计公报数据整理。

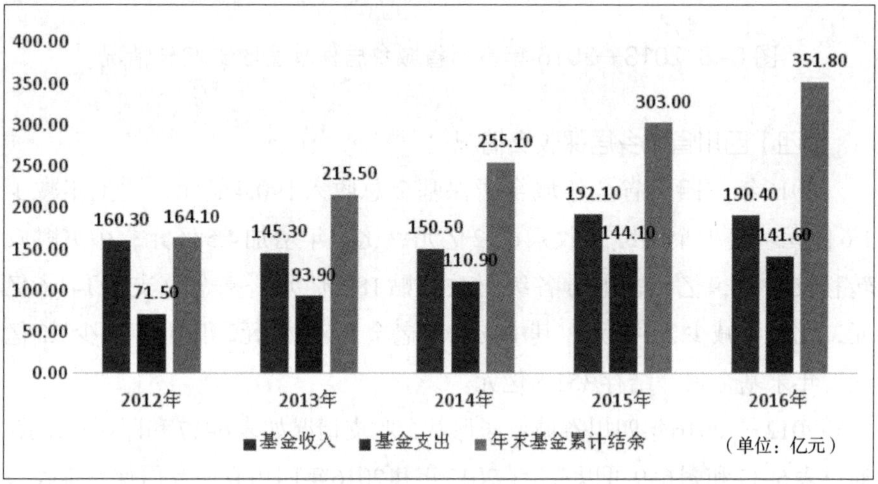

图 6-9 2012-2016 年四川省城乡居保基金收支情况

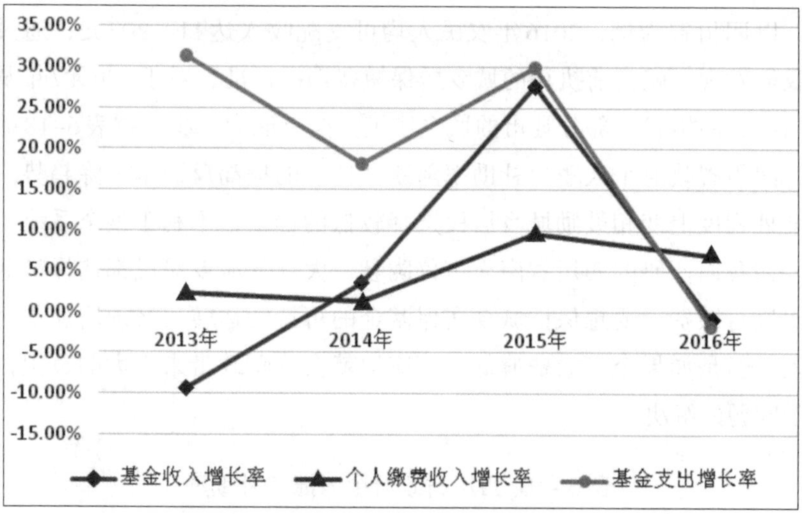

图 6—10 2013–2016 年四川省城乡居保基金收支增长情况

通过以上的分析可以看出，目前西南四省区的城乡居保基金仍保持收大于支的状态，基金累计结余持续增加，还是可以确保城乡居保待遇按时足额发放的。但是，2013 — 2016年西南四省区城乡居保基金支出增长率绝大部分年份大于基金收入增长率和个人缴费收入增长率。另外，从可支付月数来看，西南四省区除四川省与全国平均水平差不多外，其余省份的可支付月数都比全国的平均水平要低。这是因为目前养老保险是省级统筹，各省份之间养老保险基金的运行差异比较大；而产生差异的原因与各省区经济发达程度相关。四川的经济发展在西南四省区中相对较好，因此其城乡居保基金的可支付月数也相对较多。其他省份则由于经济发展较慢，城乡居保基金可支付月数较少。

三、西南四省区城乡居保基金收支平衡面临的问题及其影响因素分析

（一）西南四省区城乡居保基金收支平衡面临的问题

1. 个人缴费偏低，影响城乡居保收入

以四川省为例，2016年农民人均可支配收入达11，203元，通过调研我们发现，就目前执行的城乡居保缴费档次标准，对于500元/年及以下档次，四川省大部分县市的城乡居民完全有能力承担。据表6-18的数据，四川省政府个人账户补助率随缴费档次的提高反而呈下降趋势。这在某种程度上变相鼓励城乡居民选择较低的档次，不利于整个系统的运行。如我们调研的四川省南充市仪陇县，大部分城乡居民都选择最低的档次进行缴费。要想保证城乡居保基金的可持续运转，必须增加基金的收入，但是如果个人缴费偏低，相应地就会给财政带来更大的负担，不利于问题的解决。

表6-18 四川省政府个人账户补助率

缴费档次（元/年）	政府补贴标准（元/年）	政府补助率（%）
100	40	40.00
200	40	20.00
300	45	15.00
400	50	12.50
500	60	12.00
600	60	10.00
700	65	9.29
800	70	8.75
900	75	8.33
1000	80	8.00
1500	100	6.67
2000	120	6.00
3000	160	5.33

注：根据四川省城乡居保财政补贴标准整理和计算。

2. 支付标准低，不具保障作用，影响城乡居民的持续参保意愿

目前的城乡居保保障水平还远远不能满足城乡居民老年的基本生活需求，所领取的养老金没有完全发挥其对城乡居民老年生活的保障作用，只能算是一种补充。如果城乡居保的保障水平对城乡居民没有吸引力，城乡居民丧失了参保意愿，政策就很难持续下去，更谈不上城乡居保基金的收支平衡了。

3. 政府补贴低，影响城乡居保基金收支的长期平衡

通过前面的分析可以看到，目前的财政补助支出占政府财政收入的比例十分低，基本不对财政支出造成影响。根据城乡居保政策，国家应为城乡居保基金的运行承担主要责任，在资金的承担比例中，也应该占主要部分。但就目前的补贴机制和水平来看，政府没有承担起自己的主要责任，这势必会影响到城乡居保基金的长期收支平衡，为城乡居保基金的可持续发展埋下隐患。

4. 养老金贬值

按目前的CPI水平和通胀水平，当前城乡居保基金的收益率仅相当于定期存款的利息，城乡居保基金的这种收益水平，实质上是使基金缩水和贬值了，面对现在和未来可能出现的支出增加，这样的管理水平显然不利于城乡居保基金的收支平衡。

5. 基金的支付压力增大

按照社会保障制度的演进规律和社会发展的规律，随着时间的推移，城乡居保的保障水平势必出现上升趋势。就目前的物价水平，现在的基金收入尚不能覆盖最低生活保障成本，如果养老金支出增加，则目前的城乡居保体制将面临巨大的财务风险，一旦处理不善，将直接影响到这项制度能否持续发展下去。

（二）西南四省区城乡居保基金收支平衡面临问题的背景

西南四省区城乡居保基金收支平衡面临问题的背景原因主要有以下几点：

1. 城乡居民人口基数大

西南四省区作为农业省份，城乡居民人口基数大，城乡居保运作比

较复杂，资金压力较大，从而造成了目前的“广覆盖，低保障”的现状。

2.城乡居保起步较晚，在实施时，老龄化程度已经相当严重

城乡居保开始实施时，城乡居民老龄人口规模已经很大，导致城乡居保在启动时就面临很大的资金压力。在城乡居保启动时已年满60的老年人口不用缴纳任何费用就可直接领取基础养老金。由此，城乡居保基金从开始就有较大的政策成本。

3.缴费标准设置不合理，未能更好地引导城乡居民选择缴费档次

目前，西南四省区的缴费标准设置为100—3000元/年不等的11—13个档次，并由城乡居民自行选择档次缴费。但是，通过调研我们发现，这四个省区近几年来的缴费主要集中在最低的档次，而且缴费率过低。结合表6-18四川省的政府补助率可以看到，城乡居民选择高档次缴费的积极性不高，对城乡居保的基金收入有负面影响，对城乡居民的未来保障也非常不利。

4.城乡居保基金管理层次太低，管理水平不高

目前，不管是全国还是西南四省区，城乡居保的基金主要留存在县一级的财政上，管理层次处于最基层水平，在基金管理上，县级的人力、物力和专业性远远不能满足基金管理的需要，不利于基金的保值增值。

（三）西南四省区城乡居保基金收支平衡面临问题的影响因素分析

影响城乡居保基金收入的因素主要有个人缴费、财政补助、投资收益（利息收入），影响基金支出的因素主要在于支出标准（保障水平）和老龄人口数量的变化。因此，影响城乡居保基金收支平衡的因素有个人缴费收入、财政补助收入、投资收益和养老金支付标准及老年人口数量的变化。

1.个人缴费率

作为城乡居保资金主要的来源之一，个人缴费的变化对城乡居保基金收支平衡有着很大的影响。将个人缴费率作为体现个人缴费收入的指标，不仅是因为它体现城乡居民缴费的金额，还因为它体现城乡居民缴费占其收入的比例，能更好地反映城乡居民缴费的可变动空间。

以广西壮族自治区为例，表6-19列出了2012—2016年广西个人

缴费率变化的情况，从表6-19可看出，5年间广西的农民人均可支配收入呈现逐年上升的趋势，虽然增长率有所降低，但总体保持着上涨的势头。而广西城乡居保的个人最低缴费率从2012年的1.45%下降到2016年的0.97%，个人最高缴费率，则从2012年的29.01%下降到2016年的19.31%。个人缴费率并没有随着农民人均可支配收入的上涨而上升，反而呈现下降的趋势。

出现这样的情况，主要在于目前城乡居保个人缴费档次的低水平化，城乡居民一旦选择一个缴费档次，基本不会再改变，在较低收入水平的时候选择的缴费档次，随着个人收入的上升，如果原来的缴费金额不变，相对的个人缴费率就会因基数的变大而下降。根据结余计算公式（养老金结余=个人缴费收入+财政补助收入+投资收入-总支出），个人缴费率直接影响个人缴费收入，作为影响结余的正因子，个人缴费率越高越好。

表6-19 2012—2016年广西个人缴费率变化情况

年份	农民人均可支配收入（元）	增长率（%）	个人缴费总收入（亿元）	个人最低缴费率（%）	个人最高缴费率（%）
2012年	6894	14.84	13.46	1.45	29.01
2013年	7793	13.04	11.98	1.28	25.66
2014年	8683	11.42	12.28	1.15	23.03
2015年	9467	9.03	13.15	1.06	21.13
2016年	10，359	9.42	13.97	0.97	19.31

注：表中数据根据2012—2016年广西壮族自治区国民经济和社会发展统计公报相关数据整理计算而得。因国家住户调查方法制度改革，自2016年起广西壮族自治区统计局发布的广西壮族自治区国民经济和社会发展统计公报不再包括农民人均纯收入，只发布农民人均可支配收入，为了统一，表中数据均为新口径可支配收入数据。个人最低级费率=最低100元缴费档次标准/农民人均可支配收入；个人最高缴费率=最高2000元缴费档次标准/农民人均可支配收入。

2.财政补助

城乡居保主要是为了保障城乡老年人的基本生活，让老年人消除养老的后顾之忧，分享社会经济发展的成果。因此，城乡居保是一项具有福利性、普惠性和社会公平性的政策，政府在其中要承担主要责任，在资金来源和实际管理上，政府有责任保证城乡居保政策顺利和可持续执行。

政府对于城乡居保政策的责任，主要体现在财政对城乡居保资金的支持力度上，而政府对城乡居保政策的重视程度，可通过财政占比指标来反映，即城乡居保支出占其财政收入的比例。

西南四省区均为西部地区，在财政补助上，中央财政全额补助基础养老金，个人缴费的补贴则由省、市、县按不同比例分担。以四川省为例，从2011年到2016年的6年时间里，四川地方各级财政对个人缴费总共补贴68.80亿元，年均补助11.47亿元。2011—2016年四川省财政收入及城乡居保地方各级财政补贴情况如表6-20所示，根据该表的数据可以看出，2011—2016年四川省地方各级政府对城乡居保的财政补贴总额占四川省财政收入的比例不断增大，但是，即使是占比最高的2016年，也仅占0.53%。由此可见，地方各级财政对城乡居保的投入水平还较低。在目前的补贴机制下，政府对城乡居保的支持力度还不够。如果财政的支持力度不够，在现有的支出增幅下，城乡居保基金收支将很快失衡。如果在未来提高支付标准，财政补助需要大力投入，才能维持城乡居保基金的运转。

表6-20 2011—2016年四川省财政收入及城乡居保地方各级财政补贴情况

年份	地方各级财政补贴（亿元）	四川省财政收入（亿元）	财政占比（%）
2011年	6.20	2044.79	0.30
2012年	5.50	2421.27	0.23
2013年	8.70	2784.10	0.31
2014年	14.10	3061.07	0.46
2015年	16.20	3355.44	0.48
2016年	18.10	3389.40	0.53

注：根据2011—2016年《中国统计年鉴》以及2011—2016年四川省人力资源和社会保障事业发展统计公报的数据整理计算。

3.投资收益率

目前，城乡居保采取的是“现收现付制和部分基金累积制相结合”的收付方式。根据这几年来西南四省区城乡居保基金的收入和支出水平，每年基金都有一定的结余，这些结余资金经过不断的积累，将是一笔可观的资金，因此应该使这些资金产生价值，为城乡居保积累更多的财富，避免通货膨胀带来的资金贬值，防范未来基金支付能力降低。

根据这几年西南四省区城乡居保基金的收支结算数据，在资金投资收益方面，目前只有利息收入一项。西南四省区城乡居保的结余资金也只停留在银行账户的账面上，并没有进行合理的投资和流动，仅从银行获得基本的利息，未能实现城乡居保基本的投资收益水平，处于相对闲置状态。

4.老年人口数量变化

城乡居保基金的总支出与支付标准和领取养老金人数相关，支付标准的变化主要是根据物价水平的变化和保障水平的调整，具有很大的政策性；而领取养老金人数的增长，是老龄化的具体表现，属于不可控制的自然因素。

广西壮族自治区统计局的数据显示，2015年，广西常住人口中，60岁及以上人口有709.33万人，占14.8%。其中，65岁及以上人口478.16万人，占10%。根据国际人口年龄结构类型划分标准，广西人口年龄结构类型已属于典型的老年型[①]。从表6-21和图6-11可以看出，广西城乡居保的参保人数和领取养老金人数呈现逐步上升的态势，并且趋势显现出长期稳定性，这和目前老龄化大背景趋于一致。从图6-11还可以看出，2014年以来，领取养老金人数的增长率明显高于参保人数的增长率，这对城乡居保基金的支出也将产生一定的影响。

老年人口的增长是影响城乡居保基金支出的一个因素，结合2012—2016年广西参保人数和领取养老金人数变化趋势，可知在较长的一段时间内，老龄人口作为推动城乡居保总支出不断上升的重要原因将长期

① 广西应对人口老龄化研究 http://www.gxtj.gov.cn/tjxx/yjbg/qq_267/201707/t20170731_133947.html.

存在。

表 6-21 2012—2016 年广西城乡居保参保及领取养老金人员情况（单位：万人）

年份	参保人数（万人）	增长人数（万人）	领取养老金人数（万人）	增长人数（万人）
2012年	1586.4	772.92	491.31	——
2013年	1680.69	94.29	511.27	19.97
2014年	1720.98	40.29	530.34	19.07
2015年	1741.51	20.53	558.38	28.04
2016年	1772.03	30.52	583.25	24.87

注：根据2012 — 2016年广西人力资源和社会保障事业发展统计公报数据整理。

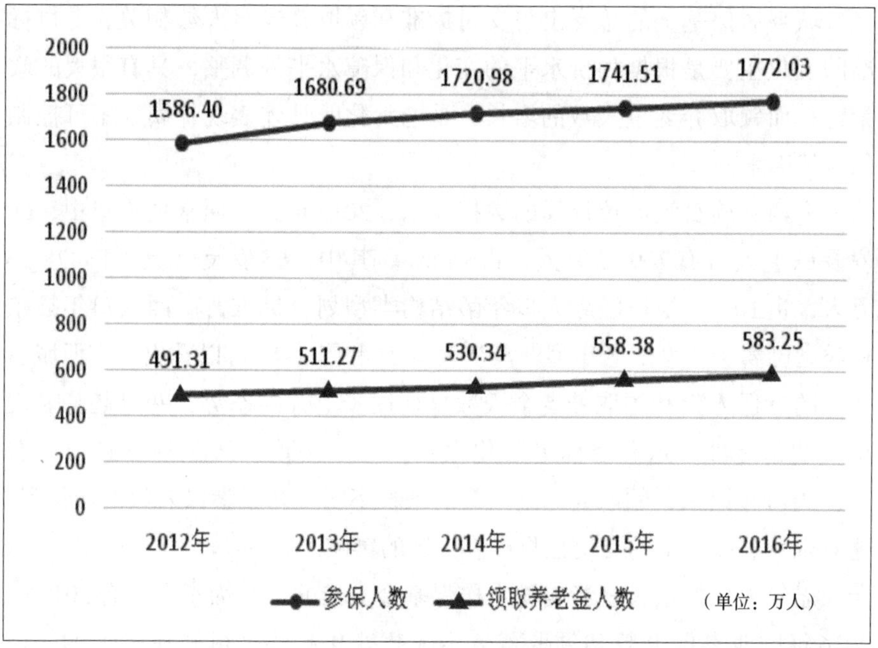

图 6-11 2012—2016 年广西壮族自治区城乡居保参保人员情况变动

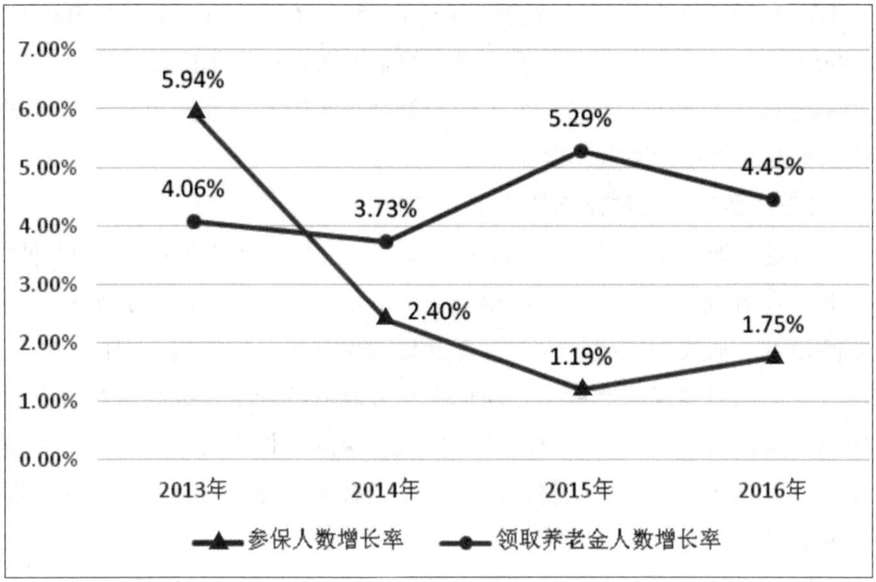

图 6-12 2013—2016 年广西城乡居保参保及领取养老金人员增长情况

四、城乡居保收支平衡的对策

（一）提高个人最低缴费标准，增加城乡居保基金收入

个人缴费和政府补贴是城乡居保基金筹资的两个主要渠道。为了保证城乡居保基金的可持续运转，增加基金的收入，必须提高城乡居保的个人最低缴费标准。从课题组对西南四省区的实地调研情况来看，虽然四川一些县的个人最低缴费标准已提高至300—500元不等，但农民还是有能力缴费的。因此，应把西南四省区的城乡居保最低缴费标准由目前的100元（或200元）提高至300元（或400元），以增加城乡居保基金的收入。

（二）加大对较高缴费档次的补贴力度

针对目前城乡居保中个人账户补助率随缴费档次的提高反而下降的不正常现象，地方政府应加大对较高档次缴费的补助力度，鼓励城乡居民选择较高档次缴费，增加基金的收入。缴费的档次可由目前的12个

（13个）减至7个，可设置300元、500元、700元、1000元、1500元、2000元、2800元7个档次，每个档次的个人账户补助率应保证在15%—20%之间，而且档次越高，个人账户补助率也越高，激励更多的城乡居民选择高档次进行缴费，增加基金收入。

（三）政府加大对城乡居保的财政投入

目前，地方政府对城乡居保的财政支出占其财政总支出的比例偏低。过低的政府城乡居保支出必然影响城乡居民基本养老金的待遇水平，不能满足城乡居民的需要，没有真正起到“保基本”的作用。因此，要完善城乡居民养老保险制度，必须加大地方政府特别是省级政府对城乡居保的资金投入，逐步建立财政补贴居民参保的增长机制和养老金待遇与经济发展相适应的自然调整机制，让广大城乡居民共同分享经济社会发展的成果。

（四）建立完善的城乡居保基金管理体制，确保基金的保值增值

城乡居保基金的保值增值对于整个城乡居保制度的长远发展具有重要的意义。基金的保值增值是基金管理中的重要环节，为了实现城乡居保基金的保值增值，可采取以下的措施：

1.规范基金管理，加强政府监管

为了保证城乡居保基金投资运营的安全与有效，防止基金挪用和违规操作，应根据城乡居保基金的运行特点，建立人力资源和社会保障部门、财政部门以及基金管理银行之间的相互监督和制约机制，确保基金运营的规范管理与安全。另外，基金的运营主体与监管主体应各负其责、各尽其能，形成相互促进、相互协调、相互制约的制衡机制，这样才能有效堵住基金管理的漏洞，避免基金运营中出现违规违法的现象。

2.基金运营渠道多样化

在保证基金一定安全性的前提下，政府应调整基金的投资政策，放宽投资限制，建立多元化的养老金投资机制。比如允许基金进入资本市场、购买公司或企业债券、发行定期保险基金国债、投资开放式基金、委托银行抵押贷款和进行高科技领域的股权投资等，以此降低基金的投资风险，增加中长期收益，达到保值增值的目的。

在对基金进行管理时，个人账户基金和社会统筹账户基金可分别采取不同的投资营运策略。个人账户资金主要用于个人养老金的远期发放，不但要保证基金的安全，还要考虑其收益，因此可进行分散化投资。如一部分资金可购买长期国债或进行长期定期存款投资，另一部分资金可通过购买基金或进行股票投资来获得高于银行存款利率的收益。社会统筹账户基金主要用于现期基金的发放，应主要考虑基金的流动性，因此应主要以银行存款和购买一年期国债为主要的投资工具。另外，对城乡居保基金应给予特殊的银行存款利息，保证资金有较高的投资收益。中央政府与地方政府应通力合作，针对养老保险基金发行专门的国债，在保障不低于通货膨胀率的基础上，谋求较高的收益率，体现政府对基金保值增值的责任。

3.提高投资专业化水平

为了保证城乡居保基金的安全与收益，基金的投资运营必须采取科学的方法，选择优质的机构投资者。专业化的运作在保证基金安全的同时还特别注重对基金的资产组合结构进行优化，使其更有利于基金的保值增值，而且可使基金管理的透明度更高，便于对基金进行监督。基金的投资管理人可以是新建的养老基金专门机构，或是现存的金融市场主体，包括基金管理公司、资产管理人、银行和保险公司等。借助这些专业的机构可以保证城乡居保基金的专业化运作，实现保值增值的目的。如2016年广西与全国社会保障基金理事会正式签订《基本养老保险基金委托投资合同》，将300亿元委托投资资金进行归集和移交，由全国社会保障基金理事会实行集中运营、市场化投资运作。广西的这种基金委托投资运营方式，对实现养老基金保值增值、缓解养老基金压力、确保社保制度可持续具有重要的意义，这种做法也值得西南其他三个省区参考与借鉴。

4.提高基金运营统筹层次

为了实现对城乡居保基金的专业化投资和多元化投资，应尽快提高基金的运营统筹层次，在保证基金安全、完整的前提下，适当提高基金的运营层次，将城乡居保基金的运营由县一级提高到省一级甚至是部一级，以结束当前各地基金各自管理、分散运营的局面，把分散的资金汇集起来进行统一管理和投资，通过聘请专业的基金管理和投资人员，对基金进行合理的投资组合设计，在规避市场投资风险的同时，获得更高的投资回报。

第七章

西南集中连片特困地区农村居民基本养老保险的保障水平

2014年2月21日，国务院颁布《国务院关于建立统一的城乡居民基本养老保险制度的意见》（国发〔2014〕8号），标志着我国的基本养老保险实现了城乡一体化，自此农村居民基本养老保险走过了从无到有、从有到优的发展历程。城乡居保较之新农合和城居保，在其缴费档次上有了大幅度的提高。在这种情况下，重新评估农村居民基本养老保险，尤其是特困地区的农村居民基本养老保险的保障水平，对于完善城乡居保制度、构建更为公平的社会保障体系具有重要意义。本章将从宏观微观两个层次、整体群体两个角度，综合运用多种养老成本的测算方法，比较分析城乡居保供给水平与农村老年人的养老成本，进而评估城乡居保的保障能力，并探讨提高城乡居保保障能力的政策途径。

第一节　数据来源与核心概念

一、数据来源

本课题组使用的微观数据来源为实地调研数据，包括通过问卷法和访谈法收集的数据。

一是以问卷法收集的关于"西南集中连片特困地区农村居民基本养老保险调查问卷"（60周岁及以上）调查的原始数据。本次调查与第五章中涉及的60岁以下非老人调研同时进行，通过入户代填问卷的方式收集到广西马山县和都安瑶族自治县268位60岁及以上的农村老年样本信息，问卷有效回收率为100%。

本次问卷调查的268个老年样本基本情况描述如表7-1所示。男女比例基本相当；高龄老年人较少；文化程度很低，以小学及以下为主；自评健康状况好、中、差的比例约为1 ∶ 1 ∶ 1；如将未婚、离异、丧偶视为没有配偶的话，比例占到27.99%；平均有1.79个儿子、1.54个女儿，家庭人口数量平均为3.76人，各项均较之非老年样本数量少。

表 7–1 样本的基本描述

变量	选项	频数（人）	频率（%）	变量	选项	频数（人）	频率（%）
性别	男	133	49.63	婚姻状况	无配偶	75	27.99
	女	135	50.37		有配偶	193	72.01
年龄	60—69岁	109	40.52	儿子数	0个	16	5.99
	70—79岁	116	43.12		1个	87	32.58
	80岁及以上	44	16.36		2个	100	37.45
文化程度	没上过学	110	41.04		3个及以上	64	23.97
	小学	101	37.69	女儿数	0个	50	18.87
	初中	42	15.67		1个	85	32.08
	高中及以上	15	5.60		2个	65	24.53
职业	务农	210	78.36		3个及以上	65	24.53
	务工	25	9.33	家庭人数	1个	19	7.09
	私营个体	2	0.75		2个	14	5.22
	自由职业	7	2.61		3—4个	45	16.79
	无业	10	3.73		5—6个	125	46.64
	其他	14	5.22		7个及以上	65	24.25
地区	都安	159	59.33	健康状况	非常差	11	4.12
	马山	109	40.67		差	78	29.21
民族	汉族	6	2.33		一般	93	34.83
	少数民族	252	97.67		好	65	24.34
					非常好	20	7.49

数据来源：根据调查数据整理所得。

二是以访谈法收集的关于“西南集中连片特困地区城乡居民基本养老保险实施情况”的原始数据。访谈的主要内容包括：城乡居保的实施细则、参保缴费、基金收支、基金监管和保值增值、经办工作、政策宣传工作等；访谈的对象是西南四省的城乡居保管理和经办机构，包括广西壮族自治区的马山县、都安瑶族自治县，四川省的仪陇县，云南省的禄劝县，贵州省的贵定县，涉及四省区五地的人力资源和社会保障局。访谈由课题组成员和城乡居保方面的专家分组于2017年7月集中开展。通过访谈法，深入了解西南连片特困地区城乡居保的实施现状。

二、核心概念与研究方法

社会保险的保障水平，指一定时期内一国或地区社会成员享受社会保险的高低程度。已有研究表明，当前农村居民基本养老保险待遇水平及其养老保障能力与农民的参保行为相关。[①] 城乡居保保障水平关系到制度的可持续性。一项社会保险制度的保障水平与其覆盖对象的需求有关。分析西南集中连片特困地区农村居民基本养老保险的保障水平，离不开对农村老年人养老需求的了解和评估。

马斯洛把需求层次理论分成生理需求、安全需求、社交需求、尊重需求、自我实现需求五类，由较低层次到较高层次依次排列。课题组认为，遵循马斯洛需求层次理论，农村老年人的需求同样包含由生存到发展的层次结构。农村老年人不仅具有食物、睡眠等的生理层面的需求，还具有交往、自我实现等发展层面的需求。因此，农村老年人的养老成本有广义和狭义之分。广义的养老成本对应发展层面上的养老需求，包括老年人的一切养老支出，可以采用直接支出法测量（徐丽萍，王小林等。2011）；狭义的养老成本对应生理层面的需求，仅仅是指老年人的

① 钟涨宝，聂建亮．新农保制度的可持续性探讨——基于农民参保行为选择的视角 [J]. 中国农村观察，2013（6）；聂建亮，钟涨宝．新农保养老保障能力的可持续研究——基于农民参保缴费档次选择的视角 [J]. 公共管理学报，2014（3）；钟涨宝，聂建亮．政策认知与福利判断：农民参加新农保意愿的实证分析——基于对中国5省样本农民的问卷调查 [J]. 社会保障研究，2014（2）.

生活基本支出，包括日常生活支出、医疗支出等。杨德清等人（2008）指出，老年人生活成本的两大消费主要是食品和医疗。无论是广义还是狭义的养老成本，在社会保障领域都涉及保障的适度问题。因此，社会保险的保基本原则、社会保险的适度性问题归根于不同时代、不同文化背景、不同社会经济发展水平下对老年人基本需求的界定。社会保险保障的适度性将随着不同时代、不同文化背景、不同社会经济发展水平下对老年人基本需求界定的变化而有所差异。

本章将主要采用比较分析法进行研究，通过比较城乡居保的待遇供给水平与农村老年人的养老成本，分析城乡居保的保障水平。

第二节　城乡居民基本养老保险供给水平

《国务院关于建立统一的城乡居民基本养老保险的意见》（国发〔2014〕8号）明确规定："参加城乡居民养老保险的个人，年满60周岁、累计缴费满15年，且未领取国家规定的基本养老保障待遇的，可以按月领取城乡居民养老保险待遇。新农保或城居保制度实施时已年满60周岁，在本意见印发之日前未领取国家规定的基本养老保障待遇的，不用缴费，自本意见实施之月起，可以按月领取城乡居民养老保险基础养老金；距规定领取年龄不足15年的，应逐年缴费，也允许补缴，累计缴费不超过15年；距规定领取年龄超过15年的，应按年缴费，累计缴费不少于15年。"同时，"城乡居民养老保险待遇由基础养老金和个人账户养老金构成，支付终身"。

可见，城乡居保养老待遇给付条件有须缴费的和无须缴费的，养老待遇构成包括基础养老金和个人账户养老金。因而本节将城乡居保供给水平分为两部分进行分析，一是基础养老金，针对无须缴费的农村老年人；二是参保人领取的养老保险待遇，针对需要缴费的农村居民，其领取的养老保险待遇由基础养老金和个人账户养老金决定。

一、城乡居民基本养老保险的基础养老金发放水平

截至2015年，全国各地均实现了60岁及以上老年居民可无条件享受基础养老金的普惠式发放。中央确定基础养老金最低标准为人均70元/月，各省根据实际情况适当提高基础养老金标准。但由于各地社保理念和财政实力的差异，各地农村60岁及以上的老年居民领取的养老金水平

差别较大（见表7–2）。

表 7–2 各地基础养老金年发放水平的差异对比系数

东部地区							
地区	对比系数	地区	对比系数	地区	对比系数	地区	对比系数
北京	571. 43	上海	842. 86	广东	42. 86	辽宁	21. 43
天津	250. 00	江苏	50. 00	海南	100. 00	福建	0. 00
河北	0. 00	浙江	71. 43	山东	21. 43		
中部地区							
地区	对比系数	地区	对比系数	地区	对比系数	地区	对比系数
山西	0. 00	安徽	0. 00	湖北	0. 00	湖南	7. 14
江西	14. 29	河南	4. 29	黑龙江	0. 00	吉林	7. 14
西部地区							
地区	对比系数	地区	对比系数	地区	对比系数	地区	对比系数
陕西	7. 14	甘肃	21. 43	青海	78. 57	宁夏	42. 86
西藏	100. 00	新疆	64. 29	重庆	35. 71	内蒙古	21. 43
云南	7. 14	广西	28. 57	贵州	0. 00	四川	7. 14
禄劝	7. 14	马山	28.57	贵定	7.14	仪陇	7. 14
		都安	28.57				

注：对比系数：以全国基础养老金水平最低的70元为分母，各地区基础养老金与之之差相除再乘100所得。

资料来源：见于建华，薛兴利，毕红霞.农村基本养老保险保障水平及其差异性分析[J].农业经济，2016（8）：41–50，111；并根据实地调研数据整理。

将各地区发放的基础养老金与中央规定的最低基础养老金做比较，从对比系数来看，各地基础养老金与中央规定的最低基础养老金之间的差距参差不齐。东部地区中，除了河北和福建实行最低基础养老金外，其他省份系数均在20.00以上；中部地区8个省份中，有一半省份实行最低基础养老金，其他4个省份系数平均为8.00，最低为农业大省河南省；西部地区，除西南连片特困地区中的贵州省实行最低基础养老金外（但调研地贵定县的基础养老金为75元/月），其他省份系数在7.14以上。总体而言，基础养老金标准的高低与统筹地区的经济发展水平、消费水平、人口结构、产业结构和发展理念密切相关。

二、农村参保人领取的城乡居民基本养老保险待遇水平

在国务院《关于建立统一的城乡居民基本养老保险制度的意见》（国发〔2014〕8号）统一指导之下，各地城乡居保的待遇发放水平均由基础养老金和个人账户养老金组成，即农村参保人领取的养老保险待遇=基础养老金+个人账户养老金。其中，基础养老金受统筹地区实行的基础养老金标准、长缴补贴影响；个人账户养老金为个人账户全部储存额除以139。个人账户储存额由个人缴费、财政缴费补贴和利率决定。换言之，参保人可以领到的养老保险待遇与基础养老金标准、缴费档次、缴费补贴、缴费年限和利率呈正相关关系。

第一，根据政策测算的城乡居保养老待遇。根据调研五地的城乡居保实施意见等相关政策文件，以现年满45岁、缴费满15年为例，测算五地的农村参保人年满60周岁后每月领取的养老待遇（见表7-3）。由于五地各自的城乡居保实施细则在基础养老金、缴费档次和补贴等方面有所区别，按照相同的缴费档次缴纳城乡居保，缴费满15年，60周岁可以领到的养老保险待遇不尽相同。同等条件下，广西马山和都安的养老保险待遇最高，贵州贵定最低。但是，除广西外，三省有长缴补贴，四川和云南规定，缴费累计超过15年，多缴1年，基础养老金增加2元/月，贵州是基础养老金增加5元/月。

表 7–3 缴费档次与城乡居保待遇对照表

地区	待遇领取年龄	缴费档次（元/年）	政府补贴（元/年）	个人账户本金（元/年）	缴费年限	个人账户总额（元）	个人账户养老金（不含利息）（元/月）	基础养老金（元/月）	享受待遇（元/月）	享受待遇（元/年）
广西马山	60周岁	100.00	30.00	130.00	15	1950.00	14.03	95.00	109.03	1308.35
		200.00	40.00	240.00	15	3600.00	25.90	95.00	120.90	1450.79
		300.00	50.00	350.00	15	5250.00	37.77	95.00	132.77	1593.24
		400.00	55.00	455.00	15	6825.00	49.10	95.00	144.10	1729.21
		500.00	60.00	560.00	15	8400.00	60.43	95.00	155.43	1865.18
		600.00	65.00	665.00	15	9975.00	71.76	95.00	166.76	2001.15
		700.00	70.00	770.00	15.	11,550.00	83.09	95.00	178.09	2137.12
		800.00	75.00	875.00	15	13,125.00	94.42	95.00	189.42	2273.09
		900.00	80.00	980.00	15	14,700.00	105.76	95.00	200.76	2409.06
		1000.00	80.00	1080.00	15	16,200.00	116.55	95.00	211.55	2538.56
		1500.00	80.00	1580.00	15	23,700.00	170.50	95.00	265.50	3186.04
		2000.00	80.00	2080.00	15	31,200.00	224.46	95.00	319.46	3833.53
广西都安	60周岁	100.00	30.00	130.00	15	1950.00	14.03	90.00	104.03	1248.35
		200.00	40.00	240.00	15	3600.00	25.90	90.00	115.90	1390.79
		300.00	50.00	350.00	15	5250.00	37.77	90.00	127.77	1533.24
		400.00	55.00	455.00	15	6825.00	49.10	90.00	139.10	1669.21
		500.00	60.00	560.00	15	8400.00	60.43	90.00	150.43	1805.18
		600.00	65.00	665.00	15	9975.00	71.76	90.00	161.76	1941.15
		700.00	70.00	770.00	15	11,550.00	83.09	90.00	173.09	2077.12
		800.00	75.00	875.00	15	13,125.00	94.42	90.00	184.42	2213.09
		900.00	80.00	980.00	15	14,700.00	105.76	90.00	195.76	2349.06
		1000.00	80.00	1080.00	15	16,200.00	116.55	90.00	206.55	2478.56
		1500.00	80.00	1580.00	15	23,700.00	170.50	90.00	260.50	3126.04
		2000.00	80.00	2080.00	15	31,200.00	224.46	90.00	314.46	3773.53

续表

地区	待遇领取年龄	缴费档次（元/年）	政府补贴（元/年）	个人账户本金（元/年）	缴费年限	个人账户总额（元）	个人账户养老金（不含利息）（元/月）	基础养老金（元/月）	享受待遇（元/月）	享受待遇（元/年）
四川仪陇	60周岁	100.00	40.00	140.00	15	2100.00	15.11	75.00	90.11	1081.29
		200.00	40.00	240.00	15	3600.00	25.90	75.00	100.90	1210.79
		300.00	45.00	345.00	15	5175.00	37.23	75.00	112.23	1346.76
		400.00	50.00	450.00	15	6750.00	48.56	75.00	123.56	1482.73
		500.00	60.00	560.00	15	8400.00	60.43	75.00	135.43	1625.18
		600.00	60.00	660.00	15	9900.00	71.22	75.00	146.22	1754.68
		700.00	65.00	765.00	15	11,475.00	82.55	75.00	157.55	1890.65
		800.00	70.00	870.00	15	13,050.00	93.88	75.00	168.89	2026.62
		900.00	75.00	975.00	15	14,625.00	105.22	75.00	180.22	2162.59
		1000.00	80.00	1080.00	15	16,200.00	116.55	75.00	191.55	2298.56
		1500.00	100.00	1600.00	15	24,000.00	172.66	75.00	247.66	2971.94
		2000.00	120.00	2120.00	15	31,800.00	228.78	75.00	303.78	3645.32
		3000.00	160.00	3160.00	15	47,400.00	341.01	75.00	416.01	4992.09
云南禄劝	60周岁	100.00	30.00	130.00	15	1950.00	14.03	75.00	89.03	1068.35
		200.00	40.00	240.00	15	3600.00	25.90	75.00	100.90	1210.79
		300.00	50.00	350.00	15	5250.00	37.77	75.00	112.77	1353.24
		400.00	60.00	460.00	15	6900.00	49.64	75.00	124.64	1495.68
		500.00	70.00	570.00	15	8550.00	61.51	75.00	136.51	1638.13
		600.00	80.00	680.00	15	10,200.00	73.38	75.00	148.38	1780.58
		700.00	90.00	790.00	15	11,850.00	85.25	75.00	160.25	1923.02
		800.00	100.00	900.00	15	13,500.00	97.12	75.00	172.12	2065.47
		900.00	100.00	1000.00	15	15,000.00	107.91	75.00	182.91	2194.96
		1000.00	100.00	1100.00	15	16,500.00	118.71	75.00	193.71	2324.46
		1500.00	100.00	1600.00	15	24,000.00	172.66	75.00	247.66	2971.94
		2000.00	100.00	2100.00	15	31,500.00	226.62	75.00	301.62	3619.42

续表

地区	待遇领取年龄	缴费档次（元/年）	政府补贴（元/年）	个人账户本金（元/年）	缴费年限	个人账户总额（元）	个人账户养老金（不含利息）（元/月）	基础养老金（元/月）	享受待遇（元/月）	享受待遇（元/年）
贵州贵定	60周岁	100.00	30.00	130.00	15	1950.00	14.03	75.00	89.03	1068.35
		200.00	30.00	230.00	15	3450.00	24.82	75.00	99.82	1197.84
		300.00	30.00	330.00	15	4950.00	35.61	75.00	110.61	1327.34
		400.00	30.00	430.00	15	6450.00	46.40	75.00	121.40	1456.83
		500.00	60.00	560.00	15	8400.00	60.43	75.00	135.43	1625.18
		600.00	60.00	660.00	15	9900.00	71.22	75.00	146.22	1754.68
		700.00	60.00	760.00	15.	11,400.00	82.01	75.00	157.01	1884.17
		800.00	60.00	860.00	15	12,900.00	92.81	75.00	167.81	2013.67
		900.00	60.00	960.00	15	14,400.00	103.60	75.00	178.60	2143.17
		1000.00	90.00	1090.00	15	16,350.00	117.63	75.00	192.63	2311.51
		1500.00	90.00	1590.00	15	23,850.00	171.58	75.00	246.58	2958.99
		2000.00	90.00	2090.00	15	31,350.00	225.54	75.00	300.54	3606.47

注：根据五地的城乡居民基本养老保险实施意见整理。

第二，问卷调查中农村老年人领到的城乡居保养老待遇。268个农村老年样本中有215名参加城乡居保，30名没有回答，还有22 名参加其他养老保险。215名参保老年人领取的养老待遇均值是101.39元/月，其中只领取基本养老金的占到93.12%。这与政策规定有关。新农保或城居保制度实施时，已年满60周岁的老年人，在统筹地区实施城乡居保前未领取国家规定的基本养老保障待遇的，不用缴费，自实施之月起，可以按月领取城乡居民养老保险基础养老金，导致现年60—67岁的老年人才有可能拥有个人账户养老金。

第三节　农村老年人养老成本测算

本节从主客观两个角度，分狭义（生存）和广义（发展）两个层面测算农村老年人养老成本。狭义层面的生存型养老成本，用贫困测量方法测量，包括最低生活保障、农村居民平均收入的一定比例、基本生活支出3个客观指标和对维持农村老年人基本生活开支进行判断1个主观指标；广义层面的发展型养老成本用老年人的生活消费实际支出这一客观指标测量。

一、农村老年人养老成本的客观测算

（一）最低生活保障

1. 马丁法与综合测贫法[①]

马丁法是经济学家马丁提出的测算贫困线的方法，包括保障最低生活水平的食品贫困线和为贫困人口带来更多福利的非食品贫困线。最低食品贫困线与非食品贫困线相加，为某一地区某时期内的贫困线。其基本计算步骤为：

食品贫困线：在一定的食品消费价格下，计算维持人生存必需的最低营养的具体食品消费项目和数量所需要的消费支出。根据营养学家的研究和建议，我国每人每日的最低营养需求采用2100大卡和50克蛋白质的标准。

非食品贫困线：指食品贫困线上的人们所需的其他非食品支出。将人

---

① 陈亚星.四川农村老年生活成本测算及新型农村社会养老保险保障水平研究[D].四川农业大学，2016.

均消费支出刚好达到食物贫困线的样本筛选出来，代入回归模型，求出最低非食物需求。具体模型如下：

S=a+blog（u/x）+e

其中，S表示食物支出占总消费支出的比重；u表示居民住户的人均生活费支出；x表示食品贫困线，e表示随化误差项；a为截距，表示人均消费支出刚好等于食品贫困线贫困户的食品支出占总消费支出的比重。

综合测贫法是国家统计局测定最低生活保障线（贫困线）所采用的方法。它以马丁法的基本需求为基础，通过吸取比例测算法、恩格尔系数法和数学模型法的优点改进和完善而来。它与马丁法的区别在于，用在住户调查中占5%的最低收入户的消费资料代替我国每人每日的最低营养需求下的食品消费支出，并考虑了各项消费对于生活的重要程度、消费的社会效果、消费的经济效益、相关研究的标准和社会供给方法。[①]综合测贫法的特点是，先确定5%最低收入户的实际消费状况，然后根据收入弹性系数、消费效果、消费效益和定量供应标准等指标逐项进行判断，剔除非生活必需消费项目，以此为基础，累加各项消费，计算出初步的贫困标准。再用分项消费除以总消费得出消费结构，然后借助营养标准、恩格尔系数标准、供给结构和社会承受能力对初步的贫困标准和消费结构进行总体评估和修匀，最后在合理消费结构的基础上确定适度的贫困标准。[②]

2.最低生活保障

根据综合测贫法，采用官方公布的最低生活保障标准（贫困线）测量农村老年人的养老成本。由于低保标准一个季度更新一次，采用每年第四季度的标准指代每年的农村低保标准（如表7-4）。

---

① 张奇林.中国最低生活保障制度述评[C].社会保障问题研究，2000.

② 国家统计局《中国城镇居民贫困问题研究》课题组.中国城镇居民贫困问题研究[J].统计研究，1991（6）.

表 7–4 历年西南四省区和五地的农村最低生活保障标准

（单位：元 / 年）

地区	2014 年第四季度	2015 年第四季度	2016 年第四季度
广西	2028.98	2556.09	2985.29
马山	1800.00	2800.00	3200.00
都安	1680.00	2114.00	2580.00
四川	2139.65	2409.10	3154.55
仪陇	1800.00	1800.00	3120.00
云南	2141.93	2341.90	2710.74
禄劝	2220.00	2580.00	2580.00
贵州	2116.06	2620.00	3201.78
贵定	1990.00	2580.00	3060.00

数据来源：中华人民共和国民政部官网。

（二）农村居民平均收入的一定比例

1. 收入比例法

收入比例法是由国际经济合作与发展组织提供的测算相对贫困的一种方法，即以收入低于平均收入的一定比例为贫困的标准。通常这个比例是一个国家或社会收入水平的40% — 60%。运用收入比例法测算贫困，数据易得、计算简单，只需要知道社会的平均收入即可，并且测算出的动态值可随经济发展同步变化，可动态评估社会保障的保障水平。

2. 农村居民平均收入的一定比例

根据收入比例法，用农村居民人均可支配收入的40% — 60%衡量老年人的养老成本（如表7–5）。

表 7-5 2014—2016 年西南四省和五地农村居民平均收入的一定比例

（单位：元 / 年）

地区	2014 年				2015 年				2016 年			
	人均可支配收入	40%	50%	60%	人均可支配收入	40%	50%	60%	人均可支配收入	40%	50%	60%
广西	8683.18	3473.27	4341.59	5209.91	9466.58	3786.63	4733.29	5679.95	10,359.00	4143.60	5179.50	6215.40
马山	6058.00	2423.20	3029.00	3634.80	6664.00	2665.60	3332.00	3998.40				
都安	5089.00	2035.60	2544.50	3053.40	5496.00	2198.40	2748.00	3297.60				
四川	9347.70	3739.08	4673.85	5608.62	10247.0	4098.80	5123.50	6148.20	11,203.00	4481.20	5601.50	6721.80
仪陇	7442.00	2976.80	3721.00	4465.20	9051.00	3620.40	4525.50	5430.60				
云南	7456.00	2982.40	3728.00	4473.60	8242.00	3296.80	4121.00	4945.20	9020.00	3608.00	4510.00	5412.00
禄劝	5920.00	2368.00	2960.00	3552.00	6595.00	2638.00	3297.50	3957.00				
贵州	6671.20	2668.48	3335.60	4002.72	7386.90	2954.76	3693.45	4432.14	8090.30	3236.12	4045.15	4854.18
贵定	7197.00	2878.80	3598.50	4318.20	7989.00	3195.60	3994.50	4793.40				

数据来源：四省 2015 年和 2016 年统计年鉴、《2015 年仪陇年鉴》、四省统计局官网。

（三）基本生活支出

1.扩展线性支出模型

采用扩展线性支出系统模型（ELES）估算农村老年人的基本生活支出。ELES模型广泛用于消费结构的研究，ELES模型的优势之一在于其进行参数估算时，无须任何有关价格的信息，且该模型由基本需求量和非基本需求量两部分组成。

ELES模型为：

$$p_iq_i=p_i\gamma_i+\beta_i\left(I-\sum_{j=1}^{n}p_j\gamma_j\right),\ i,\ j=1,\ 2,\ \cdots n,\ 且0<\beta_i<1,\ \sum_{j=1}^{n}\beta_i<1。$$

式中，p_iq_i：第i种消费品（或服务）的消费支出额；p_i：第i种消费品（或服务）的价格；q_i：第i种消费品（或服务）的需求量；γ_i：第i种消费品（或服务）的基本消费需求量；β_i：第i种消费品（或服务）的边际消费倾向；I：居民收入。

该模型的基本思想是：在一定预算约束下，消费者首先满足各种基本消费需求，支出$p_j\gamma_j$，有剩余收入$I-\sum_{j=1}^{n}p_j\gamma_j$，再按照一定比例$\beta_i$在各类消费支出和储蓄间进行分配，所以，$0<\beta i<1$，$\sum_{j=1}^{n}\beta i<1$。

令$b_i=p_i\gamma_i-\beta_i\sum_{j=1}^{n}p_j\gamma_j$，$v_i=p_iq_i$，得：$v_i=b_i+\beta_iI$。

将模型写成计量模型的形式：$v_i=b_i+\beta_iI+\mu_i$，

μ_i是随机扰动项，通过普通最小二乘法可以估计出参数b_i和β_i。

对上式两边求和，得到：

$$\sum_{j=1}^{n}v_i=\sum_{j=1}^{n}\beta_iI+\left(1-\sum_{j=1}^{n}\beta_i\right)\sum_{j=1}^{n}p_j\gamma_j,$$

$\sum_{j=1}^{n}p_j\gamma_j$是维持生存需求的基本消费总支出。

2.基本生活支出

按照马斯诺的需要层次理论，基本生活支出可分为食品基本支出和生活各项必需品支出。借用扩展线性支出系统模型（ELES）计算农村老年人的基本生活支出，进而衡量农村老年人的养老成本。ELES计量模型的形式：

$v_i = p_i q_i = p_i \gamma_i + \beta_i (I - \sum_{j=1}^{n} p_j \gamma_j) + \mu = b_i + \beta_i I + \mu_i$，i，j=1，2，⋯ n，且 $0 < \beta_i < 1$，$\sum_{j=1}^{n} \beta_i < 1$

式中：$b_i = p_i \gamma_i - \beta_i \sum_{j=1}^{n} p_j \gamma_j$；

v_i：农村老年人对第i种消费品（或服务）的消费支出额；

p_i：第i种消费品（或服务）的价格；

q_i：第i种消费品（或服务）的需求量；

γ_i：第i种消费品（或服务）的基本消费需求量；

β_i：农村居民对第i种消费品（或服务）的边际消费倾向；

I：农村居民人均纯收入；

$\sum_{j=1}^{n} p_j \gamma_j$：基本生活总支出。

采用截面数据时，$p_i \gamma_i$是常数。

用课题组实地调研马山和都安农村地区老年人的微观数据测算其基本生活支出。基本生活支出包括八项基本支出（见表7-6）。

表 7-6 农村老年人人均纯收入和现金消费支出

（单位：元/年）

	均值	标准差	最小值	最大值	样本量
纯收入	5224.09	9517.83	0.00	57, 600.00	230
食品	2444.61	1856.28	260.71	9776.79	224
衣着	152.52	188.87	0.00	1000.00	220
居住	402.79	476.14	0.00	3000.00	267
家庭设备用品及服务	81.29	132.56	0.00	960.00	268
交通通信	224.65	295.73	0.00	1200.00	223
文教娱乐	20.59	170.74	0.00	2000.00	238
医疗保健	4381.08	8417.12	0.00	50, 000.00	231
其他商品及服务	90.31	799.33	0.00	8500.00	227

注：数据来自调研。

利用Stata13.0软件，用普通最小二乘法对数据进行回归，得到2016年调研地农村老年人各项消费ELES模型估计值（见表7-7）。纯收入I的系数均为正值，表明随着纯收入的增加，农村居民的各项消费支出也随之增加，与现实相符；F检验也是显著的，可认为纯收入对老年人的各项消费支出有显著影响。ELES的估计结果显示，2016年广西农村老年人人均基本生活总支出为4445.33元/年，其中基本食品支出为1701.82元/年。估计的消费结构与杨德清等（2008）的研究结论一致，老年人生活成本的两大消费主要是食品和医疗，各占消费总支出的38.27%和39.16%。

表 7-7 ELES 模型估计结果

	b_i	β_i	F	R^2	基本需求
食品	1336.080（6.23）	0.123*（1.73）	20.98	0.095	1701.083
衣着	159.540（10.09）	0.013***（4.57）	20.86	0.101	198.118
居住	411.930（11.07）	0.006*（1.65）	2.71	0.062	429.735
家庭设备用品及服务	74.535（7.22）	0.003***（3.04）	9.22	0.035	83.438
交通通信	193.570（8.37）	0.006***（8.04）	8.72	0.041	211.375
文教娱乐	7.885（0.58）	0.003**（2.28）	5.22	0.073	16.788
医疗保健	1547.101（3.55）	0.081**（3.09）	6.71	0.031	1740.856
其他商品及服务	22.388（0.34）	0.014**（2.43）	5.90	0.016	63.933

注：括号内的数据为t值；*、**、***表示在显著性水平10%、5%、1%下显著，通过T检验。

（四）生活消费实际支出

无论是最低生活保障、居民平均收入的40%—60%，还是基本生活支出都属于保障生存需要层次，从老年人生活质量角度来看，老年人养老成本中还应该包括老年人的精神、感情等方面的保障。田雪原（2007）

在研究中特别指出，除了食物、衣着等实物性消费，医疗、文教娱乐等劳务性消费，老年人生活成本还应该包括老年人日常活动所消耗的时间性消费。陈新峰等（2005）认为，老年人养老成本应该包括与亲戚朋友交往所花的人际交往支出。宋健（2006）提出养老的刚性支出和弹性支出概念。老年人养老生活所必需的支出为刚性支出，占养老成本的大部分；弹性支出是在老人刚性支出已经得到满足后，满足更高层次精神需求的支出，具有弹性。因此，除了上述几种测量养老成本的方法和指标外，还需要考虑老年人生活消费的实际支出，以衡量广义的养老成本。

因为缺乏西南四省农村老年人生活消费支出的宏观数据，用四省农村居民人均生活消费支出指代农村老年人的生活消费实际支出（见表7–8）。官方统计的生活消费支出包括衣、食、住、行、用等八个项目，包括现金支出和非现金支出。2014年和2015年，四省农村居民人均生活消费支出由高到低依次为四川、广西、云南和贵州。

表 7–8 2014—2015 年西南四省农村居民人均生活消费支出

（单位：元 / 年）

年份	广西	四川	云南	贵州
2014年	6675.07	8301.00	6030.00	5970.00
2015年	7581.98	9251.00	6830.00	6645.00

数据来源：四省2015年和2016年统计年鉴、《2015年仪陇年鉴》、四省统计局官网、2014年和2015《云南省国民经济和社会发展统计公报》。

实地调研微观数据涉及农村老年人生活消费实际支出的情况见表7–6。首先，农村老年人的消费支出水平。农村老年人在“衣、食、住、行、用”等八个方面消费支出的均值为7797.84元/年，平均每月639.82元。其次，农村老年人的消费支出结构。食品支出均值为2444.61元/年，平均每人每天食品支出为6.70元，占比31.35%。医疗支出均值为4381.08元/年，占比最高，达到56.14%，说明医疗支出已然成为农村患病老年人的最大消费支出。当然，医疗支出的标准差也很大，达到了

8417.12元/年，说明不同老年人医疗支出的差异很大。而农村老年人生活支出占比最小的是文教娱乐，说明农村老年人的生活消费仍然以满足生存需求为主。

二、农村老年人对养老成本的主观感受

上一节主要通过最低生活保障、居民平均收入的40% — 60%、基本生活支出、实际生活消费支出四个指标，从客观角度测量了农村老年人的养老成本。本课题组通过直接询问农村居民对农村老年人维持基本生活开支所需收入的判断，从主观方面测量了农村老年人的养老成本。

实地调研通过询问“您认为目前农村老年人每月至少需要多少元（除自种的粮食、蔬菜等以外）才能维持基本的生活需要”，主观上对老年人基本生活开支加以判断。农村老年人需要532元/月（标准差316.25元，最小值100元，最大值1500元）来维持基本生活开支。

第四节　农村居民基本养老保险的保障水平分析

当前我国养老保险体系由基本养老保险、补充养老保险和个人储蓄、商业保险构成。城乡居保作为基本养老保险，该制度目的是保障老年人的基本生活需求，以满足农村老年人的基本养老需求为目标。但是，由于对农村老年人基本养老需求的界定不一，城乡居保保障的适度水平介于满足老年人维持生存的最低食品和服务消费（下限）和除了满足最低生活需求之外还满足更高精神需求的其他商品消费（上限）之间。

从目前已有的学术成果来看，学者们为城乡居民养老保险保障水平的研究提供了多种研究方法，有的从宏观角度，有的从微观角度，有的从政府的角度，也有的从参保居民的立场进行探究。本节城乡居保供给水平采用基础养老金和实际领取待遇两个指标，农村老年人养老成本采用最低生活保障水平、农村老年人收入、农村老年人基本生活支出、基本食品支出、生活消费实际支出、对维持基本生活收入的主观感受等指标，通过比较城乡居保供给水平与农村老年人养老成本，分析农村居民基本养老保险对农村居民整体、不同地区、不同群体的保障水平。

一、农村居民基本养老保险保障水平的整体和地区差异性分析

城乡居保基础养老金的设定既是为了保障社会公平、体现政府责任，也可有效防止义务缺失或不足导致的老年贫困问题，但其并不能完全满

足老年人的基本生活需求。制度设置中的个人账户养老金可弥补由此带来的保障不足问题。

表7-9、表7-10显示了城乡居保供给水平，分别为基础养老金和领取的养老保险待遇与农村老年人养老成本的比较情况。

表 7-9 城乡居保基础养老金与农村老年人养老成本比例 （单位：%）

	最低生活保障	农村老年人平均收入40%（宏观数据）	农村老年人平均收入50%（宏观数据）	农村老年人平均收入60%（宏观数据）	农村老年人平均收入（宏观数据）	基本生活支出	食品基本支出	生活消费实际支出（宏观数据）	生活消费实际支出（微观数据）	主观判断
广西	36.18	28.52	22.82	19.01	11.41	24.30	63.46	14.24	13.85	16.92
马山	35.63	42.77	34.21	28.51	17.11					
都安	41.86	49.13	39.30	32.75	19.65					
四川	28.53	21.96	17.57	14.64	8.78			9.73		
仪陇	28.85	24.86	19.89	16.57	9.94					
云南	33.20	27.30	21.84	18.20	10.92			13.18		
禄劝	34.88	34.12	27.29	22.74	13.65					
贵州	26.24	28.43	22.74	18.95	11.37			12.64		
贵定	29.41	28.16	22.53	18.78	11.27					

注：根据上文分析整理。

表 7-10 基于政策测算的农村老年人养老保险待遇与农村老年人养老成本占比 （单位：%）

	最低生活保障	农村老年人平均收入40%（宏观数据）	农村老年人平均收入50%（宏观数据）	农村老年人平均收入60%（宏观数据）	农村老年人平均收入（宏观数据）	基本生活支出	基本食品支出	生活消费实际支出（宏观数据）	生活消费实际支出（微观数据）	主观判断
广西	41.82	32.97	26.37	21.98	13.19	28.08	73.35	16.46	16.01	19.55

续表

	最低生活保障	农村老年人平均收入40%（宏观数据）	农村老年人平均收入50%（宏观数据）	农村老年人平均收入60%（宏观数据）	农村老年人平均收入（宏观数据）	基本生活支出	基本食品支出	生活消费实际支出（宏观数据）	生活消费实际支出（微观数据）	主观判断
马山	40.89	46.83	37.47	31.22	18.73					
都安	48.39	56.78	45.43	37.86	22.71					
四川	34.28	26.38	21.10	17.59	10.55			11.69		
仪陇	34.66	29.87	23.89	19.91	11.95					
云南	39.89	32.80	26.24	21.87	13.12			15.83		
禄劝	41.41	40.50	32.40	27.00	16.20					
贵州	31.49	34.13	27.30	22.75	13.65			15.17		
贵定	34.91	33.43	26.75	22.29	13.37					

注：根据上文分析整理。这里基于政策测算的农村老年人实际领取待遇是按照每年缴纳100元、缴满15年计算的。

（一）城乡居保供给水平与农村最低生活保障的比较分析

1. 以四省五地城乡居保现行的基础养老金标准与四省五地的最低生活保障相比

基础养老金标准均与最低生活保障标准相差甚远，四省五地的基础养老金占最低生活保障的比例为30%—40%。其中，四省中，广西的占比最高，贵州的占比最低，两者相差9.94个百分点。五地中，广西都安的占比最高，贵州贵定的占比最低，两者相差12.45个百分点。

2. 以四省五地现行的城乡居保政策测算的老年人养老保险待遇与四省五地的最低生活保障相比

四省五地农村老年人基于政策测算的养老待遇占最低生活保障的比例为30%—50%。其中，四省中，广西的占比最高，贵州的占比最低，两者相差10.33个百分点。五地中，广西都安的占比最高，贵州贵定的占比最低，两者相差13.48个百分点。

通过对城乡居保供给水平与农村最低生活保障的对比分析不难看出，当前四省五地的城乡居民养老保险保障水平偏低，制度有效性不高。

（二）城乡居保供给水平与农村老年人收入的比较分析

1.整体上看

从表7-9和表7-10可以看出，缴费档次在100元/年、缴满15年领到的养老金与仅仅领取基础养老金相比，前者占农村老年人收入的40%、50%、60%和100%的比例均约高5个百分点。但是，无论是基础养老金还是基于政策测算的养老待遇替代率分别仅为12.58%和14.83%。城乡居保的替代率远低于城镇职工基本养老保险40%—50%的替代率。有学者认为，养老金替代率确定为上年度农民人均纯收入的45%左右比较合适[①]，或达到50%[②]（黄丽，2015）。不管按什么标准，四省五地城乡居保基础养老金和实际领取的养老金替代率远远没有达到适度水平。

2.分地区看

基础养老金和按100元/年、缴费15年领取养老金的替代率，均是四川省最低（分别为8.78%和10.55%），广西都安最高（分别为19.65%和22.71%）。四川省替代率低的原因主要有两个：一是其基础养老金比中央规定的最低标准（70元/月）仅高5元/月；二是四川省农村居民的人均收入在四省中最高。广西马山、都安等替代率较高的原因是：基础养老金水平较高（马山的基础养老金是95元/月，都安是90元/月）；当地农村老年人人均收入较低。从这一分析结果看，广西城乡居保替代率较高，并不完全是因为城乡居保供给水平较高，还因为当地农村老年人收入相对较低。那么随着农村老年人经济状况的改善，如果城乡居保的供给水平不相应提高，城乡居保的替代率将更低，保障基本的功能更差。

但是如果按照其他缴费档次和缴费年限进行测算，由于四川、云南对1000元/年及以上缴费档次的补贴标准高于广西、贵州，同时这两省

① 薛惠元，仙蜜花.城乡居民基本养老保险保障水平评估——基于湖北省6个县区的比较分析[J].当代经济管理，2014（6）.

② 黄丽.城乡居民基本养老保险保障水平评估与反思——基于养老金替代率视角[J].人口与经济，2015（5）.

明确了长缴多得政策，四川的最高缴费档次提高到3000元/年等因素，四川和云南替代率的上升幅度会超过广西。

考虑到绝大多数农村参保人都按照100元/年的标准进行缴费，本节不再进行其他缴费方式领取养老待遇与农村老年人收入的比较分析。有研究显示，同一缴费档次，缴费年限由15年延长至20年，替代率基本都能提高3%；同一缴费年限，如15年，缴费档次由二档上升为三档，养老金替代率提高5%。①

（三）城乡居保供给水平与农村老年人基本支出的比较分析

王增文（2009）测算出基本满足低保群体食品支出需求的生活保障系数为0.65。同样，基于保障生存公平的需要，农村基础养老金生活保障系数的参考值应不低于0.65。②

表7–9、表7–10显示，广西城乡居保基础养老金和测算领取的养老金为农村老年人基本生活支出的24.30%和28.08%，为基本食品支出的63.46%和73.35%，广西实地调研数据说明，广西城乡居保的保障系数刚好满足广西农村老年人生存的最基本食品需要。

（四）城乡居保供给水平与农村老年人生活消费实际支出的比较分析

国际上公认的农村养老保险适度性水平上限是养老金水平达到农村老人生活总支出的60%。边恕、穆怀中（2011）对我国农村养老保险适度水平进行测算，指出我国农村养老保险适度水平上限由2010年的41.06%逐渐上升到2020年的46.04%；下限由2010年的26.24%逐渐下降到2020年的16.23%；并算出2015年农村养老保险适度水平上限为43.56%，下限为20.64%。③

宏观数据方面，四省城乡居保基础养老金和测算的养老待遇领取额占生活消费实际支出比例均没有达到农村养老保险适度水平的下限，最

① 于建华，薛兴利，毕红霞.农村基本养老保险保障水平及其差异性分析[J].农业经济，2016（8）.

② 王增文.农村最低生活保障制度的济贫效果实证分析[J].贵州社会科学，2009（12）.

③ 边恕，穆怀中.农村养老保险适度水平的微观测度与动态调整研究[J].社会保障研究，2011（6）.

高占比地区是广西（分别为14.24%和16.46%），最低是四川（分别为9.73%和11.69%）。微观数据方面呈现相似的结果。

（五）城乡居保供给水平与对农村维持基本生活收入的主观判断的比较分析

我们通过直接询问农村老年人对城乡居保待遇作用的评价、对城乡居保待遇的满意度和城乡居保供给水平与农村维持基本生活收入的主观判断这三个方面评价城乡居保保障水平，农村老年人对城乡居保待遇认可程度在实地调研中用“领到的农村基本养老保险待遇对您的生活有多大程度的改善”和“您对当前农村基本养老保险养老金待遇水平满意度如何”两个问题进行测量。

首先，对城乡居保待遇作用的评价。总体上，农村老年人对城乡居保改善生活的作用评价一般。作用程度的众数是“一般”，评价作用“很小”和“较小”的与评价作用“很大”和“较大”的各占37.16%、22.02%，并且评价作用“很小”的比评价作用“很大”的频率高9.17个百分点（见表7–11）。

表 7–11 农村老年人对城乡居保待遇作用的评价

作用程度	频数（人）	频率（%）	累计频率（%）
很小	23	10.55	10.55
较小	58	26.61	37.16
一般	89	40.83	77.98
较大	45	20.64	98.62
很大	3	1.38	100.00
合计	218	100.00	

注：数据来自调研。

其次，对城乡居保待遇水平的满意度。总体上，农村老年人对城乡居保待遇水平满意度分布较为均匀。满意程度的众数是“一般”，满意度

“较不满意”和“很不满意”的与满意度“较满意”和“很满意”的各占30.32%、37.55%（见表7-12）。

表 7-12 农村老年人对城乡居保待遇水平的满意度

满意度程度	频数（人）	频率（%）	累计频率（%）
很不满意	14	6.33	6.33
较不满意	53	23.98	30.31
一般	71	32.13	62.44
较满意	65	29.41	91.86
很满意	18	8.14	100.00
合计	221	100.00	

注：数据来自调研。

最后，对于大多数农村老年人来说，目前城乡居保的养老金并不能满足其基本的生活需求，可以说“保基本”的目标并未实现。调研数据显示，农村居民主观上认为维持农村老年人基本生活开支应在532元/月，但当前领取的养老金仅为100元/月左右，两者相差400元/月，也就是说绝大多数的农村居民并不认同城乡居保待遇可以满足老年人的基本生活开支。这一结果在农村老年人对城乡居保待遇作用和待遇水平的满意度测量中得到验证。

综上所述，本节通过基础养老金和测算的养老保险待遇与农村老年人养老成本的比较，得到当前城乡居保不管是对广义上的养老生活的保障还是对狭义上的养老生活的保障水平都较低。客观指标的评估：基础养老金、测算的养老保险待遇分别是最低生活保障、农村老年人平均收入、农村老年人基本生活支出、农村老年人基本食品支出、生活消费实际支出（宏观数据）的32.54%、12.58%、24.30%、63.46%、12.45%和38.43%、14.83%、28.08%、73.35%、14.79%。其中，广西的保障水平最高，四川和贵州的较低。四川保障水平较低的原因主要是该省的养老成本高，而贵州保障水平较低的原因主要是该省的城乡居保供给水平低。主观指标的评估：基础养老金、测算领取的养老待遇分别是主观上估算农村老年人基本养老成本的16.92%和19.55%。说明，城乡居保对于农村老年人基本生活的主观保障水平要低于客观保障水平。

二、农村居民基本养老保险保障水平的群体差异性分析

考虑到农村居民基本养老保险满足基本需求的目标和随着生命周期的变化人们的消费状况会随之发生一定变化，本节主要分析城乡居保对不同年龄老年群体和对贫困老年人的保障水平。

（一）农村居民基本养老保险对不同年龄老年群体的保障水平

首先，测算的养老保险待遇占总收入比例分析。根据调研数据，在60岁及以上的老年人中，只有6.88%的老年人有个人账户。即使老年人有个人账户，由于城乡居保实施时间不长，农村老年人参保缴费时间短且缴费档次低，只能领取比基础养老金稍高一点的养老金数额。表7–13为各年龄阶段养老金替代率情况。

表7–13 各年龄段农村老年人养老保险待遇替代率

年龄段	养老保险待遇（元/月）	个人年总收入（元/年）	养老金/总收入（%）
60—69岁	103.19	2982.33	41.52
70—79岁	99.19	2958.61	40.23
80岁及以上	90.75	2738.33	39.77

注：根据调查资料整理。

不同年龄段农村老年人养老待遇占总收入的比例差别不是十分明显。尽管随着年龄的增长，养老金收入占总收入的比例呈下降趋势，但下降的幅度很小。这是因为，绝大多数年轻老年人（60—79岁）仍然选择按照最低档次缴纳城乡居保，使得各年龄段的老年人养老保险待遇相差很小。而高龄老人已经失去了劳动力，失去了劳动收入这一主要收入来源，

导致其个人收入减少，因此在各年龄段农村老年人中，养老保险待遇替代率保持相对稳定。

其次，从实际养老金缺口分析。表7-14显示不同年龄段农村老年人养老金发放水平与其收入支出的对比情况。

表7-14 各年龄段农村老年人收支情况 （单位：元/年）

年龄段	养老金收入	消费支出	养老金与消费支出缺口	劳动收入
60—69岁	1238.26	2120.78	–882.52	1967.44
70—79岁	1190.25	1596.12	–405.87	498.51
80岁及以上	1089.03	1494.74	–405.71	260.00

注：根据调查资料整理。

随着年龄的增长，农村老年人消费支出逐步降低，养老金与消费支出的缺口有所缩小。60—69岁年龄段的老年人，因在2009年新农保开始施行时未满60周岁，需要参保缴费，因此他们的个人账户中有部分资金，其养老金领取金额略高于其他年龄段的老年人。70—79岁年龄段的老年人，其收支缺口基本与80岁及以上年龄段老年人相近。70—79岁的养老金收入高于80岁及以上高龄老年人101.22元/年；但是，70—79岁的消费支出也正好高于80岁及以上高龄老年人101.38元/年。

随着年龄的增长，农村老年人的经济状况在逐步恶化。尽管目前养老金的发放在任何一个年龄段都不能弥补农村老年人的养老金缺口，但是由于不同年龄段的老年人通过自身劳动收入弥补缺口的程度不同，致使养老金对不同年龄段的老年人的重要程度不同。低龄老年人具有一定的劳动能力，同时农村老年人又有“活到老干到老”的劳动习惯，劳动收入仍然是其收入的主要来源。60—79岁年龄段的老年人依靠劳动收入可实现收支平衡，不需要家庭供养和政府补助。其中，60—69岁年龄段的老年人的养老金与消费支出间的缺口，通过自身努力可以弥补且略有结余。而80岁及以上高龄老年人几乎没有劳动收入，不能通过劳动收入弥补养老金与消费支出间的缺口。

综上所述，虽然在各年龄段农村老年人中，养老保险待遇替代率保持相对稳定，但是，如果考虑各年龄段老年人的消费支出和劳动收入，养老保险待遇显然对于高龄老年人维持基本生活更为重要。目前城乡居保对各年龄段老人发放的基础养老金都相等，虽然在底线上实现了公平，但忽略了不同年龄段老人收支结构的差异性。

（二）农村居民基本养老保险对不同经济收入老年群体的保障水平

根据马丁法的思路，本节将精准扶贫对象的样本筛选出来，得到48个老年人样本。筛选出的48个样本的收支情况如表7–15所示。

表 7–15 精准扶贫对象的农村老年人样本收支情况 （单位：元/年）

养老金收入	消费支出	养老金与消费支出缺口	劳动收入
1073.33	1640.45	–567.12	66.59

精准扶贫对象的农村老年人的养老金收入低于消费支出，换言之，其养老金收入不能满足老年人的最低生存需求（差额为567.12元/年）。此类农村老年人多为身体健康状况差、年迈的老年人，加之居住地点交通不便等原因，劳动收入很低，劳动收入弥补养老金与消费支出缺口的程度最小。此类农村老年人如果没有子女供养、亲朋接济、政府补助等外力资助，仅靠劳动收入和养老金收入不能满足其最低生活需求支出。对于这类特殊老年人，应加快低保政策、扶贫政策与城乡居保制度的整合，突出城乡居保基础养老金的兜底脱贫作用。

第五节　政策建议

城乡居保养老待遇由基础养老金和个人账户养老金两部分组成，亦即城乡居保保障水平的高低受基础养老金、参保人选择的缴费档次、缴费年限、财政补贴、个人账户收益率的影响。

城乡居保以保障老年人的基本养老需求为制度目标。对于老年人基本养老需求的理解不同，得出的城乡居保养老待遇的适度水平也不同。前文认为，老年人的基本养老需求最低层次是维持老年人生存所需要的最低食品和服务开支，较高层次是满足老年人生存需要和发展、精神等其他需要的基本开支。考虑到我国农村老年人数量大、增长快、高龄程度深等人口特点和我国社会经济状况，提高城乡居保对农村老年人的保障水平不能一蹴而就，而应有重点、有次序地稳步发展：优先保高龄老年人、贫困户家庭老年人的基本生存需要；其次保障所有农村老年人的基本生存需要；然后是保障所有农村老年人的生存、发展、精神等需要的基本开支。在分步走、分批满足的原则下，提高农村居民基本养老保险保障水平的政策建议具体如下。

一、科学界定各地基础养老金水平

城乡居保基础养老金的设计体现了政府对老年人基本生存保障的兜底功能。2005年世界银行将“三支柱”养老保险体系扩展为“五支柱”，其中“零支柱”的设计旨在提供最低水平的生存保障，保证老年人基本生存并且消除老年贫困。该支柱资金为非个人缴费的定额式国民养老金。基础养老金的多少以保障最低生存支出为原则。如上文所述，最低生活保障、农村老年人基本食品支出、贫困老年人的支出这三个指标测量的是老年人基本生存养老成本，因此，基础养老金在现有较低水平的基础上应逐步融合农村最低生活保障制度，结合本地上年度消费水平来制定，并随消费水平动态调整。以广西为例，基础养老金水平见表7–16。提高城乡居保基础养老金是财政补贴在“出口补”方面的改革。

表7–16 基础养老金界定

	第一步： 保障农村高龄老年人和贫困户家庭老年人的基本生存	第二步： 保障所有农村老年人的基本生存需要
基础养老金水平（元/月）	125 — 135	140 — 250

注：第一步的下限为高龄老年人的生活支出，上限为贫困户老年人的生活支出；第二步的下限为农村老年人的基本食品支出，上限为当地最低生活保障线。

自2009年新农保在农村试点以来，国家层面对基础养老金待遇仅调整过1次，即基础养老金最低标准从每人55元/月提高到70元/月。养老金调整的幅度和灵敏度不及居民消费水平的增加。因此，需要建立基础养老金调整的长效机制，使得基础养老金的调整与国家经济发展以及居民消费水平相适应。

二、构建和完善“长缴多得”和“多缴多得”的激励机制

（一）完善“多缴多得”机制

“多缴多得”是指补贴政府对不同档次的缴费实行不同的补贴，其中缴费档次越高，补贴就越高，即“多缴多补”，参保人员最终获得的养老待遇就越高。政策设计目的是通过差别化的补贴政策鼓励参保人员选择更高的缴费档次。“多缴多得”是我国农村社会养老保险的一个重要激励工具，它的作用发挥程度如何对于农村社会保险水平提高有着重要的意义。

西南连片贫困地区所在广西、贵州、云南、四川四省区与全国多数省区一样按照缴费档次的不同实行不同定额补贴。比如，广西农村居民参加基本养老保险缴费标准分100元、200元至1000元、1500元、2000元等12个档次，分别给予财政“进口补”30元、40元至75元、80元的8个档次补贴。贵州省则从100元至2000元设置了13个档次，对100元至400元缴费档次的，补贴30元；500至900元档次补贴60元；1000元至2000元档次的，补贴90元。云南省设置100元至2000元12个档次，给予最低缴费档次30元补贴，在此基础上，每增加缴费100元，在前面一个档次补贴标准的基础上增加10元，但最高补贴标准不超过100元。四川省设置100元至2000元、3000元等13个档次，分别给予40元至120元、160元等12个档次补贴。

四省区的实践初步构建了农村社会养老保险“多缴多得”的政策机制，但从实施情况来看，激励参保人员多缴的引导作用并没有很好地发挥出来。比如在实地调研中我们发现，约95%的广西农村参保人选择了最低缴费档次，反证了政策效果的有限性，充分证明目前财政补贴力度和办法直接影响参保人的缴费积极性。造成这一问题的原因是多方面的，而主要原因是缴费低档次与高档次的补贴差别太小，导致缴费档次越低，直观收益率就越高，而缴费档次越高，直观收益率就越低。比如广西缴费档次的最高收益率即缴费最低档次100元的直收益率（23.1%）是最低直观收益率即缴费最高档次2000元的直观收益率（4.0%）的5.78倍（见表7-17）；贵州省最低缴费档次的直观益率是最高缴费档次直观收益率的5倍；云南则是4.6倍；四川则达7.53倍。作为理性经济人，参保人选择收益率较高的低缴费档次是必然的，这直接导致低缴费档次扎堆现象的出现。

表7-17 广西壮族自治区政府补贴对于个人账户的直观收益状况

个人缴费（元/年）	政府补贴（元）	个人账户收入（元）	直观收益率（%）	收益百分比（%）
100	30	130	30.00	23.10

续表

个人缴费（元/年）	政府补贴（元）	个人账户收入（元）	直观收益率（%）	收益百分比（%）
200	40	240	20.00	16.67
300	50	350	16.67	14.29
400	55	455	13.75	12.10
500	60	560	12.00	10.71
600	65	665	10.83	9.74
700	70	770	10.00	9.09
800	75	875	9.38	8.57
900	80	980	8.89	8.16
1000	80	1080	8.00	7.41
1500	80	1580	5.33	5.06
2000	80	2080	4.00	3.85

注：直观收益率=政府补贴/个人缴费，收益百分比=政府补贴/当年个人账户收入。资料来源：结合广西城乡居保政策整理计算而成。

因此，从真正能发挥政策引导作用、激励农村参保人员提高缴费档次、切实提高保障水平出发，以实现可持续发展为目标，可以尝试采取如下办法创新政策机制：一是适当提高较高档次缴费的固定补贴额度，提高高档次缴费的直观收益率，让参保群众比较明显地“看得见”多缴多得的收益预期。二是借鉴部分地区做法，将定额补贴模式改为比例补贴模式。即对选择较高缴费档次的参保人按照超出数额部分的一定比例进行补贴。浙江平湖市在这方面就取得了不少的经验。平湖市以上年度嘉兴市农村居民人均纯收入、城镇居民人均可支配收入或两者之和的平均数为基数，按基数的8%设置了三个缴费档次。政府按相应基数的5%进行补贴，其中3%用于建立缴费补贴账户和缴费年限补贴账户，2%用于建立城乡居保统筹基金。薛惠元等（2014）以平湖市2013年上述三个基数档次分别对应8%补贴计算城乡居保个人缴费收益情况（见表

7-18），从中可以看出，缴费基数越大，缴费补贴账户数额越大。而随着个人缴费额度增加，其直观收益率也随之提高，能够激励城乡居民选择较高的缴费档次。①

表 7-18 2013 年平湖市城乡居保个人缴费收益情况

缴费基数（元）	个人缴费额（元）	政府补贴（元）	缴费补贴账户（元）	缴费年限补贴账户（元）	直观收益率（%）
16, 641.0	1331.3	832.1	249.6	249.6	18.7
24, 915.5	1993.2	1245.8	497.9	249.6	25.0
33, 190.0	2655.2	1659.5	746.1	249.6	28.1

注：直观收益率=当期缴费补贴账户/当期个人缴费额。

西南连片特困地区的农村社会保险也可尝试采取类似平湖市的方式进行多缴多得的机制创新。而从实际出发，可以在补贴比例上采取相应调整，以有利于可持续发展。三是缴费补贴还可以与基础养老金标准相结合，根据缴费比例逐步增加老年人基础养老金，吸引和激励年轻居民在城乡居保中缴费。

（二）构建“长缴多得”机制

“长缴多得”政策是通过合理制度设计，尤其是采取“长缴多补”等办法引导农民及早参加制度并持续缴费的激励机制，有利于为农民分担未来养老风险。目前，西南连片特困地区农村社会养老保险“长缴多得”激励机制存在的主要问题有两个。首先，在已有制度中，已经包含了长缴多得政策激励，但是激励效果较小，宣传不够，参保人员认识也不到位。以现行政策中缴费最低、最高两个档次年满60岁可以领取待遇为例，选取三个参保起始年龄及其相应的三个不同缴费年限进行计算：（1）最早起始年龄（16岁），缴费期为45年；（2）符合连续缴费年限才能领取待遇条件的最迟参保年龄（45岁），缴费期为15年；（3）两者之间的

① 薛惠元，鲁欢，仙蜜花.城乡居民社会养老保险缴费激励机制研究——以湖北省为例[J].广西经济干部学院学报，2014（4）.

中间年龄（30岁），缴费期为30年，则广西农村养老保险年满60岁领取的待遇见表7-19，初步体现了“长缴多得”的激励特征，但是选择较低档次缴费的，激励效果不明显。

表7-19 广西农村养老保险年满60岁的最低、最高档次缴费待遇表（未计入个人账户利息） （单位：元）

缴费期	个人缴费		财政补贴		月领取待遇	
	每年100元	每年2000元	每年30元	每年80元	年缴100元档	年缴2000元档
满15年（45岁起缴）	1500.00元	30, 000.00元	450.00元	1200.00元	104.00元	314.50元
满30年（30岁起缴）	3000.00元	45, 000.00元	900.00元	2400.00元	128.00元	431.00元
满45年（16岁起缴）	4500.00元	90, 000.00元	1350.00元	3600.00元	132.00元	673.38元

计算公式：个人缴费累计+财政进口补贴（未计入个人账户利息）÷139+基本养老金90元/月/人。

其次，没有建立“长缴多补”的政策机制，大大影响参保人员提早缴费参加养老保险的积极性。

为了政策有效实施，首先，将“长缴多得”与“多缴多得”结合起来，完善制度设计，加大多缴多补的力度，激励参保者选择较高缴费档次参保，将多缴多得与之相挂钩。其次，重点探索以指导性文件明确规定“长缴多补”具体方法，以“长缴多补”激励农村居民提早参保。仍以浙江平湖市为例，该市月养老金待遇按缴费年限不同增多计发，缴费1—5年的，每年增多1元；6—10年的每年多计发2元；11—15年每年多计发3元；16年及以上的，从第16年起，每年按5元/年多计发。这样的设计在一定程度上鼓励人们长期缴费。贫困地区财政能力比较弱，一时不能给予额度较大的补贴，但是首先要建立制度，这样才能形成良性循环。

三、提高财政对各缴费档次的补贴额，明确各级政府的补贴责任

除了提高财政对长缴和多缴的补贴外，关键需要财政在原来的缴费补贴上增加补贴额。城镇职工基本养老保险的缴费责任分担为：企业和个人的缴费比例约为2.4:1，而农村居民参加城乡居保没有企业缴费部分，如果参照城镇职工基本养老保险的做法，建议政府按2.4:1的比例提高缴费补贴。即农村参保人如果每年缴费100元，政府补贴应达到240元/年，如此推及其他缴费档次。下面按照现行的缴费补贴政策和按2.4:1比例进行缴费补贴，测算财政对城乡居保的缴费补贴支撑能力。

《国务院关于建立统一的城乡居民基本养老保险制度的意见》（国发〔2014〕8号）规定，城乡居保制度的参保范围为年满16周岁（不含在校学生）、非国家机关和事业单位工作人员及不属于职工基本养老保险制度覆盖范围的城乡居民，可以在户籍地参加城乡居民养老保险。考虑数据的可得性，有两个假设：

假设一：五地农村16—59岁劳动年龄人口全部参保。

假设二：五地16—59岁劳动年龄人口占农村总人口比例，与各自所在省份16—59岁劳动年龄人口与总人口比例保持一致，比例分别为68.52%、68.52%、63.42%、68.2%和70.14%[①]。

表7-20测算了按照最低100元/年档次缴费和按照最高2000元/年档次缴费五地地方财政对农村参保人缴费补贴的负担。2015年，如果参保人均按100元/年缴费，五地地方省级和县级财政对16—59岁农村参保人缴费补贴总额分别占各省财政收入的比例都没有超过0.005%和1.000%；如果参保人按2000元/年缴费，五地地方省级和县级财政对16—59岁农村参保人的缴费补贴总额分别占各省财政收入的比例都没有超过0.01%和2.50%。

① 由于数据的可得性，广西数据来自南宁统计局http://www.yongning.gov.cn/tongjiju/contents/1932/140638.html，四川数据来自四川省2015年全国1%人口抽样调查主要数据公报http://scnews.newssc.org/system/20160518/000674914.htm，云南和贵州数据来自第六次人口普查。

表 7-20 按照现行缴费补贴政策 2015 年五地城乡居民基本养老保险地方财政支撑能力测算

	农村人口数（万人）	16—59岁农村人口数（万人）	均按 100 元 / 年缴费测算				均按 2000 元 / 年缴费测算			
			省财政补贴（万元）	县财政补贴（万元）	省财政补贴占省财政收入比例（%）	县（市）财政补贴占县财政收入比例（%）	省财政补贴（万元）	县财政补贴（万元）	省财政补贴占省财政收入比例（%）	县（市）财政补贴占县财政收入比例（%）
马山	46.36	31.77	762.38	190.60	0.0033	0.9226	2033.02	508.25	0.0087	2.4602
都安	24.68	16.91	405.86	101.46	0.0017	0.2495	1082.29	270.57	0.0046	0.6653
仪陇	25.03	15.87	317.48	317.48	0.0009	0.5442	952.44	952.44	0.0028	1.6327
禄劝	36.60	24.96	748.84	0.00	0.0005	0.0000	1622.48	873.64	0.0012	1.4883
贵定	24.67	17.25	172.54	345.09	0.0002	0.5641	517.63	1035.27	0.0005	1.6923

注：五地城乡居保省级与县级财政的补贴比例来自五地城乡居保实施意见等相关政策。马山、都安、禄劝农村人口数据来自调研资料，仪陇按人口自然增长率由2016年农村人口推算，数据来自《仪陇县统计局二〇一六年国民经济和社会发展统计公报》，贵定按人口自然增长率由2017年农村人口推算，数据来自http://www.gzgov.gov.cn/dcgz/fzgz/fzyj/201708/t20170803_758528.html。

如果按照2.4:1的比例进行补贴，五地城乡居保地方财政负担如表7-21所示。国际上通常采用“社会保障支出占财政支出的比重”来衡量各国政府的社会保障财政责任。我国社保“十二五”规划要求各级财政将社会保障支出占财政支出的比重提高到25%左右。有数据显示，目前整个社会保障（包括社会保险）支出仅占我国财政支出的12%，远低于发达国家30%—50%的比例。就此标准而言，按照2.4:1进行缴费补贴，省级财政具有支撑能力，但是县级财政没有支撑能力。尤其贫困地区的县级财政收入减去支出已出现赤字。这就需要重新明确地方各级财政的补贴责任，加大省级财政的转移支付力度。

表 7-21 按照 2.4:1 比例缴费补贴 2015 年五地城乡居民基本养老保险地方财政支撑能力测算

	农村人口数（万人）	16—59岁农村人口数（万人）	均按 100 元 / 年缴费测算				均按 2000 元 / 年缴费测算			
			省财政补贴（万元）	县财政补贴（万元）	省财政补贴占省财政收入比例（%）	县（市）财政补贴占县财政收入比例（%）	省财政补贴（万元）	县财政补贴（万元）	省财政补贴占省财政收入比例（%）	县（市）财政补贴占县财政收入比例（%）
马山	46.36	31.77	6099.84	121996.80	0.0261	7.3816	1524.96	30499.2	0.5229	147.6315
都安	24.68	16.91	3246.72	64934.40	0.0139	1.9959	811.68	16233.6	0.2783	39.9174
仪陇	25.03	15.87	1904.40	38088.00	0.0057	3.2645	1904.4	38088.0	0.1135	65.2896
禄劝	36.60	24.96	5990.40	77875.20	0.0044	0.0000	0.0	41932.8	0.0568	71.4358
贵定	24.67	17.25	1380.00	27600.00	0.0013	4.5116	2760	55200.0	0.0263	90.2329

注：五地城乡居保省级与县级财政的补贴比例来自五地城乡居保实施意见等相关政策。马山、都安、禄劝农村人口数据来源调研资料，仪陇按人口自然增长率由2016年农村人口推算，数据来自《仪陇县统计局二〇一六年国民经济和社会发展统计公报》，贵定按人口自然增长率由2017年农村人口推算，数据来自http://www.gzgov.gov.cn/dcgz/fzgz/fzyj/201708/t20170803_758528.html。

四、构建多层次农村养老保障体系

当前养老保险顶层设计方案已经进入酝酿出台阶段。方案将对未来几十年我国养老保险改革主要目标、基本原则、制度模式、制度体系、运行机制进行全面规划，三个支柱养老保险体系将进一步确立。我国已初步形成了多层次的养老保险体系。第一支柱为基本养老保险，一般指城镇职工基本养老保险和城乡居保；第二支柱为企业年金和职业年金；第三支柱为商业保险、个人储蓄。

相比企业职工和机关事业单位工作人员而言，农村居民的养老保险仅指第一支柱的城乡居保，缺乏第二、第三支柱。因此，可以参考企业职工和机关事业单位工作人员养老保险体系构建农村居民的多层次养老保险体系。一方面，如何设计一个能持续保证城乡居民积极参与的激励性与便利性的制度框架是多层次体系设计的关键，否则，其参与率低下，“多层次”也将束之高阁。另一方面，结合延税型养老保险试点理念，鼓励有条件的地方政府为农村居民构建第二支柱养老保险制度。在贫困地区构建多层次的农村养老保险体系还需要注意发挥世界银行提出的“五支柱”中非正规保障形式的作用。非正规保障形式为家庭成员之间或代际对老年人在经济或非经济方面的援助，包括医疗和住房方面的资助。家庭成员的供养历来是我国农村家庭尤其是欠发达地区农村家庭老年人的主要生活来源之一。

五、试行转变筹资模式：个人账户模式—> 现收现付模式

以上五种提高城乡居保保障水平的对策建议都建立在现行个人账户筹资模式框架下。从第四章可知，广西、四川、云南、贵州四省的城乡居保基金均有结余，目前个人账户没有起到保障不足的作用。按最低缴费档次缴满15年计算，个人账户养老金待遇为15元/月左右；按900元/年缴费、缴满15年计算，个人账户养老金才可能达到100元/月以上。随着城乡居保的覆盖面进一步扩大，个人账户积累的基金随之增加，可以考虑变个人账户为现收现付或者“名义账户”，保证当代老年人的养老金发放。表7–22显示了如果将2016年城乡居保基金结余全部用于发放，每人可增加的养老保险待遇情况。

表 7–22 2016 年城乡居保基金结余与养老保险待遇增加情况

	城乡居保基金结余（亿元）	60 岁及以上参保人数（万人）	每人增加养老保险待遇（元/月）
广西	110.55	583.25	15.80
四川	351.80	1174.70	24.96
云南	191.54	500.28	31.91
贵州	91.36	470.28	16.19

资料来源：2016年广西、四川、云南、贵州人力资源和社会保障事业发展统计公报。

第六节 本章小结

本章基于养老成本的不同理解，综合运用多种测算方法测量农村老年人的养老成本，从宏微观两个层次、整体群体两个角度比较分析城乡居保供给水平（包括基础养老金和政策测算的养老待遇）与农村老年人的养老成本，进而评估城乡居保的保障能力。

本章结论包括：第一，当前四省五地的城乡居民养老保险保障水平偏低，制度有效性不高。通过基础养老金和实际领取待遇与农村老年人养老成本的比较，得到当前城乡居保不管是对广义上养老生活的保障，还是对狭义上的养老生活保障水平均较低。第二，四省五地中，广西城乡居保的保障水平最高，云南次之，四川和贵州最低。四川保障水平较低是因为该省的养老成本高，而贵州保障水平较低是因为该省的城乡居保供给水平低。第三，主观指标测量的农村老年人养老成本高于客观指标测量的结果，因而，城乡居保对于农村老年人基本生活的主观保障水平要低于客观保障水平。第四，在各年龄段农村老年人中，养老保险待遇替代率保持相对稳定。但是，如果考虑各年龄段老年人的消费支出和劳动收入，养老保险待遇对高龄老年人维持基本生活更为重要。第五，城乡居保的养老待遇不能满足贫困农村老年人的最低生存需求。贫困农村老年人必须依靠子女供养、亲朋接济、政府补助，才能满足其最低生活需求。

本章政策建议包括：第一，提高西南四省城乡居保的保障水平。提高城乡居保的保障水平不能仅依靠提高缴费档次，还需要政府提高基础养老金，多缴补贴、长缴补贴。第二，由于城乡居保的保障水平与开支有关，对城乡居保保障水平的衡量不仅要考虑城乡居保的供给水平，还需要考虑当地老年人的生活开支。老年人生活开支不仅指基本生存开支，还应该包括发展开支。第三，西南四省的城乡居保政策设计应关注提高城乡居保主客观保障水平的相对公平性和适合性。第四，对于高龄和贫困老年人，应加强政策倾斜，加快高龄津贴、低保政策、扶贫政策与城乡居保制度的整合，突出城乡居保基础养老金对特殊老年群体的兜底脱贫作用。第五，城乡居保保障水平的提高，需要各级政府加大财政补贴力度，同时也需要鼓励人们选择更高的缴费档次，持续参保。

第八章 西南集中连片特困地区农村居民基本养老保险的经办模式创新

社会保险经办是贯彻执行社会保险相关法律制度的基本手段和重要载体，经办服务与管理能力的提高，是顺利落实城乡居保政策的重要保障。社会保险建立20多年以来，经办服务体系从无到有，从有到优，并不断发展壮大，为社会保险制度的发展做出了巨大的贡献。中央政府十分重视社会保险经办服务的建设，党的十八大提出“健全社会保障经办管理体制，建立更加便民快捷的服务体系”，十八届三中全会通过的《关于全面深化改革若干重大问题的决定》强调“加快健全社会保障管理体制和经办服务体系”，突出了社会保险经办服务工作重要性，同时也为社会保险经办服务体系的建设指明了方向。2014年《国务院关于建立统一的城乡居民基本养老保险制度的意见》（国发〔2014〕8号）要求，新农保和城居保两项制度合并实施，在全国范围内建立统一的城乡居保，农村社会养老保险制度步入了新的发展阶段，迎来新的发展机遇，也对城乡居保的经办能力提出了更高的要求。

长期以来，我国社会保障的建设重点在城市，农村社会保障体系建设起步晚，经办服务体系建设比较滞后，县、乡（镇）、村三级经办环节显得尤为重要，它通常被称为城乡居保经办的“最后一公里”。滇桂黔石漠化片区、滇西边境片区、乌蒙山片区是西南集中连片特困地区的主要代表，它们贫困面广、程度深，经济发展滞后，基础设施薄弱，社会事业发展落后，社会保障事业推进困难重重。这些地方城乡居保经办“最后一公里”的任务更艰巨，挑战更大，也是全面建成覆盖城乡居民的社会保障体系的关键。

第一节　城乡居保经办模式概述

一、相关概念的界定

1995年《劳动法》第七十条规定：“社会保险基金经办机构依照法律

规定收支、管理和运营社会保险基金，并负有使社会保险基金保值增值的责任。”之后，“社会保险经办”这一概念在我国的社会保险领域得以广泛运用。[①] 社会保险经办又称社会保险管理服务，是指由法定主体依照法律授权，筹集管理社会保险基金，办理社会保险事务，提供社会保险服务的所有公共管理和服务活动的总称。就养老保险领域而言，社会养老保险作为政府的一项公共事业，为社会劳动者在年老失去劳动能力或退出劳动岗位时获得基本生活保障，除去必要的制度设计外，更需要通过各种经办模式将制度落到实处，以达惠民利民之目的。

根据我国政府或社会保险机构在新型农民社会养老保险日常运作中所采取的管理方式和运作模式，可将新农保运作机制即经办模式分为两种类型:（1）新农保政府自办模式。指政府或社会保险机构在新型农民社会养老保险中，不仅要制定有关社会保障的法律法规、政策规定和实施办法，负责对社会保险进行监督与管理等，而且还要组织开展经办队伍的招募、培训与管理、保险费的征缴、养老金的给付、保险基金的管理与运作等日常具体工作，政府或社会保险机构集新农保的征（缴）、管（理）、监（督）职能于一身，即所谓的“统包统揽”模式。（2）政府采购服务模式。即政府及社会保险机构将新农保中有关养老保险费的征缴、养老金的给付、社保基金的管理与投资、日常运行管理、人员的管理与培训等工作全部或部分委托给具有一定资质的商业人寿保险公司或其他第三方专业机构进行管理与运作，并支付一定服务费用的管理模式。[②]

综合国外社会保险的管理和经办模式，郭静认为，社会保险经办模式有三种类型：一是政府直接管理模式。即按照政府的行政体制设置社会保险制度的专职责任部门，统一集中管理和执行全国性的社会保障事务。二是半官方自治管理型。即在主管政府部门的监督下，由自治性社会组织承担社会保险经办管理职责，自治组织一般由雇员和雇主两方代

① 岳宗福.机关事业单位养老保险制度改革知识解答与政策解读[M].人民日报出版社，2015：93.

② 李松华.我国新农保运作机制及改进方案探析[J].保险研究，2011（8）.

表或雇员、雇主和政府三方代表组成董事会进行管理。三是商业保险管理型，即主管政府部门负责立法和监督，社会保险制度的实施和基金运作等职责或者委托商业保险公司，或者成立仿照商业保险公司运行机制的专门机构。①

按照政府与市场在社会保险中作用的强弱，钱振伟与张强的社会保险经办模式划分基本相同：（1）单一的政府主导型社会保险制度。政府承担所有职能，包括所有的管理和运营等。（2）政府发挥主导作用，市场发挥补充作用的社会保险制度。如江苏的“宜兴模式”、四川的“德阳模式”等。（3）政府仅作为立法者与监督者，主要通过市场来进行间接管理的社会保障制度。②

结合我国新农保试点工作和专家学者的观点，城乡居保主要有两种经办模式：（1）在省、市、县人力资源和社会保障局下成立专门的省、市、县城乡居保经办机构，统一负责城乡居保的业务经办，也就是政府经办模式。（2）政府向商业保险公司或农村金融组织等承担部分或全部城乡居保经办业务的社会部门购买城乡居保的经办服务或外包给它们，简称社会经办模式。

二、城乡居保经办特点

2011年国家标准委员会发布的《社会保险服务总则》（编号GBT27768-2011）指出：“社会保险服务是政府公共服务的重要组成部分。”城乡居保经办服务作为政府社会公共服务的一个基本组成部分，它既有公共服务行业的特征，又有自身的特别之处。

第一，普享性。城乡居保是国家依法建立、面向全体公民的保障性制度，所有的参保人和受益人都是其服务对象，随着2020年全面建成覆

① 郭静.社保经办机构的发展特点及趋势——社会保障经办机构国际比较之二[J].中国社会保障，2011（2）.

② 钱振伟.覆盖城乡居民社会保障管理体制研究——基于对部分州（市）县实践的调查[D].西南财经大学，2010.

盖城乡居民社会保障体系目标的推进，城乡居保将成为农村社会基本服务中涉及人数最多、管理基金规模最大的普及性项目之一，直接涉及广大农村群众的权益保障问题。

第二，公共产品特性。作为国家执行城乡居保政策的重要手段，城乡居保经办提供的业务具有准公共产品性质，政策覆盖范围的全体参保人享有同等的权利。

第三，权利与义务对称性。一方面，参保人有通过缴纳保险费享受社保服务的权利，具有购买性质；另一方面，社保服务提供者可从管理基金中提取服务成本作为补偿，具有补偿性质，社保服务对象享有的权利和义务有较强的对称性。

第四，专业性。社会保险经办的专业性主要体现在它所涉及的费用征缴、信息记录、转移接续、待遇核定与给付、基金管理、运营和监督等一系列经办业务上，在这个过程中通常会用到人口统计、保险精算、金融投资和信息化管理等专业性很强的技术手段，因此，无论是经办本身还是人才需求，社会保险经办都有较高的要求。

第五，社会公共治理性。社会保障是社会稳定的“减震器”、民生之“安全网”成为普遍共识，城乡居保经办直接关系到农村的和谐稳定。在欧洲福利国家中，社保经办管理和服务派送是体现政府执政能力和现代社会服务业发展的一个重要标志，因此，他们在社保经办管理过程中引入社会多方参与机制，以对经办服务进行监管。同时，建立绩效考核机制，向服务对象提供服务信息，接受他们的打分和监督。①

三、城乡居保经办构架及流程

（一）经办构架

为保证相关政策的落实，城乡居保已经建立起“省—市—县—乡（镇）—村”五级服务体系，但省、市两级主要负责政策制定和行政事

① 房连泉. 社会保险经办服务体系改革：机构定位与政策建议[J]. 北京工业大学学报（社会科学版），2016（6）.

务，经办执行还是由县、乡（镇）和行政村三级机构负责。

县级社保机构负责城乡居保的参保登记、保险费收缴、基金申请与划拨、基金管理、个人账户建立与管理、待遇核定与支付、参保信息变更、保险关系注销、保险关系转移接续、待遇领取资格认证、内控管理、档案管理、统计管理、个人权益记录管理、数据应用分析以及咨询、查询和举报受理，负责本地区城乡居保全民参保登记管理；编制、上报本级城乡居保基金预决算、财务统计和统计报表，并对乡（镇）服务中心的业务经办工作进行指导和监督考核；负责对乡（镇）服务中心城乡居保业务经办人员和受委托的村协办员进行业务培训。

乡（镇）服务中心负责参保资源的调查和管理，对参保人员的参保登记、参保信息变更、待遇领取、保险关系注销、保险关系转移接续等进行初审，将有关信息录入城乡居保信息系统，整理上报城乡居保业务档案资料，为参保人员打印参保缴费通知单，并负责政策宣传、待遇领取资格认证和冒领养老金追缴，受理咨询、查询和举报，开展情况公示等工作。

协管员受乡（镇）服务中心委托为参保人员代办城乡居保相关业务手续，具体负责参保登记、参保信息变更、待遇申报、保险关系注销、保险关系转移接续等业务环节所需材料的收集与上报，负责向参保人员发放有关资料，提醒参保人员按时缴费，通知参保人员办理补缴和待遇领取手续，协助做好政策宣传与解释、待遇领取资格认证、摸底调查、农村居民基本信息采集、情况公示等工作。

（二）经办流程

依据城乡居保经办流程，城乡居保业务流程主要包括参保登记、保险费收缴、待遇支付、关系转移、注销登记等几个方面。

1.参保登记

参保登记是指按照城乡居保的相关规定，对符合参保资格的农民进行参保登记和录入的过程。它是建立养老保险关系的第一步，也是关键一步。凡是年满16周岁（不含在校生）的非国家机关和事业单位工作人员及不属于职工基本养老保险制度覆盖范围的农民，可于户籍所在地参加城乡居保。参保登记流程如图8–1所示。

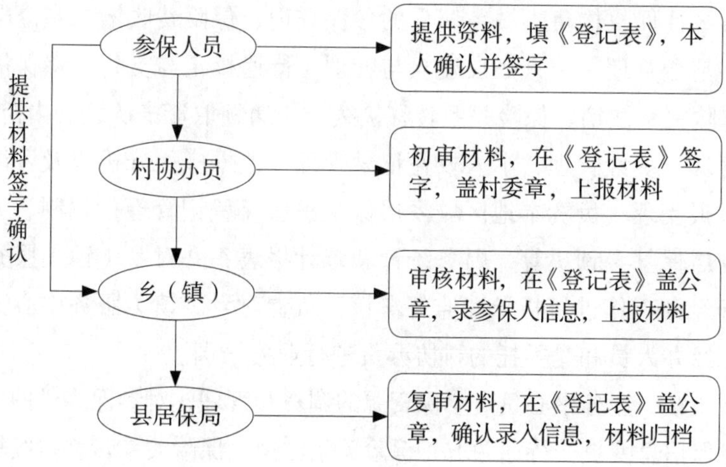

图 8-1 城乡居保参保登记流程

2. 保险费收缴

参加城乡居保的人员根据当地社保机构的规定、个人的收入状况和缴费能力选择合适的缴费档次，按自然年度缴纳保险费。保险费由受社保机构委托的金融机构依据社保机构提供的扣款明细代扣代缴，并与社保机构核对确认，将保险费导入城乡居保信息系统，生成个人账户。保险费收缴流程如图 8-2 所示。

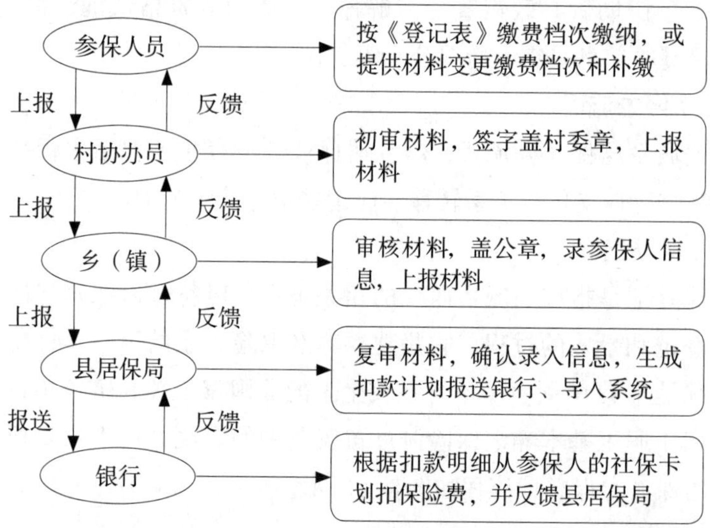

图 8–2 保险费收缴流程

3.待遇支付

参加城乡居民养老保险的人员，达到待遇领取条件的，经个人提交材料办理待遇领取手续，从次月起开始按月领取居民基本养老保险待遇，待遇包括基础养老金和个人账户养老金，由金融机构实行社会化发放，终身支付。领取待遇期间，逾期未进行认证或服刑的，暂停待遇发放，待重新通过领取资格审核后，再继续发放养老金；其中未进行认证的，从暂停发放之月起补发待遇，服刑人员停发期间的待遇不补发。

4.关系转移

参加城乡居民养老保险人员，在缴费期间户籍转移、需要跨地区转移养老保险关系的，可在迁入地申请转移养老保险关系，转出地县级社保机构应将其城乡居保关系和个人账户存储额一次性转入新参保地，并按迁入地规定继续参保缴费，缴费年限累计计算，同时，转出地社保机构按照规定保留原有记录备查。已按规定领取养老保险待遇的，无论户籍是否迁移，其养老保险关系不转移。

5.注销登记

城乡居保参保人员终止城乡居保关系，注销登记的，应按照规定提交相关材料，及时办理注销登记手续。跨地区转移养老保险关系的，转出地在办完所有转出手续后即可注销参保人在该地区的登记记录。参保人员出现死亡的，其指定受益人或法定继承人在其死亡后提供医院出具的证明，或民政部门出具的火化证明，或公安部门出具的户籍注销证明，或当地司法部门出具的宣告死亡证明以及相关证件、材料到乡（镇）服务中心提出注销登记申请。参保人出国（境）定居丧失中国国籍的，应携带本人出国（境）定居证明材料原件，到乡（镇）服务中心提出注销登记申请。参保人已经享受城镇职工基本养老保险等其他社会保险待遇的，应携带本人居民身份证和户口簿以及城镇职工基本养老保险待遇领取证明材料，到乡（镇）服务中心提出注销登记申请。城乡居保参保人员养老保险关系注销登记后，社保部门应及时将有关材料归档备案。

第二节　农村居民基本养老保险办经模式现状分析

一、农村居民基本养老保险经办模式发展演变

伴随着新中国的成立，中国社会保障制度逐步建立和发展，社会保险经办服务也跟着酝酿、萌芽、改革与发展。从我国社会保障制度变迁及其经办机构的变动来看，我国城乡居保经办大致可分为以下几个发展阶段。

第一阶段：酝酿阶段（1951—1985年）。我国存在着家庭养老的传统，老人通常依靠子女和个体家庭的积累完成养老。新中国成立后，农民的养老仍然主要依靠家庭，只有极少部分无依无靠的老人（“五保”老人），老、少、边、穷地区或受灾地区获得国家和集体的救济，农民的养老保障水平相当低，且处于无主管部门的状态。

第二阶段：探索阶段（1986—1997年）。改革开放以后，随着市场经济的建立，人口结构发生变化，农村老龄化日趋严重，同时，城镇化的发展，使得农民非农化速度加快，越来越多的农村老年人老无所依，传统的养老方式已经不适应现实的需要。1986年10月，民政部和国务院有关部委召开“全国农村基层社会保障工作座谈会”上提出：根据我国农村的实际情况，以乡、镇、村为单位，因地制宜地开展农村社会保障工作，拉开了农村社会养老保险制度的序幕。1991年，民政部在党和政府建立农村社会养老保险的精神指导下，开始在条件好的地区进行探索、试点农村社会养老保险，制定农村社会养老保险实施的基本方案等。

1992年1月，民政部养老办公室制定了《县级农村社会养老保险基本方案（试行）》，确立了以县级为单位开展农村社会养老保险的原则，实行县、乡、村三级管理模式。县（市）成立农村社会养老保险事业管理处（隶属民政局），经办农村社会养老保险的具体业务；乡镇设代办站或招聘代办员，负责收取、支付保费、登记建账及其他日常工作；村由会计、出纳代办，负责收取保费、发放养老金。到当年年底，全国已有1000多个县（市、区）开展了这项工作，其中700多个县制定了农村社会养老保险暂行办法，建立了专门机构。[①] 1993年，国务院批准成立农村社会养老保险管理机构，配套出台各种农村养老保险规章制度和操作办法，我国社会保险经办服体系初步建立。至1997年底，全国已有2000多个县开展了农村社会养老保险工作，覆盖了农村8000多万人。

第三阶段：整顿阶段（1998—2001年）。1998年，依据国务院机构改革方案，农村社会养老保险职能划归新成立的劳动和社会保障部进行统一管理，劳动和社会保障部还专门设立了农村社会保险司，负责农村社会养老保险工作。由于方向不明确、部门意见不一、政策多变，部分地方退保严重，参保人数下降、资金运行困难，部分地区农村社会养老保险工作陷入停顿状态，1999年对保险业务进行整顿，停止接受新业务，并鼓励有条件的地区逐步向商业保险过渡。2000年中央社保中心成立，至此，我国部、省、市、县、乡、村六级养老保险经办机构的整体架构基本形成，并拥有一支专（兼）职队伍。[②]

第四阶段：改革阶段（2002年至今）。通过整顿规范，在十六大提出的“有条件的地方，探索建立农村养老、医疗保险和最低生活保障制度”精神指导下，2003年，许多农村地区开始步入探索建立新农保的新路子。[③] 2007年，为理顺农村社会养老保险管理体制，各级农村社会养

① 王章华.中国新型农村社会养老保险制度研究[M].中国社会科学出版社，2014：72.

② 赵殿国.满目青山夕照明——我国农村养老保险聚焦[J].政策，2002（9）.

③ 新农保是指坚持政府主导和农民自愿相结合，个人（家庭）、集体、政府合理分担责任，政府通过实行缴费补贴、基金贴息、待遇调整、老人直补等多种参保补贴方式，建立农民个人缴费、集体补助、政府补贴相结合的新型筹资机制，引导扶持被征地农民、农民工和务农农民参加的社会养老保险制度。

老保险职能、机构、人员、档案、基金均由民政部门向劳动和社会保障部门整体移交。2008年，人力资源和社会保障部成立后，其接过原劳动和社会保障部门的农村社会保险管理服务工作，形成了当前由中央农村社会保险司、省农村社会保险处（农保处）、市农村社会保险处（或农保科）为领导，县农村社会保险局、乡镇农保所或农保办公室、村委会农保协管员具体经办的农村社会养老保险经办队伍。从2009年在全国范围内启动新型农村养老保险的试点工作，到2014年“建立统一的城乡居民基本养老保险制度”提出，城乡居保经办机构和队伍相对变化不大，但其经办服务能力改革和建设面临更大的挑战。

二、城乡居保经办模式现状

从计划经济开始，我国政府就形成了对一切社会事务进行“大包大揽”的传统。农村社会养老保险从建立起，这种传统模式就对其产生了影响，直到“简政放权”思想提出，通过对老农保工作的反思和新农保试点工作的思考，政府才认识到在农村社会养老保险中，政府应该是占责任主体地位，起主导作用，由此催生了在新农保经办中的政府经办模式（即政府包办）和社会经办模式（即层级管理）。在建立统一的城乡居保社会环境下，西南集中连片特困地区农民基本养老保险经办服务基本由各级政府社会保险部门经办、村级协管员负责，即省、市、县、乡（镇）、行政村五级经办管理服务模式。

（一）政府包办模式

社会保险是政府为应对社会风险、保障社会安定而采取的一项社会措施。[①] 因为社会保险的收入再分配功能能为老年人和农民等弱势群体提供最基本的生活保障，它的推行应该遵循公平、正义原则。在追求“效率优先”的市场经济环境下，如果仅仅依靠市场的基础性调节作用，这种公平公正很难得以保证。社会保险制度最初建立，也是因为市场失

① 王章华.中国新型农村社会养老保险制度研究[M].中国社会科学出版社，2014：115.

灵，政府不得不干预保险市场的一种表现。针对西南集中连片特困地区贫困现状，政府经办城乡居保服务有其必要之处。

1.西南集中连片特困地区基本情况简介

西南四省区集中连片特困地区集民族地区、革命老区和边境地区于一体，是国家新一轮扶贫开发攻坚战主战场之一。该地区涉及的范围广、人数多，经济发展落后，给该地区的农居办经办带来巨大挑战。

滇桂黔石漠化片区：本规划区域范围包括广西、贵州、云南三省区的集中连片特殊困难地区县（市、区）80个，其他县（市、区）11个，共91个。区域内有民族自治地方县（市、区）83个、老区县（市、区）34个、边境县8个。具体情况如下：广西南宁市（3个）、柳州市（3个）、桂林市（2个）、百色市（12个）、河池市（10个）、来宾市（1个）、崇左市（4个）；贵州安顺市（6个）、六盘水市（3个）、黔西南布依族苗族自治州（8个）、黔东南苗族侗族自治州（16个）、黔南布依族苗族自治州（11个）；云南省曲靖市（2个）、红河哈尼族彝族自治州（2个）、文山壮族苗族自治州（8个）；按照贫困县数在所辖市占的比重来计，广西百色市、贵州安顺市、黔西南布依族苗族自治州、黔东南苗族侗族自治州和云南文山壮族苗族自治州所辖县100%为贫困县，广西河池市和贵州黔南布依族苗族自治州的贫困县数也分别占了83.3%和91.7%，这些市、州、县的贫困覆盖面大得惊人。为方便统计，同时为覆盖到多数，在此以个别州、市来进行数据统计。2015年末，广西百色市总人口为413.19万人，其中乡村人口313.38万人。人均地区生产总值为27, 365元，人均地区生产总值仅相当于全国平均水平的51.5%。农民人均纯收入为6668元，农民人均纯收入仅相当于全国平均水平的58.4%。扶贫标准以下的农村人口有44.7万人，贫困发生率高达10.8% 。2015年有130.4万农户参加了新农保，参保率为41.6%。[①]

滇西边境山片区：本规划区域范围包括云南省保山市（5个）、丽江市（4个）、普洱市（10个）、临沧市（8个）、楚雄彝族自治州（7个）、

① 数据来源：《滇桂黔石漠化片区区域发展与扶贫攻坚规划（2011—2020）》《广西统计年鉴2016》。

红河哈尼族彝族自治州（5个）、西双版纳傣族自治州（2个）、大理白族自治州（12个）、德宏傣族景颇族自治州（4个）和怒江傈僳族自治州（4个）等10个市州的集中连片特殊困难地区县市区（以下简称片区县）56个，其他县市区5个，共61个。区域内有48个民族自治地方县市区、19个边境县、45个国家扶贫开发工作重点县。从贫困县的分布来看，保山市、普洱市、临沧市、大理白族自治州和怒江傈僳族自治州管辖下的所有县均为集中连片特困地区的贫困县，其他州、市的贫困县分别占有不同比例。以保山市为例，2015年末，该市总人口为258.1万人，其中乡村人口175.5万人；人均地区生产总值为21，444元，人均地区生产总值仅相当于全国平均水平的40.4%；农民人均纯收入为8572元，农民人均纯收入仅相当于全国平均水平的75.1%。扶贫标准以下的农村人口有26万人，贫困发生率高达10.1% 。2015年约有140万人的农户参加了新城乡居民基本养老保险，参保率为54.2%。[①]

乌蒙山片区：规划区域范围包括四川、贵州、云南三省毗邻地区的38个县（市、区），其中四川省13个县（凉山彝族自治州占8个）、贵州省10个县（毕节市占7个）、云南省15个县（昭通市10个）。从以上数据中可以看出，凉山彝族自治州、毕节市和昭通市在该区域的38个县（市、区）中就占了25个，占比为65.0%，它们的数据最具代表性，此处采用四川凉山彝族自治州数据作为参考。2015年末，该州总人口为503.9万人，其中乡村人口425.3万人，占了全州人口的84.4%。人均地区生产总值为28276元，人均地区生产总值仅相当于全国平均水平的53.4%。农民人均纯收入为9422元，农民人均纯收入仅相当于全国平均水平的82.5%。扶贫标准以下的农村人口有57.12万人，贫困发生率高达11.3% 。2015年有189.11万人参加了城乡居民基本养老保险，参保率为37.5%。[②]

① 数据来源：《滇西边境山片区区域发展与扶贫攻坚规划（2011—2020）》《云南统计年鉴2016》《保山市2015年人力资源和社会保障工作要点和事业发展计划》。

② 数据来源：《乌蒙山片区区域发展与扶贫攻坚规划（2011—2020）》《四川省统计年鉴2016》《2015年凉山州人力资源和社会保障事业发展统计公报》。

总体来说，西南集中连片特困地区人口资源环境矛盾突出、经济发展滞后、基础设施发展滞后、社会事业发展不足、贫困面广程度深等贫困状况，是造成它们城乡居民基本养老保险不足的主要原因，也将是它们扩大社会养老保险覆盖面、提高养老保险水平不得不解决的重大难题。

2.城乡居保经办现状调查

从2014年新农保和城居保合并实施以来，它们都是共用“城乡居保”这一班队伍，因此，本课题所使用的城乡居保经办数据为“城乡居保”数据。2017年7月至8月，课题组分别对西南集中连片特困地区所辖的三个区域[①]抽样进行问卷调查、实地走访和座谈会等调研，其中，对广西马山县及其部分乡镇和村、都安县及其部分乡镇和村采取问卷调查和座谈会的形式，调查问卷发放总数约为700份，回收问卷682份，参与调查的农民按照年龄划分为16—59岁和60岁以上两种；对四川、贵州和云南的部分县乡镇进行实地走访及座谈会形式的调研。通过对调查数据的分析，对该地区农村社会养老保险及其经办进行了深入了解。

（1）城乡居保经办机构设置和人员配置情况

“城乡居保”制度提出以来，西南集中连片特困地区城乡居保经办机构发展迅速，城乡居保覆盖面得到进一步扩大。2015年凉山彝族自治州共建成基层劳动就业社会保障公共服务平台514个，其中乡（镇、街道）服务中心433个、村（社区）服务站514个。[②]有条件的行政村还加强了社保工作兼职人员的建设力度，基本形成县、乡（镇）、村三级经办服务模式，即县城乡居民社会养老保险局、乡镇就业和社会保障服务中心、村协管员和兼职人员的经办模式。如四川省仪陇县政府每年拨付一定的专项经费，用于县居保局购置办公设备、档案室建设和信息化建设等，同时，也为乡镇落实办公场地、配置电脑、打字复印一体机、办公桌椅、文件柜、标识标牌、工作职责和流程等提供支持。在人员配置上，仪陇县在三个经办层级中共配置120名左右的经办人员，其中县级经办机构

① 它们分别是广西壮族自治区南宁市马山县白山镇、河池市都安县、柳州市融安县和融水瑶族自治县；云南省禄劝县；贵州省贵定县；四川省仪陇县，覆盖4省（自治区）7县。

② 数据来源：四川农村年鉴2016。

由原来的6名增编至现在的17名，各中心乡镇定编5—6人，一般乡镇确保2人以上，村（社区）在“四职干部”中确定一名协管员，整套配置下来，人均服务对象超过1:5000的比例。与编制人员相比，乡镇一级协管员的办公条件比较艰苦，且工资待遇也很低，通常为2000元/月，村一级的办公条件更艰苦，待遇更低。

（2）城乡居保参保情况

随着城乡居保制度体系的逐步完善，经办机构的逐步发展，西南集中连片特困地区城乡居保参保人数不断创新高。2009年新农保探索与试点时，西南四省区的农村人口基数大，老农保参保动力和积极性不足，农村社会养老保险参保人数普遍很低，与全国平均水平相比相差较远。广西参保人数为175.4万人，参保比例为5.94%；贵州参保人数为12.8万人，参保比例为0.44%：云南参保人数为156万人，参保比例为5.17%；四川参保人数为293.1万人，参保比例为3.56%。到2012年制度全覆盖后，四省区新农保参保人数得到空前的扩大，最低的贵州省人数规模达到了1260.7万人，参保比例为56.91%，较上一年增长48.37%；最高的四川省达到了2828.4万人，参保比例为42.95%，较上一年增长86.77%。2014年提出建立统一的城乡居保后，经过一年的发展，四省区城乡居保参保人数继续扩大，但较上一年，增长率放慢了许多，这也进一步说明在偏远山区，城乡居保到了攻坚克难、啃硬骨头的重要时期。从参保影响因素来看，由于经办人员业务能力参差不齐，不能对参保人员进行准确、详细的解释，导致部分人群不了解还有其他更高的缴费档次可以选择；不了解流程，经常为某些业务来回折腾好几次才能办下来，严重影响了居民的参保积极性。

表 8-1 西南四省区 2009—2015 年城乡居保参保情况表

单位：万人，%

省份	年份	农村总人口	参保人数	参保率	比上年增长率
广西	2009	2952.00	175.40	5.94	-1.17
	2012	2644.00	1586.40	60.00	98.50
	2015	2539.00	1741.51	68.59	1.19
贵州	2009	2926.78	12.80	0.44	67.34
	2012	2215.48	1260.74	56.91	48.37
	2015	2299.87	1649.03	77.70	3.93
云南	2009	3016.90	156.00	5.17	10.54
	2012	2827.50	2001.03	70.77	54.42
	2015	2687.20	2253.30	83.53	4.30
四川	2009	6698.40	239.10	3.56	417.53
	2012	6585.40	2828.40	42.95	86.77
	2015	6316.80	4959.10	82.48	5.06

数据来源：广西、贵州、云南、四川2008—2016年统计年鉴、人力资源和社会保障事业发展统计公报。用这些年份数据进行比较是因为2009年为新农保试点，2012年为制度全覆盖，2015年为城乡居保实施办法颁布后的第一年。

（3）对经办服务的认识与理解

通过实地调查我们发现，多数农民对社会养老保险政策仅一知半解，只有少数居民对政策较为了解，不了解甚至不知道的还占相当的比例，几乎占据了半壁江山。80%强的农民了解城乡居保经办服务主要是通过村协管员，其次是通过亲朋好友口耳相传，或者电视、网络等媒介，可见村协管员对基层养老保险所起的重要作用。在宣传方式上，各地区均能通过县、乡（镇）、村三级联动进行集中讲解，通过广播电台、宣传车、宣传资料（年画、挂历、光碟等）进行多方位的宣传，加深居民对养老保险的理解。在谈到对养老保险的认识时，部分人表示，不知道养老保险是什么，见到别人参加了，自己也跟着参加。少部分中青年还持不关注的态度，认为养老问题离自己很遥远，没有必要对养老问题考虑得那么早，认为有钱还不如现在花。那些已参加了保险的人群被问及按照当前的缴费情况，是否清楚自己以后的待遇领取水平时，许多人都不清楚老了以后自己能领取多少养老金，不清楚经办流程。由于经办人员对政策理解不透，经办能力不足，群众也不能通过村协管员得到很好的解答，有些人还经常到县社保局去了解咨询。

表 8-2 马山县农民对城乡居保经办服务的认识与理解（315 份问卷）

调查问题	认识与理解	比例或人次
对社保政策的认知与理解	十分了解	1.6%
	较了解	3.5%
	了解	27.3%
	不大了解	37.5%
	不了解	30.1%
对经办服务的认知渠道	政府发放的宣传册、传单等	131
	村里召开大会，集中宣讲	158
	村委干部挨家挨户上门宣传动员	189
	电视、广播、报纸等媒体	37
	其他方式	55
对社保财政补贴政策的了解	100元一年的缴费档次	120
	各缴费档次	32
	财政对各缴费档次的补贴标准	14
	不了解	15
对待遇水平的认知	知道现在的缴费档次和缴费年限有关	39

续表

调查问题	认识与理解	比例或人次
对待遇水平的认知	到60岁领取待遇的计算公式	6
	只知道60岁可以领取90元钱	82
	不知道，村干部给办就领取，不给也不问	39

（4）农民对经办服务的满意度调查

城乡居保经办服务的目的是让国家的农村社会养老保险制度落到实处，惠及广大农民，因此，提供令农民满意的社会保险经办服务是社会保险经办机构、经办人员的出发点和落脚点。作为城乡居保政策的受众群体，农民的自身感受和他们对城乡居保经办服务的满意度才能真正反映出经办服务的现状、问题。我们从服务落实满意度、服务质量满意度和服务态度满意度三方面进行农民社会养老保险经办服务的满意调查。服务落实关注的是服务过程，检查工作人员是否按照服务规范操作。[①]服务质量指的是经办人员提供服务的优劣情况，可通过服务站点数目，站点远近程度，农民办理业务前等待时间的长短，农民办理业务时花费时间的长短，业务手续是否烦琐、复杂以及服务投诉率的高低等来进行评价。服务态度是指经办人员为农民提供服务时的态度情况，具体可通过业务办理过程中的礼貌程度和对农民需求的关注度两项指标来评价，参保农民根据在参加城乡居保的过程中与经办人员接触的感受，对两项指标的满意度进行打分。[②]

① https://baike.so.com/doc/7873286-8147381.html.

② 李振文.公私合作视角下新农保管理服务创新研究——基于“德阳模式”探索实践的分析[J].社会保障研究，2014（22）.

表 8–3 服务满意度指标

一级指标	二级指标	三级指标
服务满意度	服务落实满意度	结构合理的工作领导小组
		规范的经办流程和操作程序
		配套齐全的表册
	服务质量满意度	经办人员服务能力
		业务办理复杂度
		对宣传力度的满意度
		缴费的便捷性
		领取养老金的便捷性
		待遇发放的及时性
	服务态度满意度	礼貌程度
		对居民需求的关注度

①服务落实满意度

从抽样调查县、乡（镇）和村所收集的资料和数据来看，县级养老保险经办机构基本都能以上级城乡居保经办规程为指导，规范自己的经办流程和操作程序，确保经办管理服务工作的顺利实施。四川省仪陇县根据省厅关于建立统一的城乡居保的实施意见和经办规程、南充市城乡居保实施办法等，专门成立工作领导小组，进一步明确各相关部门在城乡居保工作中的职能和职责，涉及县组织部、人社局、财政局、审计局、民政局等十多个部门和乡镇人民政府、村（社区）。他们还将城乡居保相关表册装订成册，把参保登记表、补缴申请表、参保个人信息变更审批表、转入（转出）申请表、待遇领取资格审查认定表等归集起来，方便具体操作时使用。同时，他们还制定了相关模块的经办流程，为居民参保做好引导工作。在南宁市马山县白山镇民族村民委会会议室，课题组还发现会议室墙上挂满了劳动就业、医疗保险和养老保险等相关服务流程图表，配有电脑、投影仪等现代化教育宣传设备，为农村养老保险经办工作提供了极大便利。虽然各经办机构、经办人员在努力推动城乡居保经办服务的规范、合理和高效，但受各类综合因素的影响，城乡居保受众群体对其经办管理服务的满意度各持己见。通过访谈我们发现，大部分居民表示对经办服务现状基本可以接受，文化程度稍高的居民对经办服务了解相对深入，遇到有相关项目要办理，除了不方便外，他们基本会选择自行到县社保局咨询、了解和办理。但是可能由于资料带不齐全、信息采集有出入、经办窗口少、经办人员效率低下等原因，需要来回多次才能办好。由于农居办业务经办确实有一定的复杂度，文化层次低的人了解流程有一定困难，基本会按着村协管员的要求来提交材料，由村协管员统一代为办理。因而，他们对委托给协管员代办的项目满意度较高，具体到缴费、领取养老金的体验，他们都认为应该加强这些业务的便捷性。

②服务质量满意度

受访的居民中，对经办人员服务能力“满意”的比例不算很高，“较满意”和认为“一般”的人居多，“不满意”还占了相当的比例。一些人认为村协管员的业务水平较低，对政策和经办流程理解不够透彻、准确，业务办理不够顺畅的问题时有发生，特别是参保人提出疑问时，协管员不能给予及时的答复，极大地影响了工作效率。此外，受到距离、交通的限制，经办效率也受影响。对于业务的复杂性，多数受访者表示一般，他们认为业务经办流程简单，而经办过程复杂，因为经办过程中会出现许多无法预知的小问题。但是，经过经办人员的耐心处理，这些问题也比较容易解决，因此，自己可以办理相关手续。对于那些文化层次较低的人来说，一些环节很复杂，若没有协管员和亲朋好友的帮助，他们宁愿选择不参加。在对宣传力度的满意度调查中，那些正在领取养老金的家庭和个人表现出很高的满意度，正在缴费的人员则表现出一般满意度，他们对城乡居保政策及其经办一知半解，对自己的缴费行为有一定疑虑。关于缴费便捷性问题，有近一半的受访者对当前的缴费方式较满意，因为他们既可以自己缴费，又可以通过委托银行划扣或者由村委统一征收，渠道可以自由选择。但是有些村、屯位置比较偏远，缴费服务终端未能建立，部分居民又对村委会不太信任，一定程度上增加了居民的缴费难度。调查中，居民对领取养老金的便捷性较其他项目表现出较高的满意度，据他们反映，他们每月都会“上街”两三次，顺便就把养老金领取了。领取待遇中令他们不满意的主要是养老金发放不及时，不能按时领取待遇，这影响了养老保险经办服务工作的推进。

③服务态度满意度

在城乡居保办理过程中，手续便捷和经办人服务态度两方面，手续便捷与否、服务态度好坏都使得农民参保率存在显著性差异[①]，可见，服务态度对农民社会养老保险的重要性。根据前文所述，城乡居保经办服务的服务态度满意度可用礼貌程度和对农民需求关注度两个指标来衡量，据部分居民反映，部分城乡居保经办人员的服务态度有待提高。有些村经办人员业务不熟，经验不足，缺乏耐心、责任心和服务意识，在业务经办过程中态度不佳，讲话粗鲁，漠视群众提出的问题，或是简单粗糙地答复；还有部分经办人员办事拖泥带水，工作不够上心细致，更有甚者，将自己负责的业务转交给不熟悉业务的人办理，或是不愿意花时间向村民做宣传讲解。

3.政府经办模式的特点

（1）从社会保险的公平原则上看，政府能够从宏观上、战略上考虑社会保险问题，更加注重公平和正义，能够通过收入再分配为弱势群体提供基本养老和医疗保障，如为老年人和农民提供基本生活保障。[②]

（2）从政府的权威性来讲，无论是计划经济时代还是市场经济时代，在政治、经济和社会生活中，政府都具有极高的权威性，群众对政府的认同度高。由政府来主导、推进和发展农民社会养老保险，社会阻力较少，推进较为顺畅。

（3）从社会保障基金投资风险来说，政府掌握相当数量的社会保障

① 穆怀中，闫琳琳.新型农村养老保险参保决策影响因素研究[J].人口研究，2012（1）.

② 钱振伟.覆盖城乡居民社会保障管理体制研究——基于对部分州（市）县实践的调查[D].西南财经大学，2010.

基金，不仅可以更好地进行经济宏观调控，促进社会经济发展，还可以最大限度地克服个人或投资公司非理性投资带来的社会保险基金亏损风险问题。

4.政府包办的主要弊端

（1）经办网络不健全，经办服务力量不足。在当前由县、乡（镇）和村组成的农村社会养老保险三级经办模式下，因受编制名额的限制，政府只能通过临时借调、聘用和招收兼职人员的方式来弥补经办机构业务人员的不足。但即便是这样，经办力量仍然严重不足，一名城乡居保工作人员仍然需要服务相当多的参保农民，且不说对参保人员的政策宣传、发动和调查，就连养老保险费的收取和养老金的支付也都困难重重。

（2）行政运行成本较高，日常管理开支大。相对于市场，政府缺乏提高效率和降低成本的内在动力，由政府提供所有具有“公共产品”性质的社会保险经办管理服务工作，社会保险经办效率和质量难以达到最佳状态。社会保险经办工作复杂而繁琐，无形中会导致管理费用的额外增加；由于缺乏竞争机制，资源配置效率较低，行政运行成本较高。将城乡居保工作经费纳入各级财政预算，政府补贴支出巨大。政府不仅需要支付经办人员的工资、教育培训费，还需支出日常办公运营所需要的硬件设备和软件系统采购维护等费用，日常开支难以保证。

（3）基金管理技术不足，基金保值增值压力大。由县域来统筹管理基金运行，由于缺乏相应的管理人才，投资技术落后、渠道单一、手段有限，将农村社会养老保险基金主要存入银行或购买国债而无其他投资途径，基金保值增值困难。

（二）各地的经办服务模式创新实践

随着城乡居保的实施和推进，我国日益增长的城乡居保公共服务需求与其经办能力不足的矛盾更加突出，为提升城乡居保经办管理服务的质量和效率，各地政府积极探索农村社会养老保险的经办服务模式，形成了江苏“宜兴模式”、四川“德阳模式”、福建“晋江模式”、广东“番禺模式”等多种成功的政府购买服务的层级管理模式。面对城乡居保发展过程中的一系列困境，西南集中连片特困地区可从以上经办服务模式中吸收许多有益经验。

1.“宜兴模式”

2005年，江苏省宜兴市就开创了新型农村居民基本养老保险经办模式——“宜兴模式”，它是一种将征收、监督、管理和服务相分离的运行模式，它把农村社会养老保险交给专业的保险公司来管理运营，政府负责政策的统筹和规划以及综合监督和协调，保险公司不参与保费的征缴和基金的管理，只负责业务管理。[①] 其中，市人力资源和社会保障局负责“新农保”的政策制定、管理、监督、检查和综合协调；市财政局负责“新农保”基金管理，给基金建立专门的账户，专款专用，独立运行；保险公司提供具体的经办服务，包括各参保流程的手续办理、养老金个人账户管理、待遇的结算与发放等业务；乡镇政府负责本辖区“新农保”基金的征缴，各行政村协助各项“新农保”工作的展开。保险公司在承接市政府农村社会养老保险服务后，迅速启动了公共事业服务程序，成立了宜兴市农民基本养老保险业务管理中心，在全市设立1个结算中心、20个镇（园、街道）业务服务网点，构建起覆盖全市的“新农保”经办网络，并抽调组建了一支由25名员工和优秀营销员组成的信息管理员队伍，派驻各业务服务网点实行挂牌上岗。为了更好地为农民提供服务，保险公司还自主研发出“宜兴农民基本养老保险业务管理系统”，建立了一整套业务操作和单证管理制度，做好日常管理工作，确保了账户信息的安全性和规范性。

2.“德阳模式”

2009年《国务院关于开展新型农村社会养老保险试点的指导意见》出台成为试点之后，四川省德阳市面对自身没有农村基层服务机构、经办人员捉襟见肘、财政一时难以负担、年投入经费至少627万元、管理人员需配备约180人的现状，[②] 制定出台了《新农村社会养老保险政府购买服务实施办法》，构建起由政府向商业保险公司购买服务、由商业保险公司提供“新农保”经办管理服务的“德阳模式”。政府利用自身宏观管

① 扈映，米红．“新农保”经办管理模式及改进方案研究[J]．调研世界，2012（8）．

② 李振文．公私合作视角下社会保险经办管理服务供给模式研究[D]．西南财经大学，2013.

理的优势进行监督、调控，保险公司利用自己的长处参与“新农保”经办业务管理，不仅确保了农村社会养老保险的质量和效率，还有效降低了政府的行政运营成本。

3.“宜兴模式”与“德阳模式”的优势

以上这两种模式，政府和企业权责明晰，各司其职，钱账分离，高效运作，实现了“政府购买服务、企业专业运作、农民安心养老”的良性运行，它们让我们看到政府通过服务外包，将商业保险引入农村社会养老保险的独特优势：一是转变了以往政府在“新农保”中“统包统揽”的传统模式，有效缓解了地方政府财政压力。政府把“新农保”业务转交给商业保险公司承办后，向保险公司支付管理费用，保险公司负责具体业务经办，地方政府只履行组织、引导和监督职能，提高了行政效率，减少了政府在经办成本，缓解了政府财政压力。二是提高了“新农保”经办服务能力，弥补了政府经办服务能力的不足。由于受到机构设置和人员编制的限制，政府经办模式很容易出现经办服务能力不足与庞大需求的矛盾，而保险公司具有丰富的市场服务经验，他们能够针对“新农保”的受众群体情况，制定出较为合理、科学的经办服务办法和流程。他们有较为完善的培训制度，能够对工作人员进行专业培训，使他们具有较强的专业理论素养和令农民满意的服务态度，其高效的工作运行机制是政府所不能比拟的。三是征收、监督、管理和服务相分离，强化了监管管理。征收、监督、管理和服务相分离，互相支持、互相监督、互相制约，保险公司一心一意搞经办业务，政府可以从事务性的工作中解脱出来，将更多的精力投入到监督管理工作中，让监督管理工作走上制度化和规范化的轨道，以保证社保经办的服务效率、服务质量。

4.“宜兴模式”与“德阳模式”的不足

（1）相关配套法律法规不健全，政府监管难度大。通过购买服务模式让社会经办机构参与到农村社会养老保险经办中，虽然降低了政府行政成本、提高了经办工作效率和农民的满意度，但也增加了政府的监管责任和监管难度。保险公司始终是追逐利益最大化的，政府怎样定期地从财政、监察和审计等方面对基金的收支进行全方位的监督，严防基金流失、投资风险和被挤占挪用等问题，是政府购买经办服务时不得不考虑的。然而，相关法律法规尚未配套齐全。目前，政府部门还没有建立起有效的绩效评估体系，对保险公司的经办服务效果和服务质量也很难进行衡量，加上保险公司因商业秘密而进行自我保护，对一些重要信息进行封锁，加大了政府监管的难度。

（2）社会经办缺乏权威性，农民的信任感缺乏。相对于政府经办而言，社会经办的权威性逊色了许多。在农民看来，保险公司是以盈利为目的的，追求的是利润最大化，不可能将参保人员的利益放在第一位，保险公司经办不是政府意图的体现，通过降低服务质量或提高经办费用来获取利润是保险公司的最终目的，因此对其抱有抵触心理。政府购买服务经办农村社会养老保险属于新兴事物，农民对这种经办模式还需要一个适应过程。

（3）经办人员职业生涯发展不明确，工作积极性不高。在农村社会保险经办服务的末端，协管员是社会养老保险政策的直接落实者，是社保经办服务的主要提供主体，他们的工作质量和态度直接关系到农村社会养老保险制度的实施和农民的满意度，但是他们却没有一个非常明确的职业生涯发展路径。无论是在机关事业单位还是在保险公司，他们都只是临时聘用人员，工资较低，发展也很受限，他们对自己的未来发展存在困惑并缺乏信心，影响了他们的工作热情和工作积极性。

第三节　西南集中连片特困地区农村居民基本养老保险经办模式存在问题及其原因分析

一、现行经办模式存在的问题

（一）管理体制不顺

1.机构和经办人员定位不清

当前，西南集中连片特困地区城乡居民基本养老保险普遍实行的是县级统筹管理，经办服务机构在属性、职能和工作人员身份定位上存在模糊性，有的地方将社保经办机构定位为行政机构，有的地方定位为事业单位，机构的行政规格也较低，独立性不强，执法能力较弱，在一些交叉工作中，常常出现承担的职责与机构定位不符等现象。由于县级人力资源和社会保障部门集养老金的收发、管理和运营于一身，专业人员缺乏、机构设置不健全、工作制度不规范，不利于对农村社会保险经办管理服务进行监管，易引发政府的权力寻租问题，也增加了城乡居保基金的管理风险。作为连接城乡居保制度和农民的桥梁，各地目前都未对协管员的身份和工作内容做出明确规定，包括协管员的岗位性质、选拔要求、待遇、工作内容和条件等这些硬性指标。目前，多数地区的协管员均由村干部兼任或由村支书委任，没有专职专干；城乡居保协管员没有编制，工资待遇也比较低，部分地区的协管员甚至没有得到任何补贴，极大地影响了他们的工作积极性。

2. 机构设置缺乏科学统一的规范

城乡居保经办服务机构在命名上不尽相同，尤其不规范。县级经办机构有些被称为农村社会保险局，有些被称为农保中心或者养老保险中心，乡（镇）级被称为劳动社会保障所或农保办公室或农保所，五花八门，不一而足，这在一定程度上影响了经办机构的严肃性和公信力。有些地方的社会保险经办机构挂靠在其他政府部门办公，没有独立挂牌和标志，公众的识别度不高，容易让办事群众产生误解，造成极大的不便。另外，他们仍然按照险种设置机构，并没有形成“五险合一”统一办理模式，这种条块分割、各行其是的经办方式，影响了信息共享，增加了业务的交叉度和复杂度，增加了社保管理和经办成本，也不方便老百姓办事。

3. 管理体制未理顺，养老保险管理机构分散

据相关研究，因受到“老农保”遗留问题的影响，原来由民政、劳动、人事三个部门分别管理的农村社会养老保险、乡（镇）企业职工、机关事业单位养老保险，给当今的农村社会养老保险工作增加了不少难度。由于农村社会养老保险工作的复杂性，劳动和社会保障部接手民政部工作统一管理后，多数县级单位未能及时完成职能转接工作，许多职能机构和管理体制没有落实，一些地区的农村养老保险工作出现断档，无人管理，农村社会养老保险经办服务受到影响，档案无法移交，信息无法共享，影响了农村社保的可持续性。随着各类型商业保险的蓬勃发展，农村社会养老保险经办遭受巨大挑战。商业保险主动出击，通过各种灵活的措施，在各个乡村进行宣传，鼓动村民投保，并取得了一定成效，使农村社会养老保险受到不同程度的挤占。有些地方为达到扩面覆盖、提高参保率的目的，将政府的积极引导变为“强制要求”，老人领取养老保险与子女缴纳养老保险等相互捆绑，引起农民的不满。

（二）经费保障不足

杨燕绥认为，经费保障包括人工费、服务费和信息系统建设费。①

① 杨燕绥 . 社会保险经办机构能力建设研究 [M]. 中国劳动和社会保障出版社，2011：86.

2014年国务院颁发的《国务院关于建立统一的城乡居民基本养老保险制度的意见》规定：“城乡居民养老保险工作经费纳入同级财政预算，不得从城乡居民养老保险基金中开支。基层财政确有困难的地区，省市级财政可给予适当补助。”但是在实际操作中却困难重重。经费保障不足，使得西南集中连片特困地区农民养老保险经办的业务量和难度大大增加。目前，养老保险经办机构的经费投入大都是在编人数人均办公费和专项资金，管理服务经费按照一般行政性事业单位人均办公费计算，忽略了其经办业务的特殊性，随着农村社会保险的逐步扩大，社会保险经办经费出现严重不足。特别是部分地方政府财政紧张，没有相关的管理经费划拨，管理服务费从社会保险基金中按比例提取，由于基金管理不善，管理服务费也在不断增加，无形中加大了城乡居保的资金缺口，县级社会保险经办机构经办服务工作很难得到保证。一些地方虽然将经办服务经费列入预算，但是因为地方财政拨付能力不足，政府应拨付的经费很难按时到位，基层社保经办服务工作受到严重冲击。基层经办人员工作量大且事务繁琐复杂，政府对基层经办工作人员特别是村协管员的经费投入不足，协管员的工作动力不足、积极性不高，难以保障农村社会养老保险事业的顺利推进。

（三）人员支撑不力

人才队伍是制约城乡居保经办服务水平和质量的直接因素。从建立统一的城乡居保制度意见提出以来，西南集中连片特困地区农民基本养老保险逐步由制度全覆盖转向人员全覆盖，社会保障经办的人员数量、服务范围和服务内容急剧增加，服务难度加大，社保经办工作人员的工作量进一步增大，最初设定的工作人员规模难以满足当前的经办服务需求，给县、乡（镇）社保经办机构工作人员和村协管员带来很大的工作压力。《西南集中连片特困地区农民基本养老保险问题研究》课题组在四川省仪陇县的调查显示：截至2017年6月底，全县城乡居保参保登记覆盖52.2万人。在人员配置上，县居保局的办公室、财务股、征集股、退管股、稽核股和信息档案股等六部门共有人员编制17人，中心乡镇定编人数为5—6名，一般乡镇定编至少2名，行政村在“四职干部”中确定

1名协理员，再加上在窗口上具体经办业务的外聘人员，按照经办人员与服务对象的比例计算，为1：5000多一些，社会保险经办管理服务任务十分繁重。根据调查组在广西马山县人力资源和社会保障局的座谈：依据当地城乡居保发展指导意见，每1万人口需要配置1名业务员，但是他们承认，目前城乡基本养老保险业务员配置远远达不到这个要求。一名协管员不仅要负责参保登记、费用缴纳、待遇领取、关系转移等业务环节所需材料的收集与上报，还要向参保群众发放相关宣传资料，提醒参保人员按时缴费、办理待遇手续、追回代领冒领待遇等，面对着几千人的行政村，协管员承担的业务量过大，很难满足实际工作需求。除受到人员配置和业务繁琐程度的影响，工作条件也是导致经办人员不足的一个因素。由于工作对象涉及面广，各村屯农民居住分散，多数村屯之间没有水泥路，村干部只能步行展开工作，工作效率比较低，容易导致政策宣传不到位、参保农民的信息审核不全、发放进度慢、生死认证难等问题。①

（四）管理存在漏洞

1.在机构管理方面

综观西南集中连片特困地区农民基本养老保险我们发现，其主要业务工作由县级及县以下的机构承担，县级机构既负责资金的收发，又负责基金的运营管理，县级政府既是管理员又是监督员，基金的监管工作难以落实，容易引发地方政府的道德风险。有研究者调查发现，多数基层机构没有明确的工作任务与目标，责任落实不够，缺乏明确的业务考核与奖励政策，上级部门的支持力度不够大，缺乏城乡居保方案的改进计划与打算，对城乡居保工作开展信心不足，严重影响着城乡居保工作的展开。② 在农村社会养老保险的具体实践中，由于缺乏严格的管理制度，在管理上出现了不少的问题和漏洞。

---

① 覃双凌.制度全覆盖后新型农村社会养老保险经办管理服务能力的思考——仅以广西壮族自治区为例[J].劳动保障世界，2012（12）.

② 王章华.中国新型农村社会养老保险制度研究[M].中国社会科学出版社，2014：80.

2. 在经办人员管理方面

受到编制名额限制的影响，县级农村社会养老保险经办的窗口工作人员大都属于外聘人员，工作人员队伍很不稳定，工作人员的流动性大，工作人员的业务素质和工作质量受到很大影响。在农村社会养老保险的县、乡（镇）和村三级经办服务中，最为关键的是村级经办，也就是协管员经办管理服务。协管员负责从参保登记到缴费申报再到待遇领取等一系列城乡居保经办的具体流程，负责政策宣传、资料的收集和整理、初步审核和上报等核心业务，大量的有关农民的调查情况、基本信息等核心数据都由他们采集提供，也正是因为有了这些数据，才能更好地对农村社会养老保险工作进行数据维护和动态更新。但是，目前村级养老保险经办工作还只是协办，给人以地位与作用不对等的感觉，也造成了责任很难落实的问题。

3. 在档案管理方面

养老保险信息档案是指城乡居民基本养老保险经办机构在办理业务过程中形成的具有保存价值和利用价值的专业性文字材料、电子文档、图表等不同载体的信息资料。[①] 农村社会养老保险档案是农村养老保险经办中形成的关于农民参保基本信息的原始材料，是农民“血汗钱”、“养命钱”的见证。做好农村社会养老保险档案管理工作，有利于维护农村参保居民的基本利益，维护农村社会的稳定。当前，西南集中连片特困地区农民基本养老保险业务档案存在以下问题：首先，档案管理意识薄弱，重参保、轻档案的现象较为严重。随着农村养老保险扩面覆盖进程的加快，许多地方都制定了推进农村社会养老保险发展的计划和目标，各级政府层层落实责任，想方设法提高农民的参保率，但是他们却看轻农民参保信息档案管理的作用，没有及时整理、归集参保人的参保资料并上报县社保局，造成部分参保农民档案遗失。其次，经办队伍不稳定，业务水平有待提高。乡镇养老保险部门没有档案机构，没有专门的档案管理人员，基本上都靠城乡居保经办人员兼管，严重影响业务档案的整

① 武萍. 中国社会保障基金运营监督管理研究 [M]. 社会科学文献出版社，2015：212.

理收集工作。经办人员的业务水平也不高，填报、归集的参保人信息不规范，不能有效地调用信息。再次，档案管理手段单一，技术水平落后。受办公条件的限制，有的基层经办人员手工录入参保人信息，漏填、错填等现象时有发生，再加上业务信息传递环节多，收集整理耗时长，造成了系统信息与参保人信息的偏差，给经办业务带来了不少麻烦。最后，档案管理与业务经办脱节，档案利用率低。虽然有些地方建立了档案检索管理系统，但由于没有与业务经办各个环节相互融合，收集整理和立卷归档起来的信息材料没有得到很好的利用。

4.在基金管理方面

随着新型农村养老保险制度覆盖面逐渐扩大，农民参保人数逐渐上升，如何采取有效手段保证农民养老金账户能够专户储存、专款专用，不被私自挤占挪用，基金最终实现保值增值，已成为对农村社会养老保险基金进行有效监管的重要内容。① 从目前情况来看，农村养老保险基金机构把工作重点大都集中在城乡居民养老保险基金的征缴上面，在很大程度上忽略了对基金的审查与核算，② 大大影响了农村养老保险基金监管的效率，增加了农村养老保险基金管理和运营的风险，可能给极少数经办工作人员利用职权上的便利，多人联合进行欺诈、骗取、挪用他人养老金留下可乘之机。由于经办过程中的信息不对称，常常会出现他人冒领养老金的行为：享受待遇人员死亡后，其亲属没有及时申报死亡注销账户，还继续以他的名义领取养老金，或利用社会养老保险信息系统不完善的漏洞，利用多个虚假身份重复参保以图谋领取多份养老金。从保值增值上来说，农村社会养老保险基金的保值增值能力不强。农村社会养老保险基金的投资方式主要是购买国债和银行存款，虽然有一定的保值增值作用，但要满足参保人年老丧失劳动能力后的基本生活需求，还是有较大差距。农村社会养老保险机构应该选择更为科学合理的基金管理和投资模式，促进基金的保值增值。

---

① 刘瑞莲.加强新型农村社会养老保险基金监管的必要性和对策分析[J].科技情报开发与经济，2009（29）.

② 邵燕.城乡居民养老保险基金监管的问题及对策研究[J].中国乡镇企业会计，2016(10).

（五）信息技术滞后

农村社会养老保险的改革发展过程，也是其经办服务信息化发展的过程。从20世纪80年代发展至今，农村基本养老保险经办服务信息化建设取得了很大的成就，但是也呈现出诸多需继续解决的问题。第一，基本养老保险信息管理系统规范性仍待加强。因统筹层次低，县级养老保险经办服务囿于资金能力和技术水平问题，信息化系统体系较为松散，规范性也比较低，对劳动者跨地区就业、退休人员异地支付等限制较大。第二，基本养老保险经办服务信息化管理手段和水平落后。随着城乡居民基本养老保险覆盖面的扩大，参保人数大幅增加，养老保险基金规模、经办工作人员的服务人次也随之急剧增长。而传统的保险系统过于简单，功能单一、共享性差，面对如此庞大的信息量和资金量，仅仅依靠县级统筹模式下的低水平单机管理，无论是养老金的领取还是社会化发放，或是养老保险关系的转移都很难顺利完成，传统的管理手段和统计方法亟需改善。第三，基层养老保险信息化协调度不高，队伍素质有待提高。基层社会保险经办机构工作人员结构不合理，极度缺乏既通晓社会保险理论、政策与实务，又熟悉网络信息平台搭建与技术维护的复合型人才。许多地方虽然已经引入了养老保险信息系统平台软件，但因专业水平参差不齐，人才培训跟不上，系统使用效率比较低，经常出现基层有数据却很难投入到实际应用中来的情况。第四，基本养老保险地区信息化发展不平衡。在西南区域非集中连片特困地区，农村社会养老保险经办信息化发展水平明显高于集中连片特困地区。在集中连片特困地区内部，除距离县城比较近、交通相对便利的乡（镇）和村外，整体信息化发展水平明显落后，不能满足农村社会养老保险整体发展需求。

二、现行经办模式的问题原因分析

（一）保险观念不强，缺乏社会保险意识

保险观念不强、保险意识淡薄主要表现在经办人员和农民这两类主体上。部分乡镇政府对城乡居保政策的落实不够重视，乡镇或村组相关

负责人不落实责任，个别乡镇从主要领导到具体工作人员以及村干部没认真了解和掌握相关政策和精神实质，工作不是主动作为，而是应付交差了事。有些农民并非没有能力购买保险，而是因为对养老保险的认识和了解不足，担心一旦钱交给社保机构就拿不回来，宁愿把钱存入银行，而不愿意把钱交到社保机构。当农民发生意外或年老没有经济收入时，就很容易陷入困境，基本生活质量得不到保障。同时，一部分农民的短视也是他们不愿意参加养老保险的因素之一。作为小生产者，他们只看到眼前的利益，而缺乏长远的计划和打算，他们不会付出自认为并不必需的支付，如不接近年老时不考虑养老之事。

（二）县域经济发展水平落后，财政经费支撑乏力

与其他地区相比，西南集中连片特困地区资源优势没有转化为产业优势，缺少带动力强的大企业、大基地和产业集群的支撑，市场体系不完善，配套设施落后，资源就地转化程度低、精深加工能力弱，特色优势生物资源深度开发与综合利用水平和资源配置能力较低，未形成有效带动经济发展和扶贫开发的支柱产业，县域经济很薄弱，财政对社会保险的支持力度比较少。随着农村社会养老保险规模的不断壮大，参保人群也随之扩大，经办项目不断增多，参保单位、个人以及退休人员数量激增，现有的财政支持水平已经难以支撑当前社保经办所需的基本费用，对未来经办管理服务的进一步扩大更无力顾及。一是缺乏专项事业经费，如政策宣传费用等的短缺使得经办人员无法制作宣传物资；财政补贴少，养老金待遇标准低，养老保险缺乏应有的吸引力。二是信息化建设经费短缺，难以满足养老保险信息更新、跟踪和服务的信息管理要求。三是财政补贴政策缺乏合理性，无论农民选择哪个缴费档次进行缴纳，他们所得的财政补贴差别都不大，无形中促使农民选择低档次缴纳。许多地区受限于经济发展水平，基础养老金保障不足，整体水平相对较低，随着物价的不断上涨，农民能够领取到的养老金不能满足其基本生活开支，更不能做到“长缴多得、多缴多得”，财政补贴不到位。四是缺乏竞争激励机制。在经办人员方面，没有相应的奖惩机制，不能充分调动社保业务经办人员的积极性，缺乏相应动力，影响了农村社会养老保险各项经

办工作的顺利开展。

（三）经办制度不完善，权责分配不明

作为一项新的养老保险制度，从2014年新农保和城居保合并实施以来，城乡居保获得了全面推广，各省、市基本都出台了相应的实施意见和经办规程，对社会养老保险经办做出相应的指导。因农村社会养老保险尚属县级统筹，县级社会保险经办机构在具体经办业务时，只是按照上级的实施意见和经办规程来做，自己并未制定出相应的经办办法，明确各相关部门的职能和职责，县级经办制度还不够完善。一是权力与责任分配不清晰。长期以来，社保经办机构与行政管理主体间权责不明晰，经办机构的名称、规格、职能等模糊和重叠，造成许多管理漏洞。由于社会保险立法滞后，社会保险的执法权力不够，职能存在混淆、权力存在分割问题，社保稽核陷入困境。二是权利轻，责任重。通常情况下，一个机构依法享有多大的权威，就相应地承当多大的责任。但目前，社会保险经办机构承担责任重大，相应的权力范围却十分有限，社会期待并不能立即见效于行政机构职能的改进，运行机制也不能做出相应的突破性调整。

（四）经办立法层次低，监管体系不健全

在县级统筹模式下，各县级养老保险经办机构各自为政，各自根据自身的实际情况，制定养老保险经办流程、实施标准和办法，立法层次低，管理难度大，也很难得到相关部门、单位和个人的积极配合。在具体实施细节方面，没有建立起很好的监督指导机制。分散的监管造成养老基金的管理链条过长，增加了监管的难度；监管机构职责不分明，集立法、行政、执法、监督多项职能于一身，影响了纠错效率，难以保障制度按照政策要求施行；监管的透明度不高，易引发地方政府官员挪用养老基金等腐败行为，难以保证惠农政策真正落实到位。

（五）政策体制落后，队伍建设不足

“五险合一”的施行，已经在很大程度上方便了经办机构及其工作人员展开社会保险经办业务，但是，由于之前的社会保险各险种独立运行，并且分属于不同的部门负责管理，各类经办服务的编制、管理体制

仍存在较大差距，业务交叉、重叠的情况仍然存在，社保经办服务缺乏统一性和协调性，制约了养老保险经办服务效能的发挥，造成人、财、物资源的浪费，同时也不利于人力资源的统一规划与调配。《社会保险法》不仅提出设立社会保险经办机构和服务网点的要求，同时也提出“社会保险经办机构的人员经费和经办社会保险发生的基本运行费用、管理费用，由同级财政按照国家规定予以保障”，但是由于没有主要的牵头部门，相关配套法律、法规也没有及时跟上，社会保险人才队伍建设缺少强有力的法律支持。人力资源和社会保障部于2016年7月印发的《人力资源和社会保障事业发展“十三五”规划纲要》提出：“加强人力资源社会保障系统队伍建设，统筹抓好系统干部教育培训、评比表彰和窗口单位作风建设。实施社会保障百千万人才工程，培养社会保险精算等专业人才。”各级社会保险经办机构要认真研判形势，抓住新机遇，按照新要求，制定符合实际的、具有可操作性的人才政策和制度，建立科学合理的人才预警机制，形成动态的人才管理，为社会保险经办服务提供强有力的人才支持。

第四节　西南集中连片特困地区农村居民基本养老保险经办模式的创新

基于上述对西南集中连片特困地区农村居民基本养老保险面临问题及原因的分析，我们提出以下几个方面的创新举措。

一、理顺管理体制，明确机构职责与分工

社会保险经办管理作为国家提供的一项基本社会公共服务，承担着向亿万参保者输送社会保险服务的基本职能，是体现国家公共部门形象的一个主要窗口，该体系的建设直接关系到服务型政府转型的成效。①城乡居保经办服务是具有正外部性的公共产品，参保人员的机会主义倾向和有限理性会造成市场供给不足，出现市场失灵，由政府组织提供经办服务，成本更低，效率更高。②较之于政府，市场在资源配置中起决定性作用，当政府产生失灵，对城乡居保经办服务资源在地区间难以有效调动和整合，无法实现公共服务均等化时，市场会弥补政府的不足。因此，在由政府提供或由市场提供社会经办服务之间没有孰优孰劣，而是在特定的条件下谁更适合的问题，我们应该在两者之间寻求最佳的社会保险经办服务管理模式。但无论选择何种经办模式，社会保险经办机构都要给自己定好位置，是行政机构，还是事业单位，或是企业化管理，

① 房连泉.社会保险经办服务体系改革：机构定位与政策建议[J].北京工业大学学报（社会科学版），2016（6）.

② 唐志军，王玉霞.对经济学的“手”理论述评[J].云南财经大学学报，2009（4）.

若是事业单位，是全额拨款单位还是差额拨款单位。同时，理清自身与其他职能部门之间的关系，明确自身职责，确立自己的身份。

从农村社会养老保险制度的长远发展来看，提高养老保险统筹层次，由县级统筹发展为市级统筹，再由市级统筹发展为省级统筹甚至全国统筹已是必然趋势。但就当前各地的经济发展水平来看，需要经由市级统筹和省级统筹过渡。在政府经办模式下，需要在省一级建立社会保险事业管理局，作为业务机构独立于行政机构之外，对全省的社保业务实行集中统一管理和监督。管理局下设对应的市（区）、县社会保险事业管理局，市（区）、县管理局直接接受省级社保局的管理，它们与市、县行政机构之间是一种横向的行政和业务合作关系，虽然有密切关系，但不受当地政府的横向干预，防止当地政府对农保基金和业务的干涉，真正做到政事分离，这是自上而下的，政府与农保中心通过监督合作确保每一级经办水平和能力的建设。省、自治区和直辖市养老保险经办服务机构的主要工作为进行财务管理、资料管理、业务管理、综合稽核等，设立业务、财务、稽核、服务、档案等部门，围绕国家基本养老保险政策监督、指导下属经办机构的服务质量；市（县）一级对县、乡镇级基层经办机构的业务操作和业务管理进行后台处理，集中专业人员和技术设备；县、乡镇级基层经办机构以集中处理业务为主。在社会经办模式下，社会保险经办服务是推向市场的，要遵循政务与市场分开、监管与经办分开的原则，政府部门和保险公司双方各有优势和劣势，双方应该形成优势互补，尽量弥补对方在经办服务中的不足，政府部门的优势在于宏观管理、统筹监控，保险公司的优势在于技术开发和具体性事物的办理。因此，在展开城乡居保经办管理服务时，双方首先要确定各自的位置和职能，政府在哪些方面更有作为，怎样分工和展开服务，在规范和引导保险公司的具体工作时，怎样才能更好地为它们服务，以提高项目服务效率。同时，按照各自合理的人员配比，组建矛盾协调委员会，当双方在提供服务产生矛盾时，协调委员会负责相关事务的协调与沟通，化解矛盾，提高工作的顺畅度和工作效率。

二、合理配置经费，加大社保经办服务经费投入

《社会保险法》第七十二条规定，“统筹地区设立社会保险经办机构。社会保险经办机构根据工作需要，经所在地的社会保险行政部门和机构编制管理机关批准，可以在本统筹地区设立分支机构和服务网点”，它首先明确了社会保险经办的事权责任。第七十三条要求，“社会保险经办机构应当建立健全业务、财务、安全和风险管理制度”，指出在事权责任基础之上建立与之相匹配的经费保障机制。但是，在当前属地化管理模式下，财政供款机制缺乏透明度，造成社会保险经办事权和财权相脱节，导致了政策碎片化和管理分散化，影响了农村社会养老保险统筹层次的提高。十八届三中全会提出建立与支出责任相适应的制度，因此，建立与社会保险经办机构相匹配的经费保障机制，不仅中央承担相应的养老保险事权责任和费用支付责任，省和市级单位也承担一定比例的责任，按照人员经费、办公费用和专项费用的构成情况，将管理服务费、劳务费和培训费等纳入专项经费预算，作为制度的运行成本，从养老保险基金中列支，才能解决农村社会养老保险经办经费不足的突出问题。赵秀斋指出：按照 2013 年的水平测算，中国城乡居保经办机构的经费支出仅占当年基金收入的 0.5%，如果能够将1%的基金收入用于经费支出，那么经办机构经费紧缺的问题将迎刃而解。可见，从基金收入中列支经办机构的行政管理成本，是解决经办机构经费不足的最佳出路。

随着统一的城乡居保的全面推进，农村社会养老保险参保人数和保险经办服务人次迅速增加，对政府的社会保险经办服务机构经费支出提出了挑战。只有进一步提高经办服务机构的办公费、人员业务培训开支等经费预算，才能推动社会保险经办机构提供更加优质的保险服务。根据实际工作的需要，适度增加人员编制经费，扩大编制人员的覆盖范围，减少临时聘用人员在养老保险经办服务人员中的比重，提升经办服务人员的归属感和工作热情。基层工作人员的工作条件艰苦，工作量大且事务繁琐，在发放待遇时，应给予适当的倾斜，在满足他们基本生活需求的同时，保证他们有必要的资金保证经办业务的再扩大；当基层经办机

构财政能力有限，不足以满足支付需求时，上一级财政应予以必要的支持和保障。建立合理的激励机制和岗位提升机制，鼓励经办服务人员参与业务培训和职业能力竞赛，为他们解决经办业务过程中所遇到的疑难问题，提高他们的业务水平。向城乡居保的政策宣传和信息化建设提供必要的经费支持，以提高农民对农村社会养老保险的认识，提高他们了解城乡居保政策和参保查询的便捷度，提高经办服务工作的便利性和工作效率。

养老保险经费总额包括人员经费、办公费用和专项费用三个方面，要建立科学合理的社会保险经办管理服务经费保障机制，必须做到统筹谋划、分别预算、分开管理，与社会保险事业发展要求相适应，与服务人群规模和服务量相匹配并实现动态调整，才能有效缓解西南集中连片特困地区社会养老保险经办机构经费紧张问题。

三、科学配备人员，优化社保经办服务人才队伍

（一）推进社会保险经办机构统一规范，促进基层服务平台建设

社保经办机构是社会保险经办工作的组织者和承担者，在经办管理服务活动中处于主导地位。《社会保险法》第七十二条明确了社会保险经办机构的设置原则，统筹地区根据社会保险经办业务工作需要，合理设置经办机构。在同一个区域，特别是在市、县级行政单位里，设立一个统一规范的社会保险经办管理服务机构，将单独设立的企业、机关事业单位和新农保经办机构合并成一个养老保险机构，统一社保经办服务机构的名称、编制和部门设置，推进经办服务机构的垂直管理，提高经办机构的公信度，促进农村社会养老保险政策的贯彻落实。提高社会保险经办服务的统筹管理层次，实行社会保险的垂直管理，以保证社会保险政策贯彻落实的一致性、经办服务的规范性；促进经办机构能力的提升；提高经办队伍的整体素质；保证各种信息传递的顺畅，实现资源共享；加强对基金的统一调配和监督管理，能够保障基金的运行安全，实现基金保值增值；提升经办服务人员的认同感和归属感，使其自发地为社会

保险经办服务工作献计献策。社会保险经办机构统一规范和统一管理，是夯实人才队伍的组织保障。经办服务平台是社保经办机构服务群众、联系群众的窗口和纽带，要充分利用“一拖四”项目发展机遇，加强县、乡镇两级就业社保服务中心建设，推行社会保险费银行代扣代缴、社保专用移动POS机缴费、各类线上自主缴费等多种缴费方式，简化经办流程，提升经办管理服务水平。全面开展村级综合服务中心社保就业服务窗口建设，按照服务人群的规模配备就业社保自主服务一体机，每个行政村开设1个社保就业服务窗口，配备1名以上专职或兼职协管员，保证农村社保就业服务工作的落实，同时不断加强窗口作风建设，为城乡居民提供高效优质的社会保险服务。例如，广西推出“服务惠民”专项活动，按照“有人员、有场地、有设备、有流程、有网络、有经费”“六有”标准建设村级综合服务中心，计划用两年时间推进广西14268个行政村综合服务中心建设，以“建设一个村级综合服务中心，做好就业、社保、教育、卫生、文体、法律六项服务”为重点，实现“农村基本公共服务全覆盖、农民群众办事不出村”目标。截至2017年9月底，广西已挂牌成立村级综合服务中心的有5760个行政村，建设行政村服务大厅7419个，开设服务窗口21，708个，配备协管员18，347人（其中专职3235人），8763个行政村联通了网络，配备电脑等办公设备8878套，安装电子显示屏1325个。其中，达到“六有”标准的“服务惠民示范村”共计5035个，从而构筑起“自治区—市—县—乡—村”五级社保就业服务平台，实现了“机构统一设、业务一家管、办事一站结”。

（二）建立动态增员机制，弹性配置经办服务队伍

面对当前经办机构人员严重不足的现状，各地区要积极探索人才开发利用的新途径，通过购买服务、增加公益性岗位、聘用合同工等方式充实基层经办力量，不断创新人才管理手段，解决经办人员不足的问题。政府通过半自治管理模式，将部分养老保险经办工作交由保险公司来管理，保险公司可按照市场的需求情况，随时根据工作的繁杂程度相应地增减经办工作人员，或在社会保险经办机构内部设置公益性岗位，通过与公益性组织合作，根据社会保险经办服务工作需求招用志愿者，可

以灵活处理人员紧缺问题。按照国际上服务量和服务人群配置标准，人均险种管理幅度配备管理人员的最高标准为1：5 000，按照西南集中连片特困地区的经济、环境、交通等条件，县级经办机构可按照不高于1:5000的比例配置经办工作人员，乡（镇）可以按照不高于1:3000的比例配置人员，村级经办工作可按照不高于1:1000的比例配置人员。在具体配置时，要充分考虑经办机构的主要职责、服务区域的大小、服务人群的多寡、办公条件的优劣和工作展开的难易程度，确定好基本员额编制，并根据经办形势的变化适时调整，做到动态管理，优化经办人员配置。

（三）完善人才培养和培训机制，提升经办业务能力

当前，城乡居保经办服务队伍整体上还缺乏坚实的专业知识储备和精湛的业务服务能力，只有不断推进人才队伍建设，开展形式多样的培训学习活动，才能迅速提升经办人员自身乃至整个人才队伍的整体素质。针对现有的经办人员，要根据形势变化的需要，加强业务培训，及时更新知识体系，及时了解有关养老保险法律法规新政策，使业务骨干在知识储备、服务意识和业务技能上更能适应岗位的实际需求，保证养老保险政策的有效落实。不同层次、不同岗位和不同人员的培训需求不一样，在选择培训内容和培训形式时，应当提前做好相关调查，根据调查情况制定培训计划，设置培训课程，确定培训内容。培训形式可灵活多样，可采取在职教育的方式，亦可采取岗位练兵、岗位轮换和现场模拟等形式，使培训活动更加贴切日常经办工作实际。培训结束时，应当对培训人员进行结业考核，测试受训人员的培训效果，及时发现培训中的漏洞和未能解决的问题，并加以改进和优化。当然，社会保险经办业务培训要形成制度化和常态化，才能根据培训实践进行不断的总结、反思和提升，才能以培促学、以培促改，促进社会保险经办服务能力的不断提升。

（四）建立经办人员考核激励机制，提高业务经办动力

要提升社会保险经办人员的工作动力，科学合理的薪酬制度是不可或缺的一部分。经办人员的薪酬要充分体现部门和个人所创造的效益和所做出的贡献，做到赏罚分明、奖优罚劣，对优秀经办人员给予必要的

奖励，才能树立榜样，调动全体经办人员的工作积极性。根据马斯洛的需求理论，人的积极性和受激励程度主要取决于需求的满足程度，具体到农村基本养老保险经办工作中，就是要充分利用不同人员不同阶段的需要层次，激发经办人员的工作动机和潜在能力，使其积极、主动地为社会保险经办业务工作服务。在进行绩效考核的过程中，要对绩效目标做好解释工作，对工作中暴露出的困难和问题，及时地跟工作人员进行沟通，促进问题的有效解决，确保绩效目标的顺利完成。考核的目的是为了找出社会保险经办中出现的问题并进行纠正，从而促进经办人员的不断进步和成长，使其更好地为社会保险事业服务。因此，在考核结束之后进行绩效反馈是非常必要的，通过结果反馈，不仅能够充分肯定经办人员所取得的成绩，还能够找出他们的不足，促使他们总结、提升，提高其业务经办水平。

四、强化监督管理，防范资金运行风险

监管机制应包括对社会保险基金的筹集、运营、支付、使用的监管，更应当包括对社会保险实施过程的总体设置、实施和效果进行监督和审议的制度。① 与其他农村地区一样，西南集中连片特困地区农村社会保险监管机制不健全，目前大多是对社会保险基金的监管，而缺乏对农村社会保险实施全过程的监管。长期以来，农村社会保险监管手段单一，除主要的行政手段之外，法律手段和经济手段等相对缺乏。在管理上，因法律责任不明确，制衡机制不健全，不时出现社会保险基金被挤占和挪用、养老金被冒领等问题。

（一）提高养老金统筹层次

为了规避基金的内部欺诈风险，防止农村基本养老保险基金被挤占和挪用，针对农村社会养老保险还属于县级管理的现状，充分利用城乡居保全面推进的良好时机，提高农村养老保险基金的统筹层次，逐步从

① 王传玲.合作保险组织——中国农村社会保险新模式研究[M].上海交通大学出版社，2010：142.

市级统筹过渡到省级统筹、省级管理，防范地方政府的资金道德风险，促进社保基金的协调运营，扩大资金规模。

（二）建立法律监督制度

农村社会养老保险监督管理的主要功能是消除危害社会保险运行安全的各种因素，确保社会保险经办服务的良性运行，因此，必须建立公正的、独立的和制度化的社会保险监督管理机制。应当通过法律法规赋予监督管理机构一定的法律地位和权力，社会保险监督管理也必须在法律法规的范围内行使应有的监督权，不受其他部门和个人的干涉。社会保险监督要建立收支两条线制度，减少社会保险基金的发放环节，公开社保基金账目，让受益人进行有效监督。同时，加强每年度的社会养老保险稽核检查工作，对社会保险经办机构基金管理的财务状况和运营状况进行审核和检查，促进社保经办工作健康运行。完善的监督机制还应该包括农民的监督参与。由于社会保险关系到每一位农民的切身利益，其覆盖面非常广，涉及的人员非常多，要充分加强他们的法律意识，使其共同参与对农村社会保险的监督，才能有效提升监督效果。

（三）规范工作流程

按照法律法规的要求，制定社会养老保险操作规程，规范经办操作程序，使得经办管理工作有法可依。在社会保险经办服务各个环节中，严格执行等级申报制度和审批手续，谨防跨级、越级违规办理业务，对违规行为要依法进行处理，及时制止不良行为继续扩大，保证经办服务的权威性和严肃性。

（四）规避基金支付风险

随着信息化管理技术的不断发展，部分陈旧的信息管理系统已经不能满足当前规模逐步扩大的社会保险经办服务需求，不可避免地出现漏洞，少部分人有意无意地利用这种漏洞代领、冒领养老金，造成养老保险基金的损失。为防止养老金的欺诈冒领风险，应加强养老金资格认证工作，保证基金的安全运行。首先，是要与公安、人口计生、民政等部门建立协调机制，以各部门数据作为依据和参考，做好待遇领取审核工作，从源头上消除虚报冒领隐患。其次，要切实加强对村级经办人员和农民的法制教育，使他们认识到，虚报冒领养老金是违法行为，检查发现后会受到法律制裁，让村级经办人员和农民自觉遵守法律规定。再次，要在每个村屯设立举报电话和举报邮箱，对虚报冒领者依法给予必要的处罚，对举报属实者给予一定的奖励。

五、集合技术服务，促进社保经办服务信息化建设

（一）加强农村养老保险网络信息平台建设

随着信息化的飞速发展，信息技术已经渗透到社会保险经办工作的各个环节，通过对参保农民进行数据信息采集和加工处理，将参保农民的缴费记录、缴费状态、社会保险关系转移、资金流动等重要信息录入社会保险管理信息系统，可以满足社保经办机构和广大参保人员的信息需求，达到资源共享，实现信息资源的有效利用。《社会保险法》第七十五条规定：全国社会保险信息系统按照国家统一规划，由县级以上人民政府按照分级负责的原则共同建设。

提高养老保险统筹层次已经成为社会保险发展的一个趋势，将农村社会养老保险信息纳入省、市级统一网络平台也将成为必然。在建设社会保险管理信息系统时，应该统筹规划、顶层设计，实行经办业务专线运行，构建以省级数据中心为根节点、市县级数据中心为汇集点、乡镇和村为基本信息收集与录入单位的网络信息平台，规范命名，统一管理，科学分配网络地址，保证业务专线网络的安全。积极搭建城乡居民社会保险信息系统，加强“智慧社保”APP建设，将社会保险咨询查询、业务经办、待遇领取资格认证等业务融合起来，打造“参保缴费、待遇领取、权益查询、生存认证”为一体的村级信息应用服务平台，争取达到“群众最多跑一次”就能办好业务的目标。参保农民和基层单位的农村社会养老保险信息显得尤为重要，它是支撑社会保险业务经办系统良好运行的关键。基层单位和经办人员要高度重视参保农民的信息采集，确保参保信息的真实、可靠和完整，才能有效推进业务管理、财务管理、查询服务、联网检测功能一体化，才能提高城乡居保经办服务能力。

（二）加快推进农民养老保险数据信息采集

农村社会养老保险的基础数据是经办业务的依据和基础，也是建立社会保险信息管理系统的关键所在，准确、有效的参保信息数据能够保证经办业务的顺利完成。努力推进“互联网+人社”行动计划，将社会保险信息系统和经办服务向村级延伸，实现信息系统“一网通”，基层经办机构和经办人员在采集、录入参保人员信息时，要充分参考公安、民政和统计等部门的数据，加强信息对比与识别，努力促使系统信息与参保群众实际信息的一致和对称。根据采集内容，按照不同年龄段、不同困难人员、不同参保状态进行分门归类，做到精细采集，确保参保民众的信息完整，为社会保险经办业务做好铺垫。

（三）建立农村养老保险电子信息档案

档案信息是核定参保人参保缴费的基础，是参保人享受养老保险待遇的重要凭证，管理档案是为了方便养老保险经办机构和参保农民利用与检索，因此，要加快建立农村养老保险电子信息档案，根据农民的参保情况，如实记录参保信息。据了解，受当地经济发展水平的影响，西南集中连片特困地区许多都是劳动力输出县份，人口流动性大，建立电子信息档案时，应充分考虑失地农民、自主创业农民和务工农民等不同特殊类型群体，分类建立，从而实现对流动人口的信息化和规范化管理。此外，大力开发社会保险异地转移和档案接收平台，让流动人口的参保档案信息随着人员的流动而跟着转移。同时，加强综合性公共服务平台建设，方便参保农民通过网站、电话等途径咨询社会保险政策、办理社保业务、查询账户信息和投诉举报等，多方位了解自己的参保情况，增强他们的参保信心和积极性。

（四）加快培养信息技术人员

社会保险事业信息技术人才短缺是一个不争的事实，它正严重影响着农村社会养老保险的信息化建设，解决这一问题不但需要招聘引进专业人才，更需要对现有人员进行培养、培训和教育，使他们逐渐成为信息技术骨干。对此，各级主管部门要建立信息化教育培训机构，提高基层经办机构和工作人员的档案管理意识、责任意识，积极参加基本养老保险档案管理业务培训，丰富档案管理专业知识，增强档案管理专业技能，切实保证社会保险信息化建设和服务的需要。教育培训可采取论坛、讲座、挂职锻炼等灵活生动的形式，以增强信息技术人员的学习兴趣，使其能积极主动地参与培训，提高教育培训效果。地方政府根据人员培训情况，安排必要的培训专项经费，以保证各项培训活动的展开，为信息技术人员能力提升提供资金保障。只要各级主管部门认真规划、建设和管理，不断加强社会保险信息化人才的引进和培训力度，建设一支高素质的信息化管理队伍完全有可能很快实现。

西南集中连片特困地区
农村居民基本养老保险
问题研究

第九章

农村居民基本养老保险在西南集中连片特困地区精准扶贫中的作用分析

第一节　农村居民基本养老保险在西南集中连片特困地区精准扶贫中的作用表现

2015年11月29日，中共中央国务院颁布的《关于打赢脱贫攻坚战的决定》中提到:“加快完善城乡居保制度，适时提高基础养老金标准，引导农村贫困人口积极参保，逐步提高保障水平。”西南集中连片特困地区农村经济发展落后、农村山区多、农民文化素质低，是贫困开发工作中最“难啃的骨头”。发挥该地区城乡居保在扶贫开发中的作用，对打赢脱贫攻坚战有重要的意义。

一、西南集中连片特困地区贫困现状

西南集中连片特困地区与其他贫困地区的贫困特征有所不同，主要表现在农村贫困面大、贫困人口多、贫困程度深的状况未能得到根本改变，仍然是全国脱贫攻坚的主战场之一，是全面建成小康社会的最大短板。仅以云南省为例。

表 9–1 2015 年云南集中连片特困地区农村扶贫对象人口数

项目 区域	县数量（个）	农村扶贫对象人口（人）	占全省比例（%）
全省	129	4，710，000	--
其中：集中连片特殊困难地区	93	4，381，437	93.02

续表

项目 区域	县数量（个）	农村扶贫对象人口（人）	占全省比例（%）
（1）乌蒙山区	17	1，872，433	39.75
（2）石漠化区	12	539，160	11.45
（3）滇西边境山区	61	1，873，393	39.77
（4）藏区	3	96，451	2.05

资料来源:《2016年云南调查年鉴》。

从表9-1可以看出，云南全省129个县，集中连片特困县就有93个，占全省的72.09%，全省农村贫困人口为471万，集中连片特困地区438.14万人，占全省的93.02%，可见云南集中连片特困地区农村贫困的严重程度。其中乌蒙山区、滇西边境山区农村贫困人口占全省集中连片特困地区接近40%。云南集中连片特困地区农村贫困程度深、贫困面大。国家2015年扶贫标准为农民人均可支配收入2855元。结合云南省集中连片特困地区农村居民人均可支配收入来看，农村居民收入差距较大，说明很多农民的收入被平均了。

表9-2 2015年云南集中连片特困地区农村贫困发生率

项目 区域	县数量（个）	贫困发生率（%）
全省	129	12.70
其中：集中连片特殊困难地区	93	15.01
（1）乌蒙山区	17	19.74
（2）石漠化区	12	11.49
（3）滇西边境山区	61	12.75
（4）藏区	3	30.31

资料来源:《2016年云南调查年鉴》。

从表9-2可以看出，云南省集中连片特困地区农村贫困发生率高于全省农村贫困发生率，藏区贫困发生率高达30.31%，表现出整体贫困；乌蒙山区贫困发生率也高达19.74%。

二、西南集中连片特困地区农村脱贫的任务艰巨

西南四省区和全国其他地区一样，深入贯彻党的十八届五中全会精神，全面落实中央扶贫开发工作战略部署，扎实推进脱贫计划，仅以四川集中连片特困地区为例。

表9-3 "十三五"时期四川省"四大片区"脱贫规划进程

内容		合计	2016年	2017年	2018年	2019年	2020年
秦巴山区	贫困人口（万人）	167.5	46.2	44.4	42.5	34.4	0
	贫困村（个）	4432	954	1479	1394	605	0
	贫困县（个）	34	5	8	18	3	0
乌蒙山区	贫困人口（万人）	36.3	9.0	9.7	11.8	5.8	0
	贫困村（个）	620	115	259	222	24	0
	贫困县（个）	9	0	2	6	1	0
高原藏区	贫困人口（万人）	23.9	5.3	8.3	6.6	3.7	0
	贫困村（个）	2063	343	621	610	489	0
	贫困县（个）	32	0	6	9	17	0
大小凉山彝区	贫困人口（万人）	35.6	8.8	12.3	11.1	3.4	0
	贫困村（个）	1930	432	528	572	398	0
	贫困县（个）	13	0	0	4	9	0

资料来源：http://www.askci.com/news/finance/20170111/16071387398_2.shtml。

从表9-3可以看出，四川省脱贫任务艰巨，尽管四川省各级政府都采取了各种脱贫措施，但因地方环境恶劣，返贫现象时有发生。完善的

农村居民基本养老保险对脱贫、防止返贫有着重要的作用。

三、农村居民基本养老保险在西南集中连片特困地区精准扶贫中的具体表现

(一)政府为缴费困难的特殊群体代缴费，保障特殊群体年老能够领到养老金

从2009年国家新农保政策和2014年合并后的国家城乡居保政策来看，文件均规定：对重度残疾人等缴费困难群体，地方政府为其代缴部分或全部最低标准的养老保险费，西南集中连片特困地区各省区也都出台符合当地情况的相关规定。广西壮族自治区城乡居保实施办法规定：农村重度残疾人、“五保”供养对象选择最低缴费档次缴费的，地方政府予以全额代缴；农村低保对象选择最低缴费档次缴费的，地方政府每年代其缴纳养老保险费50元。地方政府按最低缴费档次的补贴标准再给予每人每年30元的补贴。农村重度残疾人、“五保”供养对象、低保对象选择最低缴费档次（不含最低档次）以上缴费的，地方政府不再为其代缴养老保险费。云南省城乡居保实施办法规定：对重度残疾人，省财政按照200元缴费档次标准逐年全额代缴养老保险费。对其他缴费困难群体，州、市、县、区人民政府可根据财力情况自行制定具体养老保险缴费补助办法。对符合享受养老补助条件的重度残疾人，省财政按月支付养老补助，支付标准与月基础养老金标准一致。贵州省城乡居保实施办法规定：对重度残疾人等缴费困难群体，县（市、区、特区）人民政府按不低于100元的标准代为缴纳，有条件的市（州）、县（市、区、特区）可以提高代缴标准。四川省城乡居保实施办法规定：对重度残疾人、独生子女伤残死亡家庭（指独生子女三级以上残疾或死亡且未再生育或收养子女的家庭）夫妻，各市（州）、县（市、区）人民政府按100元/年/人的标准为其代缴养老保险费，所需资金和具体分担比例由市（州）人民政府自主确定，自行负担。表9-4为西南四省区现行政策中对困难群体参保补助条例汇总表。

表9–4 西南四省区政府为特殊困难群体参加城乡居保代缴费情况

省名＼代缴费群体	重度残疾人	“五保”供养对象	低保对象	建档立卡贫困户	独生子女特殊家庭
国务院	100元	无代缴	无代缴	无代缴	无代缴
广西	100元	100元	50元	无代缴	100元
云南	200元	州、市、县自行规定			
贵州	100元	无代缴	无代缴	无代缴	无代缴
四川	100元	无代缴	无代缴	无代缴	100元

从表9–4可以看出，西南四省区城乡居保制度都由残联为重度残疾人代缴费，既减轻了重度残疾人的参保缴费压力，又保障重度残疾人在年老的时候能够领到基础养老金；对低保对象只有广西政府为其代缴费50元，个人缴费50元，能够为低保对象减轻一定的缴费负担，也有利于培养低保对象的责任意识，有利于提高低保对象的参保积极性。

西南四省区对于建档立卡的贫困户均没有政府代缴费规定，而未代缴的这部分困难群体，由于家庭生活困难，缴费时间长，参保和续保率都比较低。针对贫困人口参保意愿低的现状，西南四省区颁布相关政策，激励基层经办机构动员贫困人口参保。如云南省采取通过“三个一批”帮扶建档立卡人群参保，即动员主动参保一批，通过经办人员动员，让贫困人口参保；对口帮扶资助一批，通过对口单位的帮助缴费，参保一批；政府兜底解决一批，使建档立卡人群参保率达到100%。如广西人力资源和社会保障厅加大力度保障困难群体应保尽保，把五类困难群体参保率和续保率列入年度市县党政领导班子和党政正职绩效考核，促使经办机构加大对贫困人群参保的监督与管理。

（二）允许年满60岁人员一次性趸交，对60岁老人起到“兜底”作用

国家及西南四省区城乡居保政策都规定：在本地区新农保制度实施时，距规定领取年龄不足15年的，应逐年缴费至60周岁，可以在领取待

遇前一次性补缴不足年限的缴费部分，累计缴费不超过15年；年满60岁可以领取基础养老金。然而，西南四省区集中连片特困地区在新农保实施时，很多困难群体都没有参保，年满60岁的时候，按照文件规定，这部分人群是不能领取基础养老金的，由此这部分人陷入了贫困。因此，部分地区规定：只要满60周岁，未领取城镇职工基本养老金和机关事业单位基本养老金的人群，一次性趸交1500元，即可按月领取基础养老金，让年满60岁的人员能够通过趸交领到基础养老金。

（三）对年满60岁的老人发放基础养老金，对老年人起到一定的减贫作用

根据国发〔2009〕32号文件规定，国家确定的基础养老金，西南四省区由中央财政全额负担，地方提高的基础养老金，由地方财政负担。从课题组的调研情况来看，部分集中连片特困地区在地方财力极为紧张的情况下，在中央规定的基础养老金基础上，增加了基础养老金。广西壮族自治区政府规定，在中央基础养老金的基础上再增加20元，使基础养老金达到90元。四川省、云南省规定基础养老金为75元，其中昆明市规定为85元。贵州省执行中央规定的基础养老金70元。课题组调研的广西马山县基础养老金为95元，广西都安县、融水县为90元，贵州贵定县为75元，四川仪陇县为75元，云南禄劝县为85元。云南省还规定重度残疾人及藏区年满55岁可以领取基础养老金，由省级财政负担。通过基础养老金领取，老年人的生活得到了一定的保障，对贫困老年人起到一定的减贫作用。

第二节　农村居民基本养老保险在西南集中连片特困地区精准扶贫中作用的局限性

城乡居保制度是在总结新型农村社会养老保险和城镇居民社会养老保险试点经验的基础上，将新农保和城居保两项制度合并实施，在全国范围内统一建立的。它将城镇居民的社会养老保险制度进一步向农村延伸，对于提高农村地区居民社会养老保障水平、防止因老返贫有着十分重要的意义。然而，作为一种新生的社会制度，城乡居保制度在推广的过程中还存在着一些问题，导致其在减贫作用发挥方面受到限制。

一、参保覆盖面不足导致其减贫作用受到限制

从2012年新农保实现制度全覆盖以来，参保人数快速增长，参保覆盖面迅速扩大，但是此次调查结果显示，西南集中连片特困地区贫困农民的参保率并没有达到令人满意的结果。参保覆盖面不足导致城乡居保制度在减贫中的作用发挥受到限制，主要体现在以下几个方面。

（一）激励机制不足，中青年农民参保、续保动力不足

能够直接影响城乡居保制度在扶贫工作中作用的主要因素是青年农民的参保意愿。一部分青年农民太看重眼前利益，长期缴费导致大多数中青年农民参与城乡居保的意识薄弱。他们认为可以出外打工，用储蓄的钱来养老。但实际上，外出打工的待遇并不高，个人储蓄有限。我国相关政策规定，城乡居保制度缴费年限最低为累计缴费满15年，60岁以后才可以享受到基础养老金的待遇，这使得一部分青年农民在45岁以后

才决定是否参保，甚至有些贫困农民从来没有参保的意愿。“长缴长得”这项参保政策在各地区都有体现。如四川省仪陇县对正常缴费超过15年的，每多缴费1年，每月增加基础养老金2元，云南省昆明市也有一样的激励机制，目的是鼓励青年农民早点参保。这种参保政策在制度上实行加法原则，对于参保有一定的引导作用，但是在实施过程中没有起到很好的效果，说明此项政策对青年农民没有多少吸引力，毕竟增加的额度不是很多。因此，制定更符合农民需求的激励机制，让青年农民感受到真正的实惠，才能让他们感到早参保早受益，长缴多得，真正发挥城乡居保制度在减贫方面的作用。

（二）宣传不够，导致农民对制度不了解

参保对象中的中青年认为自己还年轻，离领取养老金待遇还有很长一段时间，持等待观望心态；而老年人大多数文化水平不高，阅读能力有限，仅凭电视、报纸、杂志、散发宣传资料等形式宣传，很难增强他们的参保意识。课题组在马山县白山镇民族村和都安县桑里村的调查结果显示：部分农民对城乡居保参保程序、缴费标准、政策规定等并不是特别了解，这也是参保率不高的一个原因。不少农村居民不知道城乡居保制度是什么，感到参保是一件遥远的事情；有的居民还不知道自己能够参加城乡居保；甚至有些已经参保的居民不知道自己已经投保，每年缴费的时候通过村干部投保，村干部通知缴费，村民也不知道自己缴的费用属于哪个方面，如此对加入后究竟可以享受到什么待遇，应该怎么缴费、政府有哪些补贴等问题更是不清楚。

（三）部分农民存在缴费压力，导致参保覆盖面不足

西南集中连片特困地区农村人口大多数是分布在自然环境相对恶劣、抗干扰能力差、不适宜人们居住的偏远山区，土地资源贫乏、交通不便，传统的农业增收方式极为有限，单纯的农业收入无法满足当地农民正常的基本生活需要。广大贫困地区的农民没有办法引进先进的农业技术，传统的农业耕作的产出极为有限，仅靠传统的依赖人力的生产无法提高贫困农民的收入，有限的收益制约着贫困农民的经济收入，使他们陷入贫困的恶性循环。所以低收入水平的农民家庭除了维持基本的生活

开支外基本没有能力负担养老保险费用。从表9–4可以看出，重度残疾人参保缴费没有问题，但是低保户、建档立卡贫困户或者贫困边缘户参保就需要自己缴费，这部分群体生活贫困，缴费压力大，从而导致参保率不高。

（四）外出务工人员多，保费收缴困难，导致参保覆盖面不足

西南集中连片特困地区农村生存环境恶劣，经济发展落后，导致外出务工人员多，农村中的中青年外出务工人数大大增加，有些农民甚至举家外出务工经商，部分人员几年才会回家一次，甚至还有部分人员多年离家无从联系。向这些外出务工的农民收缴保费比较困难，一方面，其常年不在家不容易联系，根本无法告知其养老保险政策；另一方面，有些农民参保意识薄弱，称自己在务工地区参加了城镇职工养老保险，经办人员无法核查情况是否属实导致收缴费不畅。

（五）城乡居保制度的基础养老金保障水平低，导致减贫效果不明显

根据我国相关政策，目前城乡居保制度规定中，中央确定的基础养老金最低标准为70元，西部地区由中央财政全额补款，各地可以根据本地区的情况，提高基础养老金。西南集中连片特困地区受限于地方财政状况，对基础养老金的补贴极为有限：广西壮族自治区城乡居保政策规定最低基础养老金为90元，补贴20元；四川、云南省最低基础养老金为75元，补贴5元；贵州省最低基础养老金为70元，和中央规定持平。以四川为例，省级基础养老金补贴5元，每年就要自筹资金6.6亿元，这个数字在贫困省份不容小觑，其他西南贫困省份也面临着同样的困境，所以在西南集中连片特困地区地方财政大幅度提高基础养老金补贴实在难以实现，只能寄希望于国家财政的支持。近年来，随着社会的发展，农村居民人均可支配收入和人均消费性支出都在不断增加，而城乡居保从2009年实施以来仅在2014年推行城乡居保制度时将基础养老金由55元提高到70元，这与城镇职工每年都按照物价上涨幅度提高基础养老金的待遇差距很大，对农民的激励作用明显不强。同时，城乡居保基础养老金也显然没有达到当地农村最低生活保障所规定的人均标准。虽然城乡居保制度低档次缴费和低待遇水平减轻了农民的缴费压力和政府的财政

负担，使农村老年人的生活稍有改善，但并不能使他们的老年生活得到基本保障。为了使城乡居保在扶贫中的作用发挥得更好，也为了进一步提高其保障水平，还是需要国家财政进一步加大投入，或者探索对参保缴费补进口变为参保缴费集中财力补出口，以提高基础养老金，既可以提升保障水平，又可以增强制度的吸引力。

二、资金运营机制问题导致减贫效果不明显

城乡居保制度的运营机制主要包括筹资、投资、监管等方面，完善城乡居保养老基金的运作机制有利于解决城乡居保制度的现存弊病，实现城乡居保制度的设计初衷，从而较快地改善农村老龄人的生活贫困状况，进一步强化城乡居保制度在精准扶贫中的作用，为我国的扶贫攻坚工作助力。目前，我国城乡居保养老基金运作机制的不完善主要表现在几个方面。

（一）在筹资方面，城乡居保制度基金筹资总量不够

城乡居保基金的关键在于资金筹集，它决定着城乡居保制度的存在、实施和发展。目前，我国城乡居保基金的筹集主要有三个渠道：个人缴费、集体补助和政府补贴。这样看来，基金筹集渠道似乎很多，实际情况却是各主体内部存在的矛盾影响其运行。

1.农民选择最低缴费档次，导致领取待遇低

《国务院关于建立统一的城乡居保制度的意见》规定，参加城乡居民养老保险的人员应当按规定缴纳养老保险费。缴费标准目前设为每年100元、200元、300元、400元、500元、600元、700元、800元、900元、1000元、1500元、2000元12个档次，省（区、市）人民政府可以根据实际情况增设缴费档次，参保人自主选择档次缴费，多缴多得。但是我们此次在西南连片特困地区农民参保情况的调查显示，由于普遍收入较低、参保意识薄弱，绝大多数农民都选择100元的最低档次，按照这个缴费水平，参保人到60岁领取养老金时个人账户里的资金实在有限，这种情况导致农民个人缴费在基金筹集总量中所占比重较低，不利于城乡

居保的基金筹集。

2.集体补助缺失，导致个人账户资金积累有限

城乡居保制度的资金筹集渠道把集体作为一个重要筹资主体纳入其中。根据相关规定，提供补助给参保人员是具有经济条件的村集体经济组织应该做的事情，由村民自主确立补助金额标准，鼓励有经济实力的社区把集体补助加入社区公益事业资金筹集范围。但改革开放以来，我国一些农村地区的集体经济日渐衰落，导致集体基金的积累有显著的下降趋势。西南集中连片特困地区的下降趋势更为突出，很多农村集体变成实际上的“空壳村”，其中一些村组织依靠借债来维持村庄的正常运转，使得该地区农村集体经济的发展明显后劲不足。总体来说，西南集中连片特困地区集体经济对城乡居保进行补助的可能性不大，在绝大部分农村地区甚至是有名无实，从而使城乡居保制度根本无力承担集体缴费补助的责任。缺少集体补助这一基金来源的城乡居保制度很难完成资金筹集，对于已匮乏的总量来说更是雪上加霜，也进一步造成城乡居保制度待遇很低，对农民的减贫效果不明显。

3.农村人口多，地方政府财政能力不足

《国务院关于建立统一的城乡居保制度的意见》规定，地方人民政府可以根据实际情况适当提高基础养老金标准；对长期缴费的，可适当增发基础养老金，提高和增发部分的资金由地方人民政府支出，具体办法由省（区、市）人民政府规定，并报人力资源和社会保障部备案。由于我国地区经济发展不平衡，财政能力问题主要体现在地区结构的差异上。西南集中连片特困地区虽然拥有丰富的自然资源，但是工业基础薄弱，经济结构中第一产业比重偏高，第三产业比重偏低，贫困农民基数又大，相对落后的经济条件使地方政府财政基础薄弱。同时，由于经济发展落后，城市化水平低，农村人口基数大，地方财政即使给每位享受待遇人员提高很小数额的基础养老金，都会带来很大的总数增长，地方财政没有足够的财力补贴保险基金，因此没有能力大幅度提高基础养老金标准。

（二）资金管理层次低，资金分散，保值增值难度大

表 9-5 2016 年四省城乡居民社会养老保险基金收支情况表 （单位：亿元）

项目 / 省份	收入	支出	滚存结存
广西	85.08	63.42	110.55
云南	83.60	49.15	191.54
四川	190.40	141.60	351.80
贵州	58.58	43.04	91.36

资料来源：2016年四省人力资源和社会保障事业发展公报。

2015年8月17日国务院颁布《基本养老保险基金投资管理办法》，规定养老基金限于境内投资，投资范围包括：银行存款，中央银行票据，同业存单；国债，政策性、开发性银行债券，信用等级在投资级以上的金融债、企业（公司）债、地方政府债券、可转换债（含分离交易可转换债）、短期融资券、中期票据、资产支持证券，债券回购；养老金产品，上市流通的证券投资基金、股票、股权、股指期货、国债期货。同时，允许养老金投资国有重点企业改制和上市，但是范围限定为中央企业及其一级子公司以及地方具有核心竞争力的行业龙头企业；投资股票、股票基金、混合基金、股票型养老金产品的比例，合计不得高于养老基金资产净值的30%；投资国家重大项目和重点企业股权的比例，合计不得高于养老基金资产净值的20%。西南集中连片特困地区城乡居保基金属于县级管理，各省资金都分散在所管辖的县，资金分散，难以集中投资。同时，县级也没有投资的渠道和投资人才。城乡居保资金主要投资银行存款与购买国债。这就导致城乡居保养老基金投资渠道单一，收益率较低。与此同时，由于通货膨胀率的逐年上升和存款利率的多次下调，有些年份甚至出现同期通货膨胀率高于银行存款利率的情况，导致城乡居保养老基金贬值风险增加，保值增值困难，无法解决或者减轻农民的后顾之忧，使城乡居保制度的推行阻力加大，从而也就无法发挥城乡居

保制度在扶贫中应有的作用。

（三）经办、监管体系建设不到位，资金安全存在隐患

首先，我国城乡居保养老基金经办管理体系建设不到位，缺乏专职的城乡居保工作人员，同时信息管理系统开发也较为滞后。其次，城乡居保基金的筹集、管理等都不是严格按照法制化程序来执行的，大部分是根据地方政府政策执行，导致城乡居保养老基金缺乏有效的监督，管理透明度低。最后，在待遇领取人员资格认证过程中也不时出现漏认、冒认，超领、冒领养老金；在死亡人员待遇中止方面，死亡后续领现象也时有发生。另外，城乡居保养老金应由行政监督、人大监督和社会监督三者构成，但是在目前我国城乡居保养老基金的监管工作中，这三大监督体系的工作都做得不太到位，尤其是内部监督和相关的专门监督力量仍较薄弱，监管呈现出分散无序的状态，致使基金的筹集、管理与运用都没有按照严格的法制化程序执行。因此城乡居保基金的筹资、投资运营、监管等仍处于制度缺失的状态，这就使其在扶贫中的作用发挥受到限制。

三、城乡居保制度机制不完善，政府履行职责不力

（一）城乡居保制度的相关法律基础不完善

目前，我国城镇职工基本养老保险制度的相关法律法规逐渐得以完善，但是农村地区社会养老保险制度的运行缺少专门的法律文件来规范。2010年出台的《中华人民共和国社会保险法》第二十条和第二十一条虽然提出要建立和完善农村社会养老保险制度，2015年也出台了《基本养老保险基金投资管理办法》，但是对于农村养老基金管理和农村养老保险政策没有制定单独具体的实施规范。没有法律的强制规范细则，政府相关部门在养老保险基金管理中对基金的筹集、运营以及支出都缺乏刚性约束。这造成城乡居保制度在农村地区的基金征集、缴纳和管理中不规

范现象突出，存在基金挪用、滥用、政府补贴不到位等问题。[①]

（二）城乡居保制度管理机制不健全

当前，我国城乡居保制度在农村地区的主要业务是由县级农村社会养老保险主管单位及下设机构承担的，其主要职责是制定农村地区社会养老保险制度的相关政策，养老基金的筹集、缴纳以及个人账户管理，制定养老金给付标准并发放养老金。其存在的问题主要表现为专业化水平偏低。县、乡社会养老保险业务从业人员受教育水平相对较低，业务素质不高，特别是在乡村级层面，从事此项工作的都不是专业人员，不规范的业务办理无法满足养老保险制度的切实需求，运行机制落后。城乡居保制度在农村地区实施过程中，其经办机构缺乏融资渠道和运营能力，对于养老基金的管理只能采取存入银行或购买国债的方式，养老基金增值困难，很难产生投资收益。由于城乡居保制度在农村地区实行按年缴费、现场办公的形式，一旦错过缴费时间，农村居民便无法再缴费，使农民养老金的领取受到一定的影响，管理不够规范。由于农村地区经济发展水平相对落后，信息化水平较低，农村地区社会养老保险的经办部门收集、整理、录入参保人员信息的工作量大、效率低，并存在信息丢失等风险。

（三）农村基层政府责任缺位

农村基层政府是农村社会养老保险的主要组织者，它不仅要通过财政拨款等方式为城乡居保制度提供大量的资金支持，还要出台有关政策加以引导。[②] 只有政府积极参与、主动承担责任，城乡居保制度在农村地区才能有效地实施。目前，我国只是由监管部门对社会养老保险基金的存入进行监管，而养老保险基金的缴纳和支付管理存在制度空缺，忽视了部分参保人员少缴、不缴的问题。与此同时，由于监管不够透明，有时甚至出现挪用、滥用养老基金现象，部分养老基金被侵蚀，资金不能及时到达参保农民手中。

---

① 周志凯，王国军.新型农村社会养老保险制度的风险因素及其应对策略探析［J］.社会保障研究，2013（4）.

② 万婕.统筹城乡视角下新型农村社会养老保险制度研究［J］.山东大学学报（哲学社会科学版），2013（1）.

第三节　建立健全农村居民基本养老保险在西南集中连片特困地区精准扶贫中的作用机制

一、构建完善的农村居民基本养老保险与西南集中连片特困地区精准扶贫的衔接机制

（一）做好城乡居民基本养老金与社会保障政策的有效衔接，建立完善贫困人口的社保扶持机制

1.促进贫困地区农民参加城乡居保

在人口老龄化加剧的社会背景下，城乡居保不仅能让亿万老人老有所依、生活无忧，还能增强全社会的安全感和凝聚力，特别是对贫困人口来说，以年轻时的低微缴费换取老年时的生活保障，避免了老无所养现象的出现。所以对西南集中连片特困地区的农民，更是要深入其贫困家庭，有针对性地开展政策宣传，引导贫困人口积极参保续保，实现法定人员参加基本养老保险全覆盖。在提高最低缴费档次时，对贫困地区的贫困人口保留现行最低缴费档次，减轻其缴费负担。探索建立政府或集体按最低缴费档次为贫困人口代缴全部或部分养老保险费的机制，同时完善城乡居保筹资和保障机制，强化多缴多得、长缴多得的激励机制，完善缴费补贴政策，引导西南集中连片特困地区城乡居民主动参保缴费。

2.完善西南集中连片特困地区城乡居保的待遇调整机制

研究建立城乡居保待遇确定与基础养老金最低标准正常调整机制。

根据经济发展、居民收入水平增长和物价变动等情况，通过设定城乡居民养老保险的财政补助资金总额比例或按城乡居民可支配收入的比例来调整基础养老金待遇，逐步提高城乡居保最低缴费标准和基础养老金标准。具体标准设定需参考当地社会平均工资、农民可支配收入、财政收入情况等综合因素，建立养老金标准调整机制，支持和鼓励有条件的地方提高贫困地区基础养老金标准。对于没有能力依靠当地政府提高基础养老金的西南集中连片特困地区，国家要在资金、政策上应给予大力支持，使60岁以上领取待遇的老人领取的养老金能够满足其基本生活需要。

3. 与城镇职工基本养老保险制度的衔接

西南集中连片特困地区大部分地区生存环境较差，加上经济发展落后，这些地区成为劳务输出大县，大部分中青年人到发达地区务工。由于城镇基本养老保险单位和个人缴费比例较高，导致很多企业没有为务工人员缴纳基本养老保险，而这些务工人员由于流动性大、个人收入有限，也不愿意参加城镇职工基本养老保险，这部分人的养老保障就是空白，等他们年老回到自己的家乡时，没有养老保险待遇，就容易陷入生活困境。因此，从顶层设计上应对外出务工人员进行分类，强制其参加养老保险。一是针对工作地点稳定在某个省域、收入较好的务工人员，强制其参加城镇职工基本养老保险，缴费比例可以低于现行城镇职工基本养老保险，按照上年度社会平均工资的60%缴费，可以按照30%—50%的缴费比例由单位和个人按月缴费；二是对工作地点稳定在某个省域、收入较低的务工人员，强制务工单位为务工人员缴纳2000元档次的城乡居保，让这部分人回到农村以后可以从城乡居保中获得较高的养老金；三是对跨省流动性较大务工人员，要求其回到户籍地参加城乡居保；四是对于举家外出经商的农村人员，可以动员其按照当地灵活就业人员标准参加城镇职工基本养老保险。同时，在全民参保登记后，如果有未参加养老保险的人员，社会保险经办机构要加大检查力度，保证全民参保，预防因养老保险“真空”出现因老返贫。

4. 与社会救助制度的衔接

目前，西南集中连片特困地区城乡居保与农村社会救助两个制度的运行相对比较独立。从16—59岁的参保对象来看，广西、四川、贵州地方政府为重度残疾人参加城乡居保按最低档次全额缴费，云南省地方政府为重度残疾人全额缴费200元档次保费，当然这部分人群已经享受了低保。对于其他的低保对象，只有广西政府对低保对象参加城乡居保代缴费50元，另外50元由个人缴费。地方政府没有代缴费，导致许多低保对象没有参保，因此，地方政府应该令16—59岁的低保对象强制参保，可以从其领取的低保金中代扣缴费。从60岁以上的参保对象来看，这部分群体既可以领取低保待遇，又可以领取城乡居保的基础养老金。西南集中连片特困地区老年低保对象数量较大，建议提高基础养老金到低保待遇水平，整合资金，加强城乡居民养老保险与农村最低生活保障、特困人员救助供养等社会救助制度的统筹衔接，“十三五”期间，在认定农村低保和扶贫对象时，城乡居民基本养老保险基础养老金暂不计入家庭收入。

（二）强化政策协同，做好城乡居保与扶贫政策的衔接

1.加强城乡居保与农村最低生活保障、特困人员救助供养等社会救助制度的统筹衔接

农村低保是由民政部门负责，并建立了由政府牵头、有关部门配合、社会力量参与的社会救助工作协调机制，它的保障对象是家庭年人均纯收入低于当地最低生活保障标准的农村居民，农村最低生活保障标准由县级以上地方人民政府按照能够维持当地农村居民全年基本生活所必需的吃饭、穿衣、用水、用电等费用确定，并随着当地生活必需品价格变化和人民生活水平提高适时进行调整。城乡居保要与农村居民最低保障政策衔接，应当确立与最低保障线对接的目标，最根本的就是要使60岁以上老人领取的养老金待遇不低于农村最低生活保障标准，如果达不到最低保障线，应当由政府补足。

2.与农业政策改革协同，土地换社保

土地换社保是指农民在土地被征用的情况下不再获得土地补偿和安

置费用，而将其用于支付社会保险。[①] 在西南集中连片特困地区，对大部分农民来说土地依然是他们赖以生存的资源，在土地被征用的条件下换取的社保水平至少要等同于土地给他们带来的收入，这样才能够保证失地农民维持正常生活。但是从现实情况来看，土地换社保只是在解决失地农民问题上的一种机制探索，虽然在一定程度上保障了失地农民的基本生活，但事实上换来的社保是非常低水平的保障，大多是单一的养老保险，而其他的社会救助和社会福利仍然缺失，解决不了农民的后顾之忧。因此作为解决失地农民后顾之忧的土地换社保制度还需要进一步完善，尽快建立健全农村社会保障体系，避免失地农民因为失去赖以生存的土地资源而陷入贫困。

3. 与异地搬迁脱贫政策的衔接

根据脱贫攻坚战“五个一批”工程提出的异地搬迁脱贫一批，西南集中连片特困地区生存、生产条件差的部分地区实施了异地搬迁脱贫工程。异地搬迁后，居民的生活环境发生变化，而户籍还未来得及转移，导致这部分居民要回到原户籍地参保，参保成本高，也使这部分居民不愿意续保，因此，政府要做好城乡居保政策与异地搬迁政策的衔接，做好异地搬迁后居民城乡居保转入地与转出地的转移，让搬迁后的居民能够顺利在迁入地参保。

4. 与建档立卡贫困户的衔接

根据国家扶贫的相关政策，目前低保线与贫困线是不同的标准，贫困线的收入要高于低保线。凡是进入贫困线的人员就要建档立卡，从表9-4可以看出，四省对参加城乡居保的大部分建档立卡人员没有政府代缴费，这部分群体收入较低，连最基本的生活都难以维持，他们对缴费多年后未来领取养老保险待遇意愿不强。因此，可以学习云南省的经验，把建档立卡贫困户分为几类，建立西南地区政府补贴部分人员的精准识别体系，对不同的人员区别对待，经济条件较好的动员他们主动参保，有帮扶对口单位的争取帮扶单位支持其参保，最后剩下的由政府兜

① 吴芙蓉. 失地农民的“土地换保障”研究[J]. 社会保障世界，2014（3）.

底缴费参保：对建档立卡未标注脱贫的贫困人口、低保对象、特困人员等困难群体，参加城乡居保的，地方人民政府为其代缴不低于最低标准的养老保险费，并在提高最低缴费档次时，对其保留现行最低缴费档次；对建档立卡60周岁及以上贫困人员，未享受城乡居民养老保险待遇需要补缴养老保险费的，地方人民政府按政策规定为其补缴不低于最低标准的养老保险费。有条件的地方人民政府，对建档立卡60周岁及以上贫困人员领取城乡居民养老保险待遇的，可以给予一次性补贴记入个人账户，按月计发，提高其养老保险待遇。通过强化各方责任，实现建档立卡对象100%参保。

（三）整合扶贫闲置资金，建立完善的社会保障统一管理体制

首先，对于覆盖城乡的西南集中连片特困地区农村社会保障制度，要用同一套管理体制和信息系统，设计各种无缝衔接的有效“通道”，在不影响农村各项社会保障制度运行的前提下进行有效衔接，实现社会保障的可持续发展创新，进而推动农村社会保障体系由“碎片化”转向“体系化”。

其次，通过整合扶贫闲置资金，做好社会保障和扶贫相结合的有效管理。近年来，国家对贫困地区的扶贫拨款越来越多，导致一些资金浪费或闲置。据审计署2017年第6号公告：对158个贫困县的扶贫审计结果显示：贫困县涉农资金统筹整合使用试点工作有待加强，19.54亿元扶贫资金长时间闲置。在抽查的158个县中，有119个县财政涉农资金统筹整合试点推进慢，未能按要求及时出台试点方案，或基本还按原渠道、原方式分头申报、实施和管理，一些地方纳入统筹整合的资金不完整、拨付不及时、项目审批权未按要求完全下放到县。由于统筹整合使用不到位等原因，84个县形成闲置资金19.54亿元，有6.23亿元已闲置两年以上未能盘活统筹使用。涉及西南集中连片特困地区的也有相当一部分县，如云南勐腊县长期闲置资金达到4298.46万元、南华县22，967.69万元、耿马县3312.60万元，四川叙永县2169.59万元、仪陇县710万元。还有一些县不一一列出。对于这部分资金，各地人力资源和社会保障、财政、扶贫部门要创新思路，研究对策，加强协调配合，改变目前的“九龙治

水”情况，增强扶贫的可调节性，全力助推脱贫攻坚。

第三，可以建立各级人力资源和社会保障部门与扶贫办的信息共享机制，定期开展建档立卡贫困人口与社会保险参保人员数据信息对比工作，动态掌握建档立卡贫困人口参保和待遇保障情况，为实施社会保障精准扶贫提供数据支撑。

二、充分发挥农村居民基本养老保险在西南集中连片特困地区精准扶贫中的减贫作用

通过以上分析我们发现，要想推动农村居民养老保险制度在减贫中更好地发挥作用，就要提高农民参保率，加强城乡居保制度的群众基础；健全基金运营机制，使城乡居保制度更为完善；强化政府在城乡居保制度中的作用。

（一）提高城乡居保参保率，由制度全覆盖走向人群全覆盖

由于低收入者和贫困者往往是城乡居保制度覆盖面中的漏洞，覆盖面的不足又会降低扶贫作用，因此，要想更好地发挥城乡居保制度在扶贫中的作用，最应该实现这部分人群的全覆盖。对于西南集中连片特困地区而言，应该通过各种措施推动全体农民加入城乡居保。

1.加大措施强制性，注重宣传教育工作，增强农民参保意识

我国是一个发展中的农业大国，不可能建立像发达国家那样的福利型社会保障制度，历经多年发展的城乡居保制度虽然已经有了坚实的群众基础，但要提高农民参保的积极性，转变农民“家庭养老、土地养老”的观念，进一步让群众明白参保缴费是公民应尽的义务，就要加大宣传力度，扎实做好宣传工作，增强居民参保意识。首先，可以充分利用电视、广播、报纸以及覆盖广、传播快的互联网等媒介，让广大农村居民切实了解城乡居保制度的相关政策、发展方针及其惠农特点。其次，政府部门可以经常组织开展相关的专题讲座，选拔在村里影响力较强的村民代表参加培训学习，鼓励村民代表积极向广大农民宣传推广，让农民切实认识到参保所带来的益处，亲身体会到参保带来的实惠，以此增强

农民参保的积极性和主动性。再次，政府相关工作人员要深入基层，下乡大力宣传，通过向当地居民发放参保资料、讲解相关政策，消除农民的防备、顾虑，并利用条幅、宣传栏、喷绘等工具持久宣传，积极引导农民转变传统观念，增强参保意识。外出务工人员更要纳入参保监察范围，加大对其的宣传力度，强制其做好缴纳保费的工作。

2. 大力发展农村经济，提升农民缴费能力，夯实城乡居保制度经济基础

没有强有力的经济作后盾，就难以建立可持续的农村基本养老保险制度，农民收入的不断提高能提升农民的缴费能力，家庭收入的高低也是直接影响群众参保率的重要因素。由于自然环境恶劣、交通闭塞、传统农业根深蒂固、信息获取能力差等原因，目前西南集中连片特困地区的农村经济在新形势下发展遇到“瓶颈”，再加上农村领导干部的整体素质参差不齐，农村经济的开发和发展面临考验。这些因素严重阻碍了贫困地区城乡居保制度的良好发展，为此要大力发展农村经济，努力提高农民收入。增加农民收入要从多个方面努力，统筹城乡发展，深化惠农政策，促进教育、医疗、交通等各项公共福利城乡一体化是减轻农民生活负担、增加农民收入的有效途径之一。西南集中连片特困地区经济的发展要从地区的实际情况出发，不断探索发展经济的新形式，以便增加农民收入，提高城乡居保制度的经济承受能力和保障层次。地方政府也应当指导当地转变农业发展方式，有针对性地加快调整农村经济结构，促进农村经济增长，缓解农民缴费压力。

3. 提高基础养老金，建立养老金待遇增长机制，完善激励措施

提高基础养老金，要使其在待遇水平上要发挥“保基本”的作用。“保基本”既是城乡居民养老保险自身的发展目标，也是参与脱贫的重要任务。只有把“保基本”真正变成现实，参保的贫困人口稳定脱贫才有坚实可靠的基础。要把提高基础养老金替代率水平作为推进城乡居保制度健康发展、参与精准脱贫的主攻方向，进一步加大财政投入，稳步提升基础养老金替代率，让基础养老金待遇高于农村低保待遇。要加快建立与经济社会发展、工资收入增长、投资运营收益等因素挂钩的基础养

老金正常调整确定机制，使城乡居民养老保险养老金给付在剔除上述因素变化影响之后，始终保持稳定适度水平，确保包括老年贫困人口在内的参保群众基本生活水平不降低、长远生计有保障。这就需要做到一是整体提高参保缴费政府补贴标准，二是根据城乡居民养老保险缴费不同档次设计不同的政府补贴，以此达到提高基础养老金，使老人领取的养老金待遇能达到最低生活保障水平的目的。

（二）完善城乡居保制度运营机制

基金的管理、投资、监管对城乡居保制度的运行有重要影响，直接关系到参保对象的养老金待遇水平。运营机制完善、运营效果良好就会使基金保值增值，增加养老金的收益，提高养老金待遇水平；相反，则会减少收益降低待遇水平，容易导致老年贫困。

1.城乡居保制度在基金筹集上广开源

城乡居保的资金筹集主要来源于三个方面：个人缴费、集体补贴和国家补贴，在西南集中连片特困地区，个人缴费极为有限，集体补助更是普遍处于短缺状态，基金筹集完全依赖政府投入，严重制约了对贫困人口的参保全覆盖。为此，城乡居保基金筹集首先应该通过发展地区经济、提高农民收入、强化参保意识来刺激个人提高缴费档次；其次，应完善集体补助，利用区域特点、资源优势等进一步招商引资、规模经营，当地政府通过资金支持、税收优惠等政策加大扶持乡镇企业的力度，大力发展乡村集体经济，丰富收入来源，弥补集体补助的空缺；第三，应完善政府补贴机制，提高政府补贴水平，一定程度上调整养老基金的补贴机制，落实好少缴少补、多缴多补、长缴多补的原则，这样可以激励农民选择更高档次的缴费标准，以便加快城乡居保养老基金的积累。

除了这些之外，一方面可以加大对西南集中连片特困地区的转移支付力度，因为我国目前贫困地区主要集中分布于西南地区，且地方财政经济基础薄弱，和东部发达地区相比差距明显，迫切需要政府加大对这些地区的财政支持，尽快缓解这些地区的贫困程度；另一方面以参与精准扶贫为突破口，注重在拓宽筹资渠道上聚焦发力，纳入更多的民间资本、社会公益基金和其他涉农资金，为贫困人口参保缴费提供强有力的后备支撑，从根本上解决好贫困地区城乡居民养老保险基金筹集短缺问题。

2. 加强城乡居保基金投资管理，实现基金保值增值

养老保险基金管理是城乡居保制度必不可少的环节，基金的有效管理不仅可以创造利润，提高基金的统筹总量，也会提高农民参保的积极性，有利于城乡居保制度在农村地区的推广实施。

长期以来城乡居保基金分散化、低统筹层次管理给基金的投资运营监管带来了诸多问题，选择相对集中的管理模式更符合西南集中连片特困地区的情况。首先，应该提高基金的管理层次，将地方市县级政府养老保险基金的财权全部收至省级政府。这样就能更好地归集地方资金，发挥养老保险基金的规模化效应，为未来养老保险全国统筹创造条件。其次，尽快制定更为翔实可行的养老保险基金管理制度。养老保险基金管理存在诸多问题的原因可以归结为具体层面的法律缺失及国家相关政策执行不力，为此应当在该领域进一步细化法律，并推动严格执法，加大对违规动用养老保险基金行为的处罚力度，推动相关法律的进一步完善。第三，制定切实符合的西南集中连片特困地区城乡居保基金特点的投资运作方案。城乡居保基金是农民的养老钱，对资金的安全性要求极高，在考虑通货膨胀等因素的前提下应当保证其相当的收益率水平。在当前的经济发展新常态宏观背景下，对投资的风险和收益进行权衡，在稳定前提下选择收益较高的投资渠道，更好地促进养老保险基金的可持续发展。

3. 加强对城乡居保基金运营的监管

城乡居保基金是广大农村居民养老的希望，政府对其负有终极责任，但是目前我国的养老基金时有被挪用、挤占、私吞等现象发生，对养老金的有效监管，是为了确保养老保险基金运行的安全，保障农村老年贫困人口养老钱的安全，让农村老年贫困人口度过一个没有衣食之忧的晚年。为此，在实践工作中需要通过以下几方面的政策措施来加强我国城乡居保养老金的监管。首先，要加大对经办机构普通业务的监管，从养老金的收缴到支付，整个过程需要有相关部门进行监管，保证过程的公正透明，管理部门和监管部门职能要分开，防止监守自盗。其次，要

加强对养老基金投资运营的监管，按照《基本养老保险基金投资管理办法》，严格执行基金投资监管的各项规则，注重基金投资的总量控制和结构控制，监督各项投资限额、投资组合的实施情况。第三，要建立养老基金管理的纵向监督机制，上级部门对下级部门要有常规的监察机制，监察过程中遇到不合理情况要根据相关管理制度及时纠正，拓宽监督渠道，使城乡居保的工作透明化、规范化。同时，也要引入外部监督机制以保障监督工作的公平，充分利用现代信息网络使工作透明化，倾听广大群众的心声。严惩危害人民利益、损害政府形象的不法行为，不断提高城乡居保养老金的监管效率。

（三）进一步强化政府对城乡居保制度的管理

强化政府对城乡居保制度的管理，使城乡居保制度的设计和模式更加合理，管理更加科学，经济效益和社会效益都有所提高，贫困人口心存希望，不仅能增强经济扶贫的作用，也能增强心理扶贫的作用。

1. 在制度设计上要兜住底，保基本

要充分发挥城乡居保制度在精准扶贫中的作用，在顶层制度设计上要“兜住底”。在西南集中连片特困地区，目前尚未脱贫的人口大多处在开发扶贫的“死角”，老弱病残所占的比重较大，脱贫的内生动力不足，很难通过自身努力拔掉“贫根”。城乡居保必须着眼于这一实际，在现有的低保、特困供养、医疗救助等保障扶贫的基础上，把解决贫困群体的养老之忧作为参与精准扶贫的根本着力点，进一步优化顶层设计，完善相关配套政策，拓展城乡居保的扶贫救助功能。要扩大对贫困群体的代缴范围，及时将符合参保条件的重度残疾人、独生子女伤残死亡家庭夫妻、“五保”以及其他建卡贫困人口全部精准纳入城乡居保制度保障范围，通过由政府代缴养老保险费进行托底，保障贫困人口老有所养。对于低保、“五保”等符合政府代缴费政策的人群要统一管理，避免政出多头、资金重复支付等管理混乱，要研究建立城乡居民养老保险与低保、救助等相关保障扶贫的协同机制，使贫困群众顺利实现兜底脱贫。

2. 完善城乡居保相关法律规范体系

完善的法律规范体系是城乡居保制度得以有效实施的基本准绳和重

要保障。在《国务院关于建立统一的城乡居保制度的意见》出台后，西南集中连片特困地区各省也都出台了各自的实施办法。要在总结城乡居保制度实施经验的基础上，就一些具体问题尽快出台相关条例，比如明确各地收费标准、起付标准，规范养老保险的范围，异地缴费领用的支付方式，养老保险主体之间权利、义务和责任，并对养老保险基金的运营管理等做出明确规定，为城乡居保制度在农村地区的有效实施提供法律保障。城乡居保实施在一个完善的法律框架内，制度运行会更有序、更规范。这样政府、集体、商业保险机构和农民个人在养老保险方面的责任就会比较清晰，也为政府对有关部门、企业的行为进行有效约束和监督明确了相应的法律职责，保证农民参保人员得到及时合理的服务。

3.优化城乡居保经办机构办事流程，提升农民满意度

城乡居保制度的经办服务流程对提升贫困农民的参保率、提高农民的满意度有着至关重要的作用，尤其是经办机构繁冗复杂的流程、较差的经办服务态度以及较低的办事效率，使得大部分贫困农民在缴费和领取待遇阶段对经办机构的便利程度有着深刻的感知。因此，优化经办机构办事流程，提升经办机构服务质量势在必行。首先，必须规范经办机构工作流程。建立健全经办服务管理制度，建立并完善业务经办、数据管理以及系统管理等一系列制度；构建管理高效、流程统一和服务到位的经办机构服务体系。其次，健全各级经办服务机构，加强政府机构的执行力度，强有力的政府组织是政策能顺利落地实施的必要前提。最后，加强城乡居保制度网络信息化管理。西南集中连片特困地区多是交通不便利的地区，网络化管理可以降低办事难度，提高办事效率。第一，确保各级经办机构拥有足够的基本网络服务设施，加强对城乡居保制度经办人员的相关培训，提升其对城乡居保制度信息化管理软件的使用效率。第二，建议开发统一的管理信息系统软件，为了实现数据库资源共享，加强城乡居保等资源的统一开发性，在相关功能模块以及数据库建设等方面实行标准统一的流程。第三，合理划分各级经办机构在管理信息系统中的责任和义务，加强协调合作，落实好地方各级财政的投入比例，提高经办机构的工作效率。

4. 做好农村基层政府服务工作，降低参保成本

农村基层政府在城乡居保事务经办过程中存在的问题主要是经办人员数量不足、能力不够。针对人员数量不足要落实相关政策，扩充经办人员队伍，一方面根据乡镇规模，确定所需事业编制的数量，增加城乡居保的工作岗位；另一方面通过财政购买服务的方式，公开招聘村级农保协保员，所需经费可纳入乡镇财政预算。针对经办人员能力不够的现状，要加强对从业人员的培训，从理论和技能方面提高从业人员的业务水平，从基础知识和专业知识与业务技能、职业道德素养三个方面来提升城乡居保经办人员的综合素质。这样可以使其在业务经办过程中准确地为参保对象讲解城乡居保制度各项具体政策，更好地办理业务，提高参保对象的满意度和参保积极性。

此外，基层政府更要转变传统的管理理念，顺应社会发展的潮流，增强服务意识，建立服务型政府，保障城乡居保制度在农村地区的有效实施，为精准扶贫发挥更大的作用。

第十章

西南集中连片特困地区农村居民基本养老保险的可持续发展

可持续发展最初是为应对环境保护问题而提出的一种发展理念，其积极倡导经济、社会与自然环境协调持续发展。随着经济社会的快速发展，可持续发展理念不仅应用于环境保护领域，也被广泛地应用于经济社会各领域，比如构建完善的社会保障制度同样需要走可持续发展道路。2013年11月，党的十八届三中全会明确提出要建立更加公平可持续的社会保障制度。[①] 农村居民基本养老保险制度是我国社会保障制度的重要组成部分，它是一项涉及面广、复杂又庞大的社会民生系统工程。伴随着农村人口老龄化逐年加剧，农村老年人“老有所养”问题正日益成为当前亟待解决的一个社会民生难题。西南集中连片特困地区农村老年人的养老问题更是一个亟待解决的时代难题，其涵盖了国家精准扶贫战略的攻坚任务要求。而相对于城市较完善的社会保障体系，在传统家庭养老模式日趋瓦解的形势下，农村尚未建立起完善的社会养老保障体系，并且农民依赖的土地养老功能也在不断弱化，使得广大农民面临陷入无依无靠困境的风险。可见，建立完善的可持续发展的农村居民基本养老保险制度，直接关系着西南集中连片特困地区数千万农村居民的民生福祉，是亟需解决的一个突出民生问题。然而，农村居民基本养老保险制度在西南集中连片特困地区执行中还面临着养老保险基金积累少、管理水平低、待遇发放依赖中央财政、地方政府压力较大等诸多问题，使得农村居民养老保险可持续发展缺乏必要的支撑点和动力。为此，应立足于西南集中连片特困地区的农村实际，进一步完善农村居民基本养老保险制度，顺应时代潮流，着力促进西南集中连片特困地区农村居民基本养老保险走可持续发展道路，以有效地满足西南集中连片特困地区农村居民“老有所养”的基本需求。

① 《中共中央关于全面深化改革若干重大问题的决定》[N]. 人民日报，2013-11-16（1）.

第一节　农村居民基本养老保险可持续发展概述

一、概念厘清

农村居民基本养老保险可持续发展是可持续发展理论与农村社会养老保险相融合而成的一个概念，是可持续发展理论在农村社会养老保险领域的应用与延伸。

（一）可持续发展的涵义

可持续发展思想最早是马尔萨斯在其1798年出版的《人口原理》一书中所提出的。1980年，在国际自然资源保护联合会、联合国环境规划署和世界自然基金会共同出版的《世界自然保护策略：为了可持续发展的生存资源保护》中，“可持续发展”第一次作为一个明确的概念被提出。1987年，在世界环境与发展委员会所作的《我们共同的未来》报告中，首次明确将“可持续发展”定义为：“既满足当代人的需要，又不对后代人满足其需要的能力构成威胁的发展”[①]。这一定义获得了世界各国的广泛认同。1994年，我国政府在《中国21世纪议程——中国21世纪人口、环境与发展白皮书》中将可持续发展列入国家长期发展规划，标志着我国开始实施可持续发展战略，在经济、社会、资源的开发利用与环境保护等领域分别制定可持续发展战略。2003年，我国政府又在《中国21世纪初可持续发展行动纲要》中明确提出可持续发展的指导思想、目标、

① 世界环境与发展委员会.我们共同的未来[M].王之佳，柯金良等译.吉林人民出版社，1997：52.

原则以及可持续发展的重点领域和保障举措。

国内学者对可持续发展也进行了不同角度的理论研究。龚建华（1996）认为，对于可持续发展概念，可以从高、中、低三个层次来理解。① 郭复初（2006）从宏观和微观两个层面上探讨促进经济可持续发展的财务战略、财务政策和财务措施。② 刘仁忠、罗军（2007）认为，可持续发展具有多重维度的科学内涵，并对可持续发展理论的生态环境伦理内涵和经济学内涵进行阐述。③ 牛文元（2012）认为，可持续发展的理论核心是紧密围绕两条基础主线即努力把握人与自然之间的平衡关系、努力实现人与人之间的协调关系。④ 方行明等人（2017）认为，公平是可持续发展理论的核心，包括代内公平和代际公平。在明确当代人优先基本原则的同时，还要明确当代人的责任，如何才能真正地保护后代人的利益。⑤ 可见，可持续发展实质上就是人与自然、人与人之间在经济、社会和生态等领域的均衡、有序发展，既包括代内和代际的均衡关系，也包括人类各领域发展的均衡关系。将它应用于社会发展的农村养老保险领域，走可持续发展道路，就是促进经济社会实现均衡有序发展。

（二）农村居民基本养老保险可持续发展的涵义

国内学者把可持续发展思想应用于农村社会养老保险的研究，就是为了不断健全和完善农村社会养老保险制度，实现可持续发展。陈工、谢贞（2003）认为，解决转轨成本、个人账户的“实账”运行、个人账户积累基金的投资收益率适度增长等问题，是实现养老保险制度可持续发展的重要前提条件。⑥ 周志凯（2005）认为，实现养老保险制度可持

① 龚建华. 论可持续发展的思想与概念 [J]. 中国人口资源与环境，1993（3）.

② 郭复初. 经济可持续发展财务论 [M]. 中国经济出版社，2006.

③ 刘仁忠，罗军. 可持续发展理论的多重内涵 [J]. 自然辩证法研究，2007（4）.

④ 牛文元. 中国可持续发展的理论与实践 [J]. 中国科学院院刊，2012（3）.

⑤ 方行明，魏静，郭丽丽. 可持续发展理论的反思与重构 [J]. 经济学家，2017（3）.

⑥ 陈工，谢贞. 论我国实现养老保险可持续发展的条件 [J]. 厦门大学学报（哲学社会科学版），2003（6）.

续发展的关键，是多支柱模式和养老保险基金的市场化运营。① 寇铁军、苑梅（2011）从制度建设和财政支持上对农村社会养老保险可持续发展进行研究。② 黄瑞芹（2013）认为，制度模式、财务机制和工作网络，是贫困地区新型农村社会养老保险制度实现可持续发展的三个影响节点。③ 雷晓康等人（2014）通过梳理和分析养老保险制度可持续发展的内涵和内外部影响因素，提出从制度、财务和管理等路径上实现可持续发展。④ 李兆友、郑吉友（2016）认为，在城乡统筹背景下实现新型农村养老保险制度可持续发展的举措，包括坚持政府引导与市场主导相结合的养老金投资运营管理机制、构建各级财政责任分担与资金筹集保障机制、确立财政补贴的持续增长机制、对个人账户基金的科学管理与有效监管。⑤ 可见，社会养老保险制度作为一种公共产品，不仅需要政治、经济、社会等外部宏观环境的支持，还需要经办机构、参保人等主体方面的支持。从可持续发展角度看，社会养老保险制度是人与人之间在经济、社会等方面均衡、有序发展的重要方面，既包括代内和代际的均衡关系，也包括不同地域、不同性别、不同职业身份的人与人之间的均衡关系。因而，社会养老保险制度的可持续发展要着眼于制度的长远稳定健康发展，通过有效的制度监管和适时调整，争取社会各界的支持和认同，以促进可持续发展的目标顺利实现。

具体来说，在农村居民养老保险制度中，筹资和给付应与各地社会经济发展水平相协调，筹资与给付水平既不应太高，也不能太低，既要考虑当代人的承受能力，满足其发展需求，又不能透支后代人的养老金权益和威胁到他们的发展权利；在制度运行中，既要让养老基金能够保

---

① 周志凯.试论养老保险制度的可持续发展[J].理论月刊，2005（6）.

② 寇铁军，苑梅.制度建设和财政支持——农村社会养老保险可持续发展研究[J].财经问题研究，2011（1）.

③ 黄瑞芹.贫困地区新型农村社会养老保险可持续发展研究——基于两个贫困民族自治县的调查[J].社会保障研究，2013（1）.

④ 雷晓康，陈茜、常沁芮.我国养老保险制度可持续发展的内涵和实现路径[J].西北大学学报（哲学社会科学版），2014（4）.

⑤ 李兆友，郑吉友.我国新型农村养老保险制度可持续发展探析[J].求实，2016（4）.

值增值，又要着力提高经办机构服务能力；在制度监管中，要充分发挥各种监管方式的积极作用，既确保养老基金安全，又要保证制度执行得以落实；在制度调整中，既要控制制度适度调整，保证其具有一定的弹性与稳定性，又要考虑政治、经济、社会等外部环境因素的支持作用；在制度目标实现中，既要考虑农村居民养老保险制度的政策目标，又要考虑农村社会不同地域、不同性别、不同职业身份的居民养老权益的均衡关系。也就是说，促进农村居民基本养老保险可持续发展，从利益主体来看，它反映了当代人之间以及当代人与后代人之间的平等、均衡的利益和谐关系；从利益内容来看，它反映了其与政治、经济、社会等领域的有序、均衡的利益协调关系；从发展形式来看，它既反映了当代人之间的公平性，又反映了当代人与后代人之间的公平性；从发展机制来看，它反映了其在空间上相互依存和在时间上相互促进的静态与动态相结合的发展机制；从实现方式来看，它同时关系到代内与代际的公平问题，需要根据其发展要求，通过规范当代人的行为和落实制度执行机制，来促进可持续发展的目标顺利实现。

二、农村居民基本养老保险可持续发展的特性

在社会养老保险领域引入可持续发展思想，自然会有不同于其他领域的特性。对于农村居民基本养老保险可持续发展而言，其具有以下几个方面的特性。

（一）稳定性

保持农村居民基本养老保险制度的稳定性，并不是说其固定不变，而是应伴随着经济社会的发展做出相应的调整变动，但又绝对不能随意地调整变动，朝令夕改。稳定的农村居民基本养老保险制度，正是其实现可持续发展的重要前提。而衡量农村居民基本养老保险制度的稳定程度，主要是看其是否适应农村社会的养老需要，若适应农村社会的养老需要，则养老保险制度就会相对稳定；反之，则需要进行调整。如果对农村居民基本养老保险制度经常进行调整，则会伤害农民参加社会养老

保险的积极性，引发农村社会养老保险事业出现较大的波动。例如，因“老农保”的暂停和调整而造成农村社会养老保险事业较大的波动。为此，只有保持农村居民基本养老保险制度的稳定性，才能提高农民对农村社会养老保险的支持率和认同度，提升其制度吸引力，进而提高农民的参保积极性，有力地促进农村居民基本养老保险实现可持续发展。

（二）规范性

农村社会养老保险是一项复杂的社会民生系统工程，因而构建起规范的组织管理体系就显得尤为关键和必要，其包括行政管理、业务管理和监督管理三个方面。对于农村社会养老保险而言，行政管理就是由政府建立健全农村社会养老保险制度，制定和规定农村社会养老保险的政策目标和管理规则并组织实施；业务管理就是经办机构依法对符合条件的参保对象进行登记、审核保险待遇及发放养老金，并为参保对象提供优质的社会化管理服务；监督管理就是对落实执行农村社会养老保险政策法规的具体情况和养老保险基金的收支情况开展有效的监督检查，及时制止和纠正违规违法行为。为此，只有明确组织管理体系的机构责任和权限，形成分工明确、相互协调、互相制约的管理框架，才能为促进农村居民基本养老保险可持续发展提供可靠的支持。

（三）连续性

农村社会养老保险是为促进农村经济发展、维护农村社会稳定和保障农民的基本生活需求而编织的一张“安全网”，农村社会养老保险基金正是支撑这张“安全网”的重要物质基础。因而，农村社会养老保险基金是农村居民基本养老保险制度的关键环节，倘若未有足够的、可以满足当前和长远需要的基础资金，农村社会养老保险将只是一句口号。为此，农村社会养老保险的基金供给必须具有连续性，这就要求有合理的筹资机制和科学的基金运作机制，为农村社会养老保险运行提供支撑。也就是说，只有农村社会养老保险基金供给的连续性得到完全保障，才能为促进农村居民基本养老保险、实现可持续发展提供充足的物质基础。

（四）有效性

农村社会养老保险的目的，就是能够有效地满足和保障农村居民晚年的基本生活需求，因而，其保险效果有效与否，对农村居民基本养老保险能否实现可持续发展具有直接的影响。农村社会养老保险效果的有效性，主要体现在农村社会养老保险的贯彻落实情况和对农村居民老年生活需求的满足程度两个方面。假如，农村社会养老保险不能有效满足和保障农村居民晚年的基本生活需求，就会在很大程度上直接影响农村居民参加基本养老保险的积极性。如果这样，农村社会养老保险就会失去其发展的基本物质基础，从而也就难以实现农村居民基本养老保险的可持续发展。

（五）全面性

构建全面的监督机制，是促进农村居民基本养老保险可持续发展的重要保证，其主要包括法律监督、专门监督、社会监督三个方面。但是，就当前而言，尚未有专门的法律法规对农村社会养老保险的具体运作环节做出明确规定，使得现阶段农村社会养老保险的波动较大，制约了其正常发展。再有，目前农村社会养老保险还没有专门监督机构，承办农村社会养老保险的机构一般都是集保险费收缴、发放及基金管理为一体，容易造成保险金的挤占、挪用现象，阻碍农村社会养老保险的健康有序发展。另外，由于目前农村社会养老保险的信息管理滞后，保险信息公开不及时、不透明，农民对农村社会养老保险信息的了解不多，这在一定程度上会诱发徇私舞弊等违规行为的产生，同样会妨碍农村社会养老保险健康有序的发展。

（六）均衡性

公正性是可持续发展思想的一个重要原则。同样地，促进农村居民基本养老保险可持续发展也应坚持公正性原则，即养老保险代际的均衡性，其包括代际内和代际间两个方面的平衡关系，要做到合理分配农村居民基本养老保险的代际内和代际间的利益与负担。农村居民基本养老保险的代际内均衡，是指农村各地区间居民收入与其养老缴费负担相匹配，并且缴费负担与收入比例基本相当。而代际间均衡，是指既要解决当前已达到领取养老金的老人的养老问题，又要考虑下一代的未来养老问题。因而，农村居民基本养老保险的养老金筹集与发放应兼顾养老金的长期支付能力，不得靠牺牲养老金的未来支付能力来满足即期支付，即应兼顾农村当代人与后代人的养老问题，不能“寅吃卯粮”。可见，农村居民基本养老保险能否实现代际均衡，将直接影响农村居民基本养老保险的可持续发展。如果农村居民基本养老保险代际失衡问题严重，就会让养老保险基金的财务平衡面临巨大的风险，甚至会动摇农村社会养老保险的制度基础。如此，就会对农村居民基本养老保险的可持续发展产生极大的负面影响。

三、农村居民基本养老保险可持续发展的重要原则

为有效地促进农村居民基本养老保险可持续发展，还应坚持以下三个原则。

（一）制度层面可持续发展原则

农村居民基本养老保险制度层面的可持续发展原则，主要是指农村社会养老保险在满足农村老年人基本生活需求的前提下，要使农村基本养老保险制度的制定与实施结合实际，并根据具体的发展情况进行必要的调整与改进，以期推动农村居民的基本养老需求与地方经济社会发展相协调。通过对农村居民基本养老保险制度的不断变革与完善，可以为广大农村居民提供一个科学、合理、顺应时代发展的农村社会保障体系，有效地解决农民生活的后顾之忧。与此同时，还应对相关的社会养老保险法律法规进行调整和完善，以保证相匹配、相配套的政策能够及时出台，并依法执行，为农村居民基本养老保险制度提供可靠的法律支撑。因此，促进农村居民基本养老保险可持续发展，应遵循制度可持续发展原则。

（二）经济层面可持续发展原则

农村居民基本养老保险经济层面可持续发展原则，主要是指在农村居民基本养老保险运行中，要保证政府财政供给与养老金给付需求之间的平衡，并与地区经济发展水平相协调，即既不能超过国家和村集体的财政可承受范围，也应考虑农村居民参保的经济承受能力。具体来说，

一是政府财政供给要坚持可持续发展，保证农村居民基本养老资金在筹集和给付环节做到基金收支平衡，同时考虑国家经济发展情况、农村村集体财产情况和农村居民经济承受能力。要保证养老基金能够保值增值，确保养老基金管理受到广大群众的有效监督。二是农村养老基金保障要坚持可持续发展原则，既要确保当前农村居民的基本生活不会受到过多的影响，与地方宏观经济发展保持基本同步，也不应无限制地提高养老金的参保和补贴标准，以免导致大规模的养老金支付赤字问题。因此，促进农村居民基本养老保险可持续发展，应遵循经济可持续发展原则。

（三）社会层面可持续发展原则

农村居民基本养老保险的社会层面可持续发展原则，主要体现在提升广大农村居民对农村基本养老保险的认知和参保意愿，增强农民参保信心，使得农村的传统养老价值观念能够顺应时代发展趋势。国家计划生育政策所带来的社会效应，使农村家庭结构日趋小型化，依靠传统的家庭养老模式养老的比例正在逐年降低。农村养老问题，一直是我国政府所关心和亟需解决的重大民生问题。农村居民基本养老保险制度是一项涉及面广、覆盖人口多、情况复杂的重大社会民生工程，必须有长远发展规划，以满足和解决农村养老问题。相较于城市较完善的社会养老保险体系，农村居民基本养老保险制度的发展还不够成熟，仍然存在较多的制约因素，特别是其可持续发展受到明显限制。因而，需要一个完善的农村居民基本养老保险制度，并得到广大农村居民的支持和认可，顺应时代发展趋势不断探索其可持续发展道路：即既要满足当代农村老年人的基本生活需求，同时又不能危害下一代农村居民的养老权益；既要保证政府财政的有效供给，又要获得广大农村居民的认可和社会各界支持，进而构建起具备长期发展能力的农村居民基本养老保险制度。这样不但可以解决好农村居民的基本养老问题，还可以逐步缩小城乡差距，加快推进城乡一体化建设。因此，促进农村居民基本养老保险可持续发展，应遵循社会可持续发展原则。

四、促进农村居民基本养老保险可持续发展的必要性

我国农村社会养老保险发展经历了一个曲折的过程，从无到有，从小到大，既是历史发展的必经阶段，也是解决农村居民基本养老需求的重要方式。由于农村基本养老保险直接关系到亿万农民未来生活的切身利益，因而促进农村居民基本养老保险可持续发展，是十分必要的，具有重要的现实意义。

（一）保障农村居民应有的基本养老保险权益

我国《宪法》明确赋予每个公民都享有“从国家和社会获得物质帮助的权利”。完善的社会保障体系，就是要覆盖全国城乡居民，让农村居民与城市居民享有同等的社会保险权益。然而，在城乡二元结构的条件下，农村居民尚未得到他们应有的权益，实际上他们与城市居民一样都享有由政府提供社会福利的权利。因此，构建完善的农村居民基本养老保险制度，促进农村居民基本养老保险可持续发展，就是要充分发挥社会养老保险机制调节分配的功能，维护和保证国民收入分配在社会保障领域实现更大程度的公平与公正，进而让农村老年人在基本养老保险权益上获得更多的实惠和保障。

（二）保障农村老年人的基本生活需求

近年来，我国人口老龄化趋势加快，特别是农村人口老龄化问题尤为突出。第六次全国人口普查数据预计，到2020年，我国农村65岁以上的老人人口比例将达到14.0%—17.7%，远远高于联合国规定的人口老龄化7.0%的标准。加上农村家庭结构日趋小型化以及农村空巢化问题和土地收益下降问题日益突出，传统家庭养老功能不断弱化，农村养老风险加大。因此，促进农村居民基本养老保险可持续发展，有助于化解农村养老风险，解除农村老年人的后顾之忧，让他们能够体面地生活，安度晚年。

（三）维护农村社会和谐安定局面的重要保证

随着我国经济社会结构的急剧变化，农村的传统家庭结构和传统思想观念也随之发生转变，农村家庭结构日趋小型化，传统家庭养老模式

的保障功能不断下降，甚至有可能被取代。加之土地征收，失地农民大量增加，使得依赖土地养老的农民失去了土地保障，面临着“老无所养”的风险和困境。目前，农村社会养老方式单一，家庭养老功能又在不断被削弱，这在一定程度上给农村社会和谐稳定局面带来了较大的负面影响。因此，促进农村居民基本养老保险可持续发展，要汲取过去农村社会养老保险受到挫折的经验教训，正确认识农村社会养老现状的复杂性与不确定性，让农村居民基本养老保险能够切实满足农民晚年的基本生活需要，发挥维护农村社会和谐稳定局面的保障功能。

（四）推进城乡一体化融合发展的重要途径

农村基本养老保险是政府财政对农村社会的再分配政策，在政策实施过程中，政府财政应对农村社会的再分配过程尽可能更多地体现公平公正，让农村居民更多地分享到经济发展成果和社会发展红利，使得社会二次分配真正做到公平公正。因此，通过社会福利的二次分配，促进农村居民基本养老保险可持续发展，有助于消除城乡壁垒，缩小城乡收入差距，推动城乡居民养老保险制度的一体化进程，进而加快我国新型城镇化和工业化发展步伐，为推进城乡一体化融合发展提供有力支撑。

第二节　西南集中连片特困地区农村居民基本养老保险可持续发展面临的现实困境及成因分析

一、西南集中连片特困地区农村居民基本养老保险可持续发展面临的现实困境

农村居民基本养老保险可持续发展问题日益受到社会各界的关注，但由于我国西南集中连片特困地区农村人口众多，经济欠发达且不平衡不协调，因而，西南集中连片特困地区农村居民基本养老保险实现可持续发展还面临着不少困难和问题，主要体现在以下几个方面。

（一）西南集中连片特困地区农村居民基本养老保险基金积累少

由于西南集中连片特困地区农村经济社会发展水平还比较低下，在个人缴费方面，农村居民在参保时选择最低缴费档次者居大多数，例如，广西融水苗族自治县2015—2017年城乡居保各档次参保缴费人数，从表10-1中可以得知，选择第一档（最低档）缴费的人员占绝大多数，2015—2017年分别占全年缴费人数的96.57%、96.34%、96.90%。这样累计或连续15年缴费的个人基金积累仅仅为1500元。因而，个人账户基金积累少是尤为突出而令人担忧的问题。

表 10-1 广西融水苗族自治县 2015-2017 年城乡居保各档次参保缴费人数

缴费档次	2015 年（人）	2016 年（人）	2017 年（人）
100元	142，215	140，465	93，912
200元	1847	1813	1093
300元	461	484	289
400元	121	102	54
500元	1934	1943	981
600元	14	24	15
700元	/	1	/
800元	4	8	3
900元	4	3	4
1000元	326	377	191
1500元	11	13	11
2000元	328	573	367
合计	147，265	145，806	96，920

资料来源：数据由广西融水苗族自治县人力资源和社会保障局提供。

在集体补助方面，国家积极鼓励有条件的村集体经济组织根据自身情况对参保人缴费给予一定的补助，但西南集中连片特困地区农村集体经济发展水平相对有限，基础薄弱、规模小、效益低，其中本课题组调研所到村基本没有集体经济，因而村集体补助基本上是空白。

在国家财政补贴方面，国家要求地方政府在缴费环节每年给予参保者一定的补贴，并且鼓励地方政府对多缴者亦多补。例如四川、云南、贵州和广西等西南四省区政府，向参保人根据其选择的缴费档次给予对应的补贴，具体明细见表10-2。但西南集中连片特困地区地方政府财政比较紧张，补贴给地方政府造成较大的财政压力，致使一些地方政府在不得已的情况下引导农村居民只选择最低档次缴费。

表 10-2 西南四省区政府对参保人缴费档次给予补贴明细

缴费档次	四川补贴（元）	云南补贴（元）	贵州补贴（元）	广西补贴（元）
100元	40	30	30	30
200元	40	40	30	40
300元	45	50	30	50
400元	50	60	30	55
500元	60	70	60	60
600元	60	80	60	65
700元	65	90	60	70
800元	70	100	60	75
900元	75	110	60	80
1000元	80	120	90	80
1200元	/	/	90	/
1500元	100	130	90	80
2000元	120	130	90	80
3000元	160	/	/	/

注：在缴费档次上，四川省增设了3000元档次，而云南、贵州、广西三省区则未增设；其中，贵州省增设了1200元档次，而四川、云南、广西三省区则未增设。
资料来源：数据根据西南四省区城乡居民基本养老保险实施办法整理而得。

由上可见，农村居民基本养老保险的基金积累实行个人缴费、集体补助与政府补贴相结合的方式，但在西南集中连片特困地区实施过程中，尚存在个人缴费偏低、集体补助难以落实、地方政府基金筹集不足的困境，这些因素导致筹资主要依靠财政投入的增加，地方财政压力较大，资金筹集缺乏持续保障；再加上西南集中连片特困地区农村居民的缴费能力不足，使得他们的基金积累相当少而不具备可持续发展的基础。

（二）西南集中连片特困地区农村居民基本养老保险管理水平低

由于农村居民基本养老保险基金统筹层次过低、基金使用欠规范等问题，难以有效监管，并面临短期支付的巨大压力，而无法进行长期投资，导致缺乏规模效益，风险性投资承受力不足，严重制约了基金的投资运营、风险承受与保值增值能力。从而也难以有效激励农村居民的参保积极性，使得养老权益得不到可靠的保障，进而制约着农村居民基本养老保险的可持续发展。

西南集中连片特困地区农村基本养老保险在基金投资管理上实行以县级为单位的统筹核算，而以县为单位开展基金管理工作会使基金过于分散，存在投资收益不高、服务专业化与信息化不足等方面问题。在确保资金安全、风险可控并有利于提高管理效率的前提下，可统筹地方经办机构但应经同级财政部门与人力资源和社会保障部门共同认定，原则上一个统筹地区只允许开设一个收入户。县级农村居民基本养老保险机构在指定专业银行设立个人基金账户，基本承担了基金统筹地区经办机构管理人的职责。农村居民基本养老保险制度顺利运行，需要有充足得力的基层服务人员。在农村居民基本养老保险制度运行中，制度设计、风险评估、精算分析、管理服务等方面的专业化程度有待增强。目前，基金管理投资机制与监督手段重叠或缺失，各地方机构信息化程度参差不齐，在管理信息系统上，由于实行县级统筹，原来的金保工程尚无农村居民基本养老保险信息管理模块。

目前，农村居民基本养老保险在基金投资、运营、发放与监管等方面还存在纰漏，基金管理存在地方政府与养老保险机构挪用、违规投资与使用、滥摊管理费用等问题。我国现已建立起覆盖全民的城乡居民基本养老保险制度，但由于各地区参保对象情况存在差异，尚未建立起全国统一的登记平台、信息档案库，对参保人员的管理方式落后、专业人才匮乏、服务人员数量不足，这些问题严重制约了农村居民基本养老保险的高效运行。由于农村居民基本养老保险运作不规范，管理成本过高，统筹层次又较低，不同地区间利益协调衔接机制缺失。在行政管理机构设置上，主要存在多重管理方式，即“行政部门负责”“社保内设科室”“单设农保机构”等方式。例如，云南专门设立了城乡居民社会养老保险局，而四川、贵州、广西就由社会保险局管理，人员编制管理上有参公的、也有事业的，存在多重管理方式，从而造成农村居民基本养老保险基金管理效率低下。另外，与发达地区相比，西南集中连片特困地区农村基本养老保险的基金收益悬殊，养老保险关系跨地区转移和异地养老接续十分困难。因此，西南四省区政府应加快建立健全有效的监管机制，进一步增强对农村居民基本养老保险基金运营管理方面的督查与监管。

（三）西南集中连片特困地区农村居民基本养老保险待遇发放主要依赖中央财政

现阶段，国家规定中央财政对中西部地区按中央确定的基础养老金标准给予全额补助，而西南集中连片特困地区农村基本养老保险可持续发展需要政府间明确筹资责任，并落实分担责任比例。当前，中央与地方在财政补贴标准方面尚未形成适度的匹配关系，因此制度上政府间财政责任不明确，激励约束机制缺失，中央政府财政倾斜未结合地方政府财政承受能力实行差别化的补贴，在相当程度上对西南集中连片特困地区农村居民参保积极性产生了明显的消极影响，甚至一部分参保人会因政府激励机制缺失而退保。正是由于政府财政责任分担比例及缴费额度不协调，城乡居民养老保险制度与城镇职工养老保险制度出现缴费差异，因而省级财政应加大对本辖区内经济发展能力较弱地区的财政转移支付力度。另外，西南集中连片特困地区农村基本养老保险基础养老金与城镇职工养老金的根本区别在于“正常调整机制”缺失，滞后的“适时调整机制”难以有效地调动农村居民的参保积极性，不能形成稳定的参保预期。自2009年“新农保”政策执行以来，农村居民基础养老金仅上调过一次，而城镇职工基础养老金从2005年到2017年实现“十三连涨”，月均领取2000元以上；而农民月均领取100元左右，二者相差20倍以上。可见，西南集中连片特困地区农村居民基本养老保险个人账户养老金计发办法采取个人账户全部储存额除以139的标准，政府间财政责任不明确与分担比例不协调，存在着巨大的潜在风险，造成农村居民基本养老保险基金与城镇职工社会养老保险基金类似的养老金账户“空账”和“空转”，最终西南集中连片特困地区农村居民的养老金待遇发放还得依赖中央财政。因此，中央政府需要明确各级政府间的财政责任与分担比例，推动各级政府间在财政责任与激励机制等方面对农村居民基本养老保险实现可持续发展及良性供给。

（四）西南集中连片特困地区农村居民基本养老保险制度建设给地方政府带来较大压力

现行的基本养老保险“统账结合”模式，将长期面临隐形债务、个人账户“空账”运行以及基金收不抵支等方面的高风险。这种模式以扩大覆盖面为前提，以较高的养老金替代率为保证，容易导致缴费率过高、农民经济负担过重。农村居民基本养老金个人账户积累金额很有限，个人账户基金可能要承担比较高的投资回报率损失，而农民依靠个人账户基金积累难以实现“老有所养”的目标，地方政府将不得不承担相应的责任。然而，西南集中连片特困地区的财政状况及繁重的管理职责，使得地方政府难以承担相应的责任。一方面，西南集中连片特困地区四省区财力普遍比较紧张，地方财政大多背负着沉重的债务，在入不敷出、捉襟见肘的艰难情况下，要求县级地方财政支持农村居民基本养老保险建设和发展，显然会给地方政府带来较大的负担和压力；另一方面，地方政府还要承担相应的基金管理、保值增值、组织宣传、基金发放等具体责任，地方政府的管理责任十分繁重，并承担着较大的工作压力。

二、西南集中连片特困地区农村居民基本养老保险可持续发展面临困境的成因分析

（一）农村居民基本养老保险制度设计尚未完善

1.低水平的农村社会基本养老保险体系

当前，农村居民基本养老保险制度在养老金给付，采用“统账结合”的给付结构，是一个低水平的养老保险体系发展阶段。一是从社会统筹学来看，农村居民基本养老保险相关基金应全部纳入统筹账户之中进行统筹规划，并体现出所具有的高度社会化特征，通过统筹规划最大限度地发挥社会保险的互助共济与风险共担的保险本质功能。而农村居民基

本养老保险账户中的养老基金成分，“统筹账户”中的资金仅是农民养老金的基础养老金部分，而相关政策规定，农村居民基本养老保险基础养老金源于政府财政的全额划拨，即农村居民基本养老保险的基础养老金并不能实现统一管理和统一分配，自然就无法发挥社会保险互助共济和风险共担的保险本质功能，也就不能算是一个完全意义的统筹账户。二是从保险基金界定来看，保险基金是由保险机构向承保人收取的保险费并用于保险事业的一种后备金，用于给付在各种保险事故中所造成损失的补偿。这表明农村居民基本养老保险基金的发展需要经过三个环节，即养老保险费用的收取环节、养老基金的积累环节和养老基金的支付环节，而从当前农村居民基本养老保险的发展情况来看，其养老基金还不能算是完全意义的基金。三是从基础养老金替代率来看，当前农村居民基本养老保险的保障水平还相当低。根据四川、云南、贵州和广西西南四省区的统计公报，2016年农村居民人均可支配收入分别为11，203元、9020元、8090元、10，359元，而国家所补贴的基础养老金全年数额为840元，分别占西南四省区农村居民年人均可支配收入的7.5%、9.3%、10.4%、8.1%，其相应的基础养老金替代率远低于国际通行的60%—70%的标准，并低于国际贫困线和最低生活保障线。这样的低待遇水平难以满足和保障农村老年人的基本生活消费，同时也制约了西南集中连片特困地区农村居民的参保积极性。

2.农村居民基本养老保险制度与其他养老制度衔接困难

由于农村居民基本养老保险与其他养老保险如城镇职工养老保险的保障体系存在差异，不同养老保险之间的衔接和转化出现诸多制约因素和问题。随着户籍制度改革的不断深化，农村居民基本养老保险账户可以实现较好的区域转移，但是原“新农保”账户向城镇职工养老保险转变时，便出现了统筹资金无法转接的“瓶颈”和问题，由国家统一下拨的统筹资金在两种养老保险制度间进行衔接时，成为制约这一衔接过程的关键性障碍，而能否解决两种保险制度之间的衔接及资金统筹、转移问题，将直接影响西南集中连片特困地区农村社会劳动力的再配置和人口空间流动的速度与频率。另外，农村居民基本养老保险与“老农保”

之间的衔接和转化也存在较多争议和问题。“老农保”的缴费数额计算、缴费年限认定等问题，还有待进一步研究与完善，以较好地促进农村居民基本养老保险的可持续发展。

（二）农村居民基本养老保险制度运行有待改进

1.监督机制缺失

农村居民基本养老保险制度监督机制的缺失，主要体现在法律制度层面、机构管理层面、社会监督层面等三个方面。具体来说：一是从法律制度层面来看，根据2009年国务院发布的《关于开展新型农村社会养老保险试点的指导意见》和2014年的《关于建立统一的城乡居民基本养老保险制度的意见》可知，在农村社会养老保险的构建过程中，上述文件对所涉及的基本原则、基本任务、参保人群界定、组织机构管理等方面都进行了具体说明，并赋予地方可以结合自身特点进行一定程度调整的权限。然而，由于不同地区经济社会发展的不平衡和差异，在各地区政府出台的地方性制度中，出现了较大的差异和不协调，并且相应的配套法律体系尚未完善，得不到应有的法律制度保护，致使西南集中连片特困地区农村居民基本养老保险的保障水平偏低。特别是《社会保险法》对农村居民基本养老保险没有做出具体明确的制度要求与操作规范，以致农村居民基本养老保险制度缺乏相应的强制性和规范性，给农村社会和农村居民的财产安全带来了相当大的风险和隐患，难以保障农村居民基本养老保险的可持续发展。二是从机构管理层面来看，当前农村居民基本养老保险主要由县级社会保险机构负责管理，而具体执行却是乡镇机构，但是乡镇机构缺乏相应的专职人员负责。主要是因为专职人员的编制管理不合理，又经常受到基层业务工作干扰，存在人员流动大、队伍不稳定的问题，因而在经办过程中容易出现各种差错，导致农村居民基本养老保险工作效率不高。三是从社会监督层面来看，农村居民基本养老保险制度是由政府提供的公共产品，不仅需要政府的有效管理和监督，还应受到社会监督。然而，长期以来农村社会养老保险缺乏必要的社会监督。也正是因为第三方监督缺失和信息公开不到位，社会养老保险领域贪污腐败问题时有出现，从而对农村居民基本养老保险可持续发展造成制约性影响。

2. 管理效率不高

随着信息网络技术的不断发展，网络宽带普及带来农村教育的变革，农村居民可以有更多的渠道和机会了解和掌握外界资讯以及新鲜事物，由此便催生出新的规范性、便捷性制度来服务于农村社会养老保险建设。然而，从当前农村居民基本养老保险经办服务体系来看，现有服务中心和各级管理机构主要分布在城镇范围，对于西南集中连片特困地区那些较为偏远的农村和经济社会发展落后的区域而言，当地农村居民办理基本养老保险业务面临着诸多不便和障碍，比如农村公共服务基础设施欠缺、专业化的经办管理人员不足、信息化管理平台缺失等，以及相关政策制定缺乏统一的规划和设计，导致执行过程中引发多方面的误解和冲突，从而直接影响了农村居民基本养老保险实现可持续发展。

3. 基金保值增值困难

当前，西南集中连片特困地区农村居民基本养老保险已实现全覆盖，随之而来的就是数额巨大的养老保险基金管理问题，而规模庞大的农村居民基本养老保险基金依然延续传统的管理模式。为了保证养老金的安全而选择存入银行，并按照一年期的利率进行计算，使得农村居民基本养老保险基金的增值渠道受限。与此同时，我国近年来通货膨胀率高于银行一年期的存款利率，这样农村居民基本养老保险基金所得到的名义利率扣除通货膨胀率后，其相应的实际利率是负值，不但没有实现基金增值，还导致其在不断贬值，将造成养老基金收不抵支的严重局面，进而严重制约农村居民基本养老保险的可持续发展。

（三）西南集中连片特困地区农村经济基础薄弱

1. 地方政府财政负担过大

由于地方政府的财政收入有一半以上要向中央财政缴纳，而相应的地方性事务财政支出由地方财政承担的比重越来越大，地方政府财政负担明显过大。为实现财政收支平衡，地方财政通常需要中央财政转移支付来支持。由此来看，就承担农村居民基本养老保险责任而言，地方各级政府的责任划分会随着政府层级的降低，其相应的财政负担逐级加重，也就是说，县级的财政负担重于省市级。因此，随着农村居民基本养老保险的不断发展，县级财政的负担就会持续加重，甚至可能超过其可承受能力范围，从而难以支撑农村居民基本养老保险可持续发展。

2.农村集体经济补助缺失

根据农村居民基本养老保险相关实施办法，对有条件的村集体经济组织应对本村参保人缴费给予相应的补助，补助标准由村委会民主确定和实施。同时，鼓励其他经济组织、社会性公益组织及个人等为参保人提供资助。但是，关于村集体经济补助的规定，是没有法律约束力和强制力的，不同村集体经济发展水平不平衡，存在很大的差异，使得农村集体经济补助在西南集中连片特困地区得不到有效落实，原因在于西南集中连片特困地区农村集体经济发展明显不足和滞后。由于缺少农村集体经济的补助，西南集中连片特困地区农村居民基本养老保险的养老金成分，只包括参保人自己的缴费和政府补贴两部分。相较于体系完善的城镇职工养老保险，农村居民基本养老保险的发展还面临着诸多制约因素，其中筹资渠道不足制约着农村居民基本养老保险的可持续发展。

3.农村居民缴费能力较低

在西南集中连片特困地区，广大农村居民受教育程度有限，文化程度相对较低，而其所处的农村与城镇存在明显地理差异，使得西南集中连片特困地区农村居民的经济基础与城镇居民存在较大的差距。由于西南集中连片特困地区农村社会经济基础的薄弱，农村居民对农村社会基本养老保险参保热情不高，即使参加了投保，其选择的保险水平和缴费档次也普遍偏低，绝大多数仅维持在最低缴费水平。虽然当地政府推行“多缴多得”的激励政策，在一定程度上可以提高农村居民的养老金数额与待遇水平，但是西南集中连片特困地区多数农村居民经济条件有限，并不具备“多缴多得”的能力，从而直接影响农村居民基本养老保险的可持续发展。

（四）西南集中连片特困地区农村居民受复杂的社会因素制约

1.受落后的社会保险意识制约

近年来，农村社会养老保险事业得到快速发展，但由于长期不受重视，各项基础工作还比较薄弱，广大农村居民仍然处于社会保障体系的边缘而尚未得到“老有所养”的基本保障。西南集中连片特困地区农村居民对养老问题的认识还停留在传统的家庭养老和土地养老，对国家养老的制度安排，他们并未完全意识到自己相应的权益。随着经济社会的发展和土地制度的持续变革，传统的家庭结构和土地制度所承担的养老功能已被削弱，但西南集中连片特困地区农村居民对于当前的发展形势认知尚不明朗，也没有形成相应的社会养老意识，对社会养老保险的作用仍然存在一定的误解，甚至出于不信任而排斥农村社会养老保险，在一定程度上制约了农村居民基本养老保险的可持续发展。

2.年轻人参保意愿受劳动力流动性制约

随着经济社会的快速发展和城镇化的不断推进，西南集中连片特困地区农村的年轻人大多选择向城市流动，或者选择到异地寻求个人的发展。长期的流动生活状态导致农村居民基本养老保险的参保管理和经办存在较多问题，直接影响了农村年轻人的参保积极性。在劳动力人口流动过程中，西南集中连片特困地区农村劳动力人口通常会流向沿海和省内经济发达的地区或省外经济发展良好的地区，以争取更好的发展机会和生活条件。随着大量劳动力人口的流动，一方面为流入地提供了丰富的劳动力，推动了该地经济社会的快速发展；另一方面，劳动力人口的流动也给流入地和流出地的社会养老保险体系带来了一定的冲击和挑战。由于各个地区采取不同的发展模式和不同的支付补贴方式，不同制度之间的转移接续存在不少制约因素，影响了流动的年轻农村居民参保，进而影响到农村居民基本养老保险的可持续发展。

第三节　促进西南集中连片特困地区农村居民基本养老保险可持续发展的路径选择

一、基本思路

城乡分割的养老保险制度是在特定的生产力发展阶段、特殊的政治经济背景下形成的，同时也是农村社会养老保险制度发展不利的重要原因。因而必须采取城乡统筹的方式，来纠正农村社会养老保险的制度缺位问题，建立起城乡一体化的农村社会养老保险制度，以促进西南集中连片特困地区农村居民基本养老保险的可持续发展。为此，可本着构建“农村社会现代化、农业经济产业化、政府引领制度化、城乡统筹一体化”的“四位一体”（见图10–1）的基本思路，来判断和掌握促进西南集中连片特困地区农村居民基本养老保险可持续发展的趋势和规律。

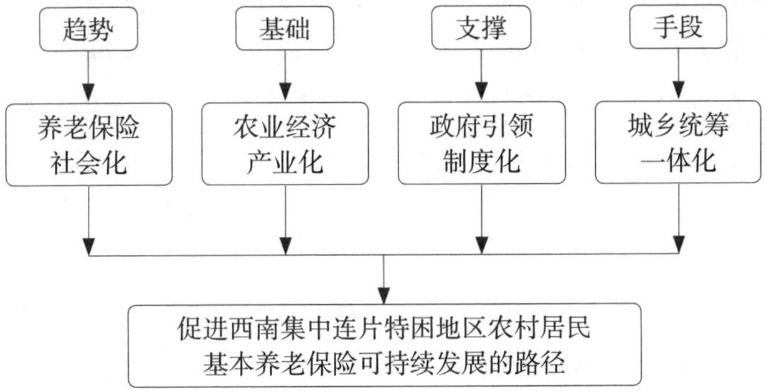

图 10–1　促进农村居民基本养老保险可持续发展的基本思路

（一）养老保险社会化是促进西南集中连片特困地区农村居民基本养老保险可持续发展的必然趋势

社会化大生产是人类社会的发展趋势，与此相适应，人类的生产关系会随之向社会化趋势转变，因而农村居民养老走向社会化模式是必然趋势。当前我国农村社会正处于社会化大生产变革时代，它要求有相应的社会养老保障体系，来满足农村老年居民的基本生活需求。而养老保险社会化则是西南集中连片特困地区农村社会化大生产的现实要求，相应地，更是西南集中连片特困地区农村居民基本养老保险实现可持续发展的必然要求。一是农村老年居民养老社会化可以替代传统养老模式。随着农业现代化的不断发展，土地不再是农村老年居民养老的主要来源和依靠，加之农村家庭规模缩小、年轻劳动力迁移流动，农村家庭养老功能被不断弱化，而通过政府财政扶持的社会化养老模式可以满足农村老年居民的基本生活需求，同时可以解决年轻劳动力自由流动的后顾之忧。二是农村养老保险社会化可以明确政府承担社会化养老的重要责任。长期以来，传统的农村养老模式主要是依靠家庭自身生产来赡养老年人，而政府却游离于农村社会养老体制外，相较于城镇职工、机关事业单位工作人员等群体，农村居民养老获得政府财政的支持尤为不足，导致城乡养老福利差距不断拉大，城乡居民社会养老待遇分配的不公平公正。因而，建立农村居民基本养老保险社会化模式，政府将不再袖手旁观，而应积极提供财政资金扶持、制度完善支持，极力帮助缩小城乡居民养老保障待遇差距。三是农村养老保险社会化可以为城乡统筹提供一体化的途径。在社会化养老保险制度下，农村居民与城镇居民、城镇职工、机关事业单位工作人员都可以实现统分账户管理模式，通过提高养老资金管理水平、完善养老信息管理系统，为建立城乡统筹一体化的社会养老保险制度创造可行模式。

（二）农业经济产业化是促进西南集中连片特困地区农村居民基本养老保险可持续发展的物质基础

经济基础决定上层建筑。西南集中连片特困地区农业经济产业化水平的高低，直接决定着农村居民享受社会养老待遇的高低。一是从农村居民基本养老保险的构成来看，其包括个人缴纳、集体补助和政府补贴，其中，个人缴纳和集体补助主要来自农业经济产业化规模经营带来的收益，农业经济产业化发展得越好，集体经济实力就越强，提供养老保险补助就越多，同时个人获得农业经济发展的红利也会更多，缴纳养老保险费用的能力就越强而农村居民基本养老保险缴费越多，届时领取的养老金就会更高。二是从农业经济产业化发展水平看，农业经济产业化发展水平越高，城镇化水平就会越高，农村居民与城镇居民、城镇职工和机关事业单位工作人员的收入差距就会不断缩小。当农村经济与城市经济相当或相等时，城乡就可以实现一体化融合发展，统一于一致的社会养老保险体系之内，农村居民可以与城镇居民享受同等的社会养老待遇，享受养老金的同等增长和调整，因而也可以从根本上解决农村社会养老保险制度的“失灵”问题。三是继续发挥土地养老的经济功能。当前土地养老依然是农村老年居民的一大养老资源，即其对土地收益的依赖。通过农业经济产业化发展，可以让农村老年居民获得土地增值、集体经济发展的成果，满足农村贫困老年人、留守老年人的基本养老生活需求。因此，大力推进农业经济产业化发展，是促进西南集中连片特困地区农村居民基本养老保险可持续发展的物质基础。

（三）政府引领制度化是促进西南集中连片特困地区农村居民基本养老保险可持续发展的支撑力量

从政府学理论看，政府接受人民的委托，代表人民行使国家赋予的职权职责，应解放和发展社会生产力，适时调整社会生产关系，全面保障人民的合法权益。其中，政府的一项重要职能就是制定和落实社会保险制度政策，包括农村社会养老保险制度，使农村居民的养老保障权益上升到国家制度层面。近年来，我国出台了一系列法律、规章、制度，通过调整和规范农村社会关系，明确农村居民基本养老保险制度。2009年9月1日，国务院提出建立个人缴、集体助、政府补相结合的农村社会养老保险制度试点，实行社会统筹与个人账户相结合的模式，积极探索建立农村社会养老保险制度，拉开了在全国推进农村社会养老保险的新序幕。[1] 2014年2月21日，国务院决定将“新农保”和“城居保”两项制度合并实施，在全国范围内建立统一的城乡居民基本养老保险制度。[2] 这些有关农村居民基本养老保险制度政策的出台，充分反映了政府引领制度化的意志，无论是在制度建设方面还是在财政供给、经办服务、监督管理等方面都提出要保证高质量和高效率，成为推动农村居民基本养老保险发展的主导力量，体现了农村社会养老适应农村生产力发展的迫切要求，同时揭示了西南集中连片特困地区农村居民基本养老保险实现可持续发展所依赖的路径，即需要政府引领制度化作为重要支撑。

（四）城乡统筹一体化是促进西南集中连片特困地区农村居民基本养老保险可持续发展的必要手段

从农村社会养老保险制度的发展规律来看，建立城乡统筹一体化的社会养老保险体系是西南集中连片特困地区农村居民基本养老保险的必然归宿，也是实现西南集中连片特困地区社会养老保险城乡均衡发展的现实需要。由此可见，统筹城乡一体化是促进西南集中连片特困地区农村居民基本养老保险可持续发展的必要手段。一是从社会化大生产力发展规律来看，西南集中连片特困地区农村居民基本养老保险的制度政策是社会化、农业经济产业化的必然产物。要实现真正意义上的社会化大生产，就必须打破城乡体制性分割，实行城乡统筹一体化，这样才能推动社会化大生产，进而为西南集中连片特困地区农村居民基本养老保险实现可持续发展提供必要的物质基础和制度保障。二是从家庭人口结构变化来看，在国家计划生育政策的影响下，西南集中连片特困地区农村家庭结构发生转变，家庭人口规模总体呈下降趋势，表现为家庭规模小型化、核心化，年轻劳动力外出务工增多并且能够自由流动，使得传统的家庭养老功能减弱，土地养老收益降低，农村社会养老责任正从家庭向政府和社会转移，因而西南集中连片特困地区农村居民基本养老保险

---

① 《国务院关于开展新型农村社会养老保险试点的指导意见》（国发〔2009〕32号），2009年。

② 《国务院关于建立统一的城乡居民基本养老保险制度的意见》（国发〔2014〕8号），2014年。

社会化已成为农村养老的必然要求。受到城乡二元体制分割的影响，西南集中连片特困地区农村老年人养老更加困难，养老公共服务体系匮乏，使得西南集中连片特困地区农村养老保险的现实需求和社会养老保险制度的供需矛盾日益凸显，造成农村养老保险社会化发展不协调、不均衡，社会化养老得不到保障。实行城乡统筹一体化的社会养老保险制度正是应对这一问题的重要举措，它能够提高西南集中连片特困地区农村老年人的基本生活水平，缩小城乡居民社会养老保险的待遇差距，有助于促进西南集中连片特困地区农村居民基本养老保险的可持续发展。三是从制度变革的公平性来看，建立城乡统筹一体化的农村社会养老保险制度，是推进城乡社会养老保险公共服务均等化的重要手段。受长期的城乡二元结构制约，西南集中连片特困地区城乡经济社会发展失衡严重，其中，城乡不同群体养老待遇的差别，是造成西南集中连片特困地区城乡收入差距的重要原因。而实行城乡统筹一体化的社会养老保险制度可以缩小城乡公共服务差距，破除城乡二元经济社会结构制约，将西南集中连片特困地区农村居民与城镇居民、城镇职工、机关事业单位工作人员统一于同等的社会养老保险制度之下，促进城乡社会养老保险资源均衡化，推动城乡劳动力、老年人口有序自由流动，从而促进西南集中连片特困地区农村居民基本养老险的可持续发展。四是从未来发展趋势来看，为实行城乡统筹一体化的社会养老保险制度，党和政府出台了一系列政策措施。党的十八大和十八届三中全会提出“城乡居民基本养老保险制度整合”和“实现全国统筹基础养老金”，2010年全国人大实施《中华人民共和国社会保险法》，2014年国务院出台《关于建立统一的城乡居民基本养老保险制度的意见》，2015年机关事业单位实行社会养老保险，这一系列政策的颁布实施，大力推动西南集中连片特困地区不同群体的社会养老保险迈向城乡统筹一体化模式，从而为西南集中连片特困地区农村居民基本养老险可持续发展提供了有力支持。

二、目标模式

再分配，是一个实践“社会公正”理念的过程。① 再分配是现代政府的一项重要职能，而社会养老保险正是属于国民收入的再分配。在我国，城镇职工养老保险制度通过社会统筹资金对职工进行国民收入的再分配，城乡居民基本养老保险制度通过基础养老金对城镇居民和农村居民进行国民收入的再分配，通过采取事后调剂的原则，以避免出现各种因素造成的收入差距，即通过制度安排的互助互济，为那些因年老而收入中断或收入减少的老年人提供基本生活保障，这集中体现了我国社会养老保障制度中的“保基本”要求，促进了社会公平与社会和谐。与其他收入分配调节不同，社会养老保险是分配公平与代际公平在制度内的有机结合，它既要保障共时态下老年人的生活，也要保证历时态下老年人的生活，也就是既要给当下的老年人发放养老金，也要让当下的年轻人缴纳养老金。促进分配公平可以通过一体化制度来实现，而多层次的社会养老保险体系是实现代际公平的重要途径，它能够适应和满足多层次的养老需求，更能激发参保者的主动性、积极性，实现可持续的资金供给，促进代际公平的达成。因而，促进西南集中连片特困地区农村居民基本养老保险的可持续发展需要构建多层次的社会养老保险体系。

为此，应把城乡居民与城镇职工的二者养老保险体系统一起来，打破身份和职业的限制，推进城乡居民与城镇职工的养老保险制度一体化，以最终实现整个养老保险的城乡一体化社会统筹。但也应看到，制度的统一并不意味着待遇水平的一致，更不应该追求待遇水平的完全一致，因为按照公平与效率兼顾的原则，在待遇水平上应允许不同群体间、职业间和地区间养老保险水平存在可控的合理差距，这样才能实现和保证人人公平地享有体面的晚年生活。可见，构建城乡居民社会养老保险体系，直接关系着城乡一体化统筹的社会养老保险体系建设的成败，也是其自身实现可持续发展的必然要求。因此，构建城乡居民社会养老保险

① 侯慧丽. 城镇基本养老保险制度的再分配效应[M]. 社会科学文献出版社，2011：37.

体系，应以城镇职工养老保险为参照，努力把城乡居民基本养老保险制度统一到城镇职工养老保险制度中来，并建立与城镇职工基本养老保险“三支柱”模式相对应的多层次社会养老保险制度，以形成城乡居民基本养老保险可持续发展的目标模式，即多层次的城乡居民社会养老保险体系，如表10–3所示。

表10–3 城乡居民基本养老保险可持续发展目标模式构架

类别	达成方式	责任主体	保障水平	财务模式
第一层：普惠型国民养老金	基础养老金与老年津贴、残障人士津贴等整合	中央政府+地方政府	最低生活水平	政府财政转移支付
第二层：缴费型社会养老保险	个人账户与政府补贴账户	个人+政府	基本生活水平	个人账户+社会统筹
第三层：补充型养老保险	个人储蓄与商业保险	个人	较高生活水平	基金积累制

（一）第一层：普惠型国民养老金

2005年，世界银行提出了养老保险的“零支柱”模式，旨在为消除老年人贫困而向其提供最低生活水平保障的非缴费普惠型养老金，其具有全民共享、保障标准统一的特点，因而被称为“国民养老金”，是社会养老保险金的最基础部分，它体现了政府在社会养老保险制度中的主体责任。我国自2009年以来，新型农村社会养老保险的基础养老金成为普惠型的国民养老金，到2014年覆盖范围已扩大至整个城乡居民养老保险，但受现阶段经济发展水平与政府财政支付能力的制约，其保障水平还处于“广覆盖、低水平”的层次，它对城乡居民而言仅具有象征意义。因而，作为政府主导的国民养老金，其保障水平在与经济社会发展水平、政府的财政能力相适应的基础上，应不断提升其支付水平和保障能力，将不分地区、职业、人群的60岁及以上全体国民都纳入制度保障范围，以使人人享受普遍化的国民养老金待遇，并使其能够为城乡居民提供最低生活水平的保障。同时，城乡居民基本养老保险的基础养老金应与老年津贴、残障人士津贴等补贴整合为国民养老金，由中央政府与地方政府共同承担主体责任，并通过其财政转移支付来实现。

（二）第二层：缴费型社会养老保险

第二层次的缴费性质的养老金，是与城乡居民收入水平挂钩的缴费型“第一支柱”，是社会养老保险的主要部分，它突出个人的主体责任，强调权利与义务对等，实行多缴多得、长缴多得的激励政策，更加注重再分配的效率，而政府提供缴费补贴等一定的财政支持。因而，在构建缴费型城乡居民社会养老保险过程中，应在制度设计中留有接口与城镇职工基本养老保险相对应，以推进社会养老保险制度一体化的统筹衔接。通过单独设立个人缴费年限账户和政府财政补贴账户，明晰个人的缴费责任与各级政府的财政责任，以发挥制度激励的作用。为此，作为社会养老保险的最关键层次，缴费型城乡居民社会养老保险应该是强制性的，所有符合条件的城乡居民都有义务参加，实行比率缴费制，以城乡居民人均可支配收入为缴费基数，设立差别化的缴费比率供参保人自主选择，同时政府根据参保人的缴费档次和缴费年限给予不同比率的相应缴费补贴，确保参保人的养老金替代率不低于40%，使其与国民养老金共同保障参保人退休后的基本生活。同时，社会统筹基金实行全国统筹，采取现收现付制，让统筹基金可以在全国范围内统一调度使用，彰显社会养老保险的互助性与共济性，以减轻基金的保值增值压力。另外，社会养老金待遇水平应与经济增长速度和通货膨胀速度挂钩，设立正常合理的待遇水平调整机制，保证制度运行稳定高效又可持续，不断增强制度吸引力，并使其与城镇职工养老保险制度设计相统一。

（三）第三层：补充型养老保险

完善的多层次城乡居民社会养老保险体系离不开自愿型的补充型养老保险，它是灵活多样的“第三支柱”，实行基金积累制，主要体现为个人自愿条件下的自我保障，主要形式有商业养老保险与个人养老储蓄。对于城乡居民个人和家庭而言，由政府和企业提供基本生活的保障是被动的，而由自己通过商业保险、个人储蓄和其他理财工具为自己构建较高生活水平的保障体系才是主动的，也更符合个人和家庭的选择及需要。补充型养老保险是个人自愿参加的，它不仅可以满足城乡居民更高层次的养老需求，保障较高的生活质量，同时还可以推动商业保险、银行理财的稳定发展，减轻政府承担城乡居民养老保险责任的负担。另外，政府可以通过颁布一些政策制度引导，鼓励有条件的城乡居民积极参加补充型养老保险，比如出台法律制度支持、政府兜底等措施，以提升他们的晚年生活水平。

总的来说，构建多层次的城乡居民社会养老保险体系，一方面可以为实现城乡居民基本养老保险的社会统筹打好制度基础，同时也可以有效地促进西南集中连片特困地区农村居民基本养老保险可持续发展；另一方面，更为重要的是，构建多层次的城乡居民社会养老保险体系，旨在打通城乡居民与城镇职工基本养老保险制度的衔接通道，最终形成与城镇职工基本养老保险制度相统一的社会养老保险制度。因而，多层次的城乡居民社会养老保险体系，是促进西南集中连片特困地区农村居民基本养老保险可持续发展的目标模式。

三、重要举措

（一）进一步完善农村居民基本养老保险的制度设计

1.加强和改进法律制度建设的供给

法律制度建设，首先需要制定法律制度，之后针对已制定的法律制度落实和执行，并在执行实践过程中不断地检验与完善。进一步完善我国农村社会养老保险制度，就需要加强和改进相关法律制度政策的供给，通过运用完善的法律制度规范，保证制度执行过程中的合理性、有效性、公平性，使得其在公平与效率相结合的前提下能够有效地促进西南集中连片特困地区农村居民基本养老保险制度的可持续发展。同时，在遵照国家相关基本法律规定的情况下，不同地区的地方政府可以根据自身发展条件，探索和制定适合本地区的社会养老保险制度，进而提高法律制度的可操作性和适用性。很显然，随着2010年我国《社会保险法》的出台和施行，制定和颁布《农村居民基本养老保险条例》已提上了议事日程。只有这样，才能加强和改进农村居民基本养老保险制度的规范性和统一性，使其走上法治化、制度化轨道，从而堵住因制度和法规不完善而出现的漏洞，在法律制度上对政府、村集体经济组织和个人的责任做出明确的强制性规定。其中，一是要对农村居民缴费参保做出具体的强制性规定，明确缴费义务与享受权利的对等要求，以解决农村居民参保中普遍存在的逆向选择与非理性行为问题，诸如年轻人不愿参保、缴费低档和短期化、养老金替代率低等；二是要对政府补贴做出统一的标准化规定，明确中央政府与地方政府的分担比例，同时在政策激励上，对引导农村居民“多缴多得”“长缴多得”做出细化的政策规定；三是要对集体补助做出具体的明确规定，基于各地区的不平衡与差异，设定几种情形下集体补助的义务，并随着集体经济的不断发展而调整提升补助水平，从而保证农村居民基本养老保险基金筹集的稳定性、基金运作的科学性和基金保值增值的安全性，进而为促进西南集中连片特困地区农村居民基本养老险可持续发展提供制度支撑。另外，对农村居民实行强制参保的法律制度规定，还应与缴费豁免机制相配套，以解决西南集中连片特困地区以及其他地区的农村贫困弱势群体缴费难问题，所需费用由各级政府财政按比例分担负责。

2.完善政府财政责任分担与资金筹集保障机制

正义是“社会制度的首要价值，某种法律和制度，不管它如何有效率和有条理，只要它们不正义，就必须加以改造或废除”[①]。因此，在进一步完善农村居民基本养老保险的制度设计上，应做到政府财政责任分担与资金筹集保障机制在不同层面上的社会正义。养老保险社会化覆盖面的统一性和广泛性，决定了制度设计应满足各类参保群体的不同层次的保障需求，以体现社会养老保险的公平与正义。为此，农村居民基本养老保险应秉承正义性原则，通过优化政府财政支持的筹资与运营机制，中央政府与地方政府在财政分担上实行8:2的比例原则，以确保各级政

① [美]约翰•罗尔斯.正义论[M].何怀宏等译.中国社会科学出版社，1988：1-2.

府财政补贴足额及时到位，切实维护农村老年人的养老保障权益。所以，在农村居民基本养老保险的制度设计上，西南集中连片特困地区政府应秉承“公平、正义、共享”的理念，与村集体经济组织共同为基金统筹账户缴纳基金，随着社会统筹账户与个人账户实行严格的分账管理，逐步做实个人账户，完善政府财政责任分担机制并真正发挥其统筹功能，确保个人账户基金保值增值，从而为促进西南集中连片特困地区农村居民基本养老保险可持续发展提供筹资保障。同时，根据经济收入水平对西南集中连片特困地区农村困难群体进行分类，对不同类别实行不同标准的缴费豁免制度，但在给予豁免前，地方社保部门必须对其进行标准化的家庭收入调查，避免出现一些参保人或村干部冒顶享受免缴费政策的违法现象。对“五保户”、重度残疾人等特殊困难群体，政府应给予缴费豁免或兜底政策支持，以保障社会公平与和谐。

3.逐步提高养老金替代率，实现制度间公平

如前所述，西南四省区农村居民基本养老保险的替代率仅为10%左右，而人社部发布的《中国社会保险发展年度报告2014》表明，2014年城镇职工养老保险的养老金替代率已达67.5%。可见，养老保险制度间的待遇水平差距已成为养老保险的矛盾焦点，制度间的差距鸿沟不仅不利于制度的可持续发展，还会严重威胁制度的公平性。因而，应逐步缩小制度间差距，努力提高西南集中连片特困地区农村居民基本养老保险的养老金替代率。一是在经济发展水平与财政可承受范围内，坚持普惠性原则，加大对普惠型国民养老金的财政补贴力度，以提高基础养老金水平，实现“底线公平”。二是改进制度激励设计，通过加大财政投入吸引和引导广大农村中青年群体积极参加基本养老保险。例如，设置缴费年限财政补贴，对已缴满15年的参保居民，每多缴一年就给予相应的额外财政补贴，引导和鼓励多缴长缴，这样不仅可以增加个人账户积累，提高养老金水平，还可以降低系统老龄化。三是实行比例缴费制征缴保费，以农村居民一定的收入水平为缴费基数，设立多档次的缴费比例供参保人自主选择，政府根据参保人的缴费比例档次和缴费年限给予其相应的财政补贴，让养老保险金待遇水平与缴费比例档次、缴费年限挂钩，

这样不仅有利于缩小制度间的待遇差距，还可以为城乡居保与城镇职保的制度统一打下基础。四是大力推动补充养老保险发展，让更多的人参加到养老保险之中，更好地发挥社会养老保险的互助共济作用，使每个农村居民都能享受到可以满足其基本生活需求的养老金，促进制度公平走向实质普惠。同时，建立健全正常的养老金待遇动态调整机制，将养老金增长与物价水平、经济社会发展水平挂钩，不断提高农村社会养老金的替代率，不断促进社会养老保险的制度间公平，促进西南集中连片特困地区农村居民基本养老保险实现可持续发展。

4.健全农村居民基本养老保险关系接续转移政策

当前，健全农村居民基本养老保险关系的接续转移政策，应根据《社会保险法》与人力资源和社会保障部出台的“衔接办法”，进一步完善接续转移政策的制度设计，统一各地区的制度与政策框架，并促进农村居民养老保险信息管理系统的建设。为此，在接续转移政策的制度设计上，要基于“流入地”和“流出地”的基本转移框架（如图10–2）以及参保对象的身份变化，着重处理好“基金转移”和“年限折算”的问题，并依据转移时点的不同区分不同情况。从转移时点来看，有两种基本情形：即时多次转移和领取待遇时一次性转移。其中，“即时多次转移”可分为同类养老保险项目之间与不同类项目之间转接的两种情形，“领取待遇时一次性转移”则较为简单，因而成为农村居民基本养老保险接续转移的主要方式。跨制度的接续转移容易导致参保对象权益受损，同时也会对流出地和流入地的基金管理造成冲击和影响，而同一制度的关系接续转移则具有更高的可行性和可操作性。随着农村居民基本养老保险关系接续转移政策的不断完善，统一各地区接续转移的具体做法就显得尤为必要和重要。虽然人力资源和社会保障部已制定和颁布了“衔接办法”，但它没做出具体统一的接续转移规定。具体来说，在衔接手续的办理程序上，《城乡养老保险制度衔接暂行办法》只规定了15个工作日提出书面申请、提供信息、划转基金和15个工作日通知申请人等[1]，而对于

① 《城乡养老保险制度衔接暂行办法》（人社部发〔2014〕17号），2014年。

如何具体核对、计算、划转基金则没有做详细、统一的操作规定。因此，要实现西南集中连片特困地区农村居民基本养老保险可持续发展，就应对衔接的条件和时点以及缴费年限的计算和资金的划转等做出具体的统一规定；同时还应完善接续转移的信息化管理系统，减少人为因素和制度性因素的影响。

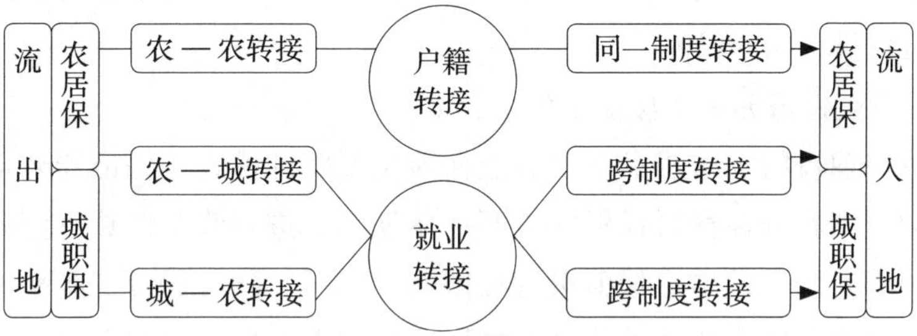

图 10-2 农村居民基本养老险接续转移的基本框架

（二）进一步健全农村居民基本养老保险的运行机制

1.进一步提高管理服务水平

随着信息化网络技术的快速发展，建立高效、现代化的农村居民基本养老保险信息管理系统和完善的管理机构及高素质的人才队伍，来支持西南集中连片特困地区农村居民基本养老保险可持续发展是十分必要的。一是要健全农村居民基本养老保险的信息管理系统，一方面进行科学、合理的规划和设计，与农村社会养老保险发展实际相适应，打造具有兼容性的信息管理系统，保证信息的安全传递与共享，满足农村劳动力人口自由流动的需要；同时，信息管理系统应具有查询功能，以保证参保人能便利地查询个人信息，增进农村居民对养老保险的了解。另一方面还应完善信息发布系统，定期发布相关政策文件、资金收缴及发放、基金保值增值等具体信息，以提高农村居民对养老保险的关注度和信心。二是要健全农村居民基本养老保险的管理体系，根据政事分开的原则，进一步完善农村社会养老保险行政管理和事业经办的管理体系。具体来说，农村社会养老保险行政管理机构主要负责拟定养老保险的法律法规和制定相关政策，并推动改革和开展监督检查，但不直接经办具体事务；农村社会养老保险事业经办机构应是相对独立的参照公务员管理的事业单位，实行垂直管理体制，主要负责构建各级业务经办机构和开展社会化养老保险服务。三是要打造一支高素质的人才队伍，重点是吸引与培养懂社会保险和服务管理的专门人才，不断优化人才队伍，提高管理服务水平，从而为促进西南集中连片特困地区农村居民基本养老保险可持续发展提供可靠的保障。

2.着重保障养老金保值增值

按照现行的农村居民基本养老保险基金管理模式和保证养老金绝对安全的原则，选择存入银行并按照一年期利率进行收益计算，使得规模庞大的养老基金的增值保值渠道被限制。然而，随着通货膨胀率的逐渐上扬，西南集中连片特困地区农村居民基本养老保险的养老基金所得名义利率，如果扣除通货膨胀率后，其相应的实际利率甚至可能是负值，不仅没有实现养老基金的增值，还可能使养老基金不断贬值得不到保值，这会最终导致养老基金收不抵支的严重后果。为此，应积极探索和适时建立符合农村社会养老保险特色的养老基金投资理财类公司，将农村居民基本养老保险的基础养老金托付其投资运营管理，对养老基金进行保值增值运作，以实现养老基金的增值保值。同时，政府管理部门要对养老基金的投资运作设定相关的条件，前提是要确保养老基金的绝对安全，在此前提下才能开展各种投资理财活动，从而为促进西南集中连片特困地区农村居民基本养老保险可持续发展提供稳定的基金保障。另外，还应拓展投资领域，提高农村居民养老保险基金的收益率。例如，可以考虑发行养老保险专项国债、福利彩票和开展公益慈善捐助以及委托全国社会保障基金理事会或专业的基金管理机构投资运营。2016年12月，广西壮族自治区人民政府与全国社会保障基金理事会签订了《基本养老保险基金委托投资合同》，将400亿元基金以保底收益方式委托其投资运营5年，这是全国第一个养老保险基金委托投资合同，标志着广西基本养老保险基金委托投资已进入实际性操作阶段。这不但有利于加强养老基金管理，还有利于促进养老基金保值增值，缓解养老基金压力，保证社会养老保险制度的可持续发展。广西的做法和经验值得西南集中连片特困地区借鉴，以促进养老保险基金的保值增值。

3. 进一步健全监督机制

健全和完善西南集中连片特困地区农村居民基本养老保险监督机制，应科学、合理地进行分工，充分发挥各界的监督作用。农村居民基本养老保险的监督主体有国家机关、社会组织与公民，相应的监督内容包括行政监督、审计监督与社会监督。具体表现在：一是监察、审计、工会等部门应依法行使自己的监督权，对农村居民基本养老保险行政管理部门和基金管理部门进行严格的监督，加强对各种法规、政策以及具体的征收发放标准的监督，并集中监察力量进行巡视监督，一旦发现有不合理的决定或行为就依法予以纠正；二是要充分发挥新闻部门的独特优势进行监督，即利用各种新闻媒介，对农村居民基本养老保险的各种动态进行追踪报道和政策宣传；三是要完善社会保障争议解决机制，对农村社会基本养老保险保障争议当事人的合法权益进行保护，以加强监督管理部门的权力，避免权力被滥用；四是要注重公民、民间组织的社会监督作用，加强对农村社会养老保险部门各项活动的监督，一旦发现有违规操作现象或个人及组织合法权益受到损害，有权向同级或上级有关部门举报、申诉，从而为促进西南集中连片特困地区农村居民基本养老保险可持续发展提供支持。

（三）进一步夯实农村居民基本养老保险的经济基础

一是要持续加大政府财政转移支付力度。当前农村居民基本养老保险的各级政府财政责任划分，政府层级越低，负担的财政责任越重，这导致具体承担农村居民基本养老保险业务的县级财政负担不断加重，甚至超过西南集中连片特困地区一些地方财政的可承受范围。因而应加大政府特别是中央政府对农村居民基本养老保险的财政转移支付力度，包括整合扶贫资金、民政救济资金等，为促进农村居民基本养老保险事业发展争取更多的补贴资金，也可以更好地吸引农村居民参保。二是要大力推动农村集体经济发展。由于西南集中连片特困地区农村集体经济发展水平较落后，有的村集体经济发展乏力，也有的村集体经济收入尚不能维持正常开支，农村居民基本养老保险的村集体补助难以落实。为此，要大力推动农村集体经济发展，着力提高其管理水平和运营水平，通过加强民主监督，保证农村集体资产不流失、不被偷，努力创造农村集体经济发展的良好经营环境和就业环境，积极引进新型农村管理人才和专业化人才，更可吸引相关企业投资，采取混合股份制方法，促进农村集体经济的转型发展。三是要注重推动农村居民可支配收入的持续增加，以提高他们的参保积极性与缴费能力。西南集中连片特困地区农村居民的收入水平受多方面因素的制约，经济能力还相当薄弱。因而，增加农村居民的收入，一方面要推动科技文卫下乡活动，大力开展支农惠农的科技培训和政策支持活动，促进农业科技化转换，努力提高农业生产效率，以帮助农村居民增收；另一方面要进一步加大农村基础设施和公共服务设施的建设力度，努力营造一个良好的经济发展环境，增加农民就业机会，以帮助农村居民增收。另外，还应探索建立农村劳动力市场调节服务中心，推动农村剩余劳动力再就业和自由就业，以帮助农村居民增收，从而为西南集中连片特困地区农村居民基本养老保险可持续发展提供坚实的经济基础。

（四）进一步营造好农村居民基本养老保险的社会环境

一是要进一步提高农村居民的社会养老保险意识。以前，农村社会养老保险事业长期得不到重视，长期处于社会保障体系的外围，导致农村居民对社会养老保险的认识还不够充分，甚至存在误解。因此，应加大农村社会养老保险政策的宣传力度，动员和发动群众，让农村居民积极主动地参与到社会养老保险事业之中，使他们意识到社会养老保险是政府为公民提供的一种民生福利政策，维护好农村居民获得更好养老待遇的基本权益。同时，还应进一步创新政府行政管理考核体系，将促进农村社会养老保险事业发展纳入政府工作的监督检查和责任追究之中，不断提高政府公共服务能力，以促进西南集中连片特困地区农村居民基本养老保险事业实现持续健康发展。二是要进一步提高农村居民的参保意愿。随着城镇化的快速推进，西南集中连片特困地区农村年轻人群体更多选择到城市寻求发展，或选择异地谋求个人发展，这种长期流动的生活状态，使农村居民的参保意愿较弱。为此，应发挥社会养老保险的互助共济统筹效应，一方面保证参保的农村老年人享受到相应的社会养老待遇，另一方面也要确保参保的农村年轻人个人养老金账户能够增值保值，以提高他们的参保意愿。

参考文献

一、专著类

1.邓大松.可持续发展的中国新型农村社会养老保险制度研究[M].经济科学出版社，2014.

2.华迎放.新型农村社会养老保险制度建设研究[M].中国劳动社会保障出版社，2013.

3.崔红志.新型农村社会养老保险制度适应性的实证研究[M].社会科学文献出版社，2012.

4.曹信邦.新型农村社会养老保险制度构建——基于政府责任的视角[M].经济科学出版社，2012.

5.王章华.中国新型农村社会养老保险制度研究[M].中国社会科学出版社，2014.

6.薛惠元.新型农村社会养老保险风险管理研究[M]. 中国社会科学出版社，2013.

7.张思锋，王立剑.新型农村社会养老保险制度试点研究——基于三省六县的调查[M].人民出版社，2011.

8.王平达.新型农村社会养老保险法律制度研究[M].中国农业出版社，2013.

9.袁文全.社会保障体系覆盖城乡居民的理论与实践[M].重庆大学出版社，2012.

10.王飞跃.基本养老保险制度建设与老年贫困研究[M].中国社会科学出版社，2012.

11.米红，杨翠迎.农村社会养老保障制度基础理论框架研究[M].光明日报出版社，2012.

12.李沛良.社会研究的统计应用[M]，社会科学文献出版社，2001.

13.武力，等.解决“三农”问题之路——中国共产党“三农”思想政策史[M].中国经济出版社，2004.

14.刘子兰.养老金制度和养老基金管理[M].经济科学出版社，2005.

15.史伯年.中国社会养老保险制度研究[M].经济管理出版社，1999.

16.王丽莉.服务型政府：从概念到制度设计[M].知识产权出版社，2009.

17.高鸿业.西方经济学（上册 微观经济学）[M].中国经济出版社，1995.

18.魏中龙.政府购买服务的理论与实践研究[M].中国人民大学出版社，2014.

19.王浦劬，L.M.萨拉蒙，等.政府向社会组织购买公共服务研究——中国与全球经验分析[M]，北京大学出版社，2013.

20.余建英，何旭宏.数据统计分析与SPSS应用[M].人民邮电出版社，2003.

21.高铁梅.计量经济分析方法与建模［M］.清华大学出版社，2009.

22.刘昌平，殷宝明，谢婷. 中国新型农村社会养老保险制度研究[M].中国社会科学出版社，2008.

23.穆怀中，沈毅，等.中国农村养老保险体系框架与适度水平[M].社会科学文献出版社，2015.

24.曹文献.新型农村养老保障制度的可持续发展研究[M].西南财经大学出版社，2014.

25.闫俊.新型农村社会养老保险制度研究[M].人民日报出版社，2015.

26.徐强.农民社会养老保险制度的公共投入优化研究[M].经济管理出版社，2015.

27.关博.建立更加公平的养老保险制度：理论分析与中国实践[M].

经济管理出版社，2016.

28.安增龙.中国农村社会养老保险制度研究[M].中国农业出版社，2006.

29.何平.中国农村养老保险制度改革与发展报告：可持续性分析[M].中国经济出版社，2011.

30.柳清瑞.中国养老金替代率适度水平研究[M].辽宁大学出版社，2004.

31.周莹.中国农村养老保障制度的路径选择研究[M].上海社会科学院出版社，2009.

32.田雪原.中国老年人口（经济版）[M].社会科学文献出版社，2007.

33.宋健.中国农村人口的收入与养老[M].中国人民大学出版社，2006.

二、论文类

1.孙胜梅，叶明德.农村社会养老保险工作的新探索——以浙江绍兴市的经验为例[J].人口与计划生育，2004（3）.

2.梁春贤，苏永琴.构建适合我国国情的农村社会养老保险制度[J].经济问题，2004（5）.

3.王国军.现行农村社会养老保险制度的缺陷与改革思路[J].上海社会科学科学院学术季刊，2000（1）.

4.中国社会科学院《农村社会保障制度研究》课题组.积极稳妥地推进农村社会养老保险[J].人民论坛，2000（6）.

5.刘书鹤.我对农村社会养老保险的看法及建议[J].社会学研究，1997（4）.

6.陈长民.我国农村社会养老保险面临的突出问题与对策[J].经济纵横，2005（9）.

7.养老保险问题研究课题组.公共财政体制下我国农村养老保险制度

研究[J].经济研究参考，2010（4）.

8.赵晓霞，李霞.我国农村社会养老保险的制度缺陷与对策分析[J].乡镇经济，2005（6）.

9.马斌.农村社会养老保险的现状、问题及对策[J].中国农村经济，2001（8）.

10.赵殿国.农村养老保险的基金管理与风险控制[N].中国劳动保障报，2004-09-23.

11.乔晓乔.关于中国农村社会养老保险问题分析[J].人口研究，1998（3）.

12.盛明科.服务型政府绩效评估体系构建与制度安排研究[D].湘潭大学，2008.

13.薛惠元.基于整体法的新农保个人账户基金收支平衡模拟与预测[J].保险研究，2014（2）.

14.唐钧.新农保的“软肋”[J].中国社会保障，2009（11）.

15.薛惠元.新农保个人筹资能力可持续性分析[J].西南民族大学学报（人文社会科学版），2012（2）.

16.王国辉，陈洪侠，陈洋，康琳. 新农保基层经办服务能力的隐忧与对策[J].劳动保障世界，2011（11）.

17.田清.广西城乡居民社会养老保险经办能力现状与对策[J].人事天地，2012（7）.

18.范世祥，梁宝敏，曾绍周.完善广西新型农村社会养老保险试点工作政策研究[J].经济研究参考，2011（53）.

19.赖永东.广西社会保险经办机构整合的现状及对策[J].人事天地，2012（4）.

20.杨丽，李娟.新型农村社会养老保险实施中存在的主要问题研究——基于云南数据的分析[J].未来与发展，2011（3）.

21.杨丽.影响新型农村社会养老保险参保的主要因素研究——基于昆明农村的调查与分析[J].经济问题，2012（6）.

22.王凯.云南省民族地区农民参加新型农村社会养老保险影响因素

分析[J].经营管理者，2013（27）.

23.李应斌.新型农村社会养老保险试点调查——以云南省曲靖市为例[J].法制与经济，2013（7）.

24.邱梅，杨国华，等.新型农村社会养老保险运行的调查研究——以云南省永善县马楠乡为例[J].辽宁医学院学报（社会科学版），2014（3）.

25.陆烨，何婷.云南省个旧市新型农村社会养老保险现状与对策探析——基于大屯村的调研[J].卫生软科学，2012（12）.

26.栗琪.景谷县城乡居民基本养老保险制度实施效果研究[D].云南大学，2015.

27.樊屹然.完善新型农村社会养老保险制度研究——以云南省新平县为例[D].云南财经大学，2014.

28.杨帆.云南省新型农村社会养老保险制度调查研究——以富源县为例[D].云南大学 2011.

29.朱弘，李硕.云南少数民族地区农村养老保险现状与对策探析——基于对普洱市农村养老保险调查[J].中国市场，2012（22）.

30.李鹏.云南省宜良县农村社会养老保险现状及对策研究[D].中国农业科学院，2014.

31.郑波.新型农村社会养老保险实施情况的调查分析——以云南省马龙县马鸣乡为例[D].云南财经大学，2014.

32.卫雅丽，崔燕.农行新农保代理 服务贵州千万农民[J].贵州农村金融，2011（12）.

33.荣莉.如何提高贵州“新农保”经办机构的服务水平——基于政府责任视角[J].长春教育学院学报，2014（7）.

34.骆欣.贵州省新型农村社会养老保险实施中问题研究[J].市场研究，2015（10）.

35.杨婉婷.贵州民族地区实施新型农村社会养老保险制度研究——以凯里市为例[D].贵州财经大学，2012.

36.白维军，刘银喜.流动型社会保障服务:内涵界定、要素分析与路径选择[J].中国行政管理，2014(9).

37.薛惠元.新型农村社会养老保险财政保障能力可持续性评估——基于政策仿真学的视角[J].中国软科学，2012(5).

38.赵建国，海龙."逆向选择"困局与"新农保"财政补贴激励机制设计[J].农业经济问题，2013(9).

39.韦景中.鹿寨县新型农村社会养老保险试点工作的实践与思考[J].当代广西，2011(19).

40.李振文.公私合作视角下新农保管理服务创新研究——基于"德阳模式"探索实践的分析[J].社会保障研究，2014(4).

41.向春华.德阳经办外包五问[J]，中国社会保障，2012(7).

42.薛惠元.新农保个人筹资能力可持续性分析[J].西南民族大学学报（人文社会科学版），2012(2).

43.白维军，季璐.流动性社会保障:民族地区农村社会保障公共服务新思路[J].西南民族大学学报（人文社会科学版），2014(1).

44.张巍.论我国基本社会保障服务的发展与完善[J].贵州社会科学，2013(9).

45.曹佩佩.我国农村社会保障存在的问题及对策[J].当代经济，2015(20).

46.钟成林，巢文.广西贫困县农民收入现状及对策分析[J].中共南宁市委党校学报，2013(4).

47.董丽.影响新农保女性参保者满意度的因素研究——基于广东平远县的调研证据[J].统计与信息论坛，2013(8).

48.肖云，刘培森.新型农村社会养老保险满意度影响因素分析[J].经济体制改革，2011(5).

49.肖海霞.中国行政管理流动性服务视角下我国少数民族地区农村社会保障公共服务的构建[J].贵州民族研究，2015(6).

50.白维军，童星.论我国社会保障服务的理念更新与体系构建[J].中州学刊，2014(5).

51.张巍.论我国基本社会保障服务的发展与完善[J].贵州社会科学，

2013(9).

52.姚尚建.流动的公共性我国区域政府研究的困境与超越[J].江苏行政学院学报，2009(4).

53.钟成林，巢文.广西贫困县农民收入现状及对策分析[J].中共南宁市委党校学报，2013(4).

54.董雯.流动人口养老保险的异地转移[J].企业技术开发，2009(10).

55.白维军.流动公共服务视角下的民族地区农村养老保障服务创新[J].内蒙古社会科学，2014(2).

56.肖云，刘培森.新型农村社会养老保险满意度影响因素分析[J].经济体制改革，2011(5).

57.柳清瑞，闫琳琳.新农保的政策满意度及其影响因素分析—基于20省市农户的问卷调查[J].辽宁大学学报，2012(3).

58.董丽.影响新农保女性参保者满意度的因素研究——基于广东平远县的调研证据[J].统计与信息论坛，2013(8).

59.沙员，张大勇.基层社保所是新农农村社会养老保险制度推行的关键点[J].产业与科技论坛，2010(9).

60.裴学中.建立惠及民生的“新农保”制度[J].中国财政,2010(1).

61.苏东海，周庆.新农保试点中的问题及对策研究——基于宁夏新农保试点县的调查分析[J].社会科学，2010(9).

62.李晓云，范冰洁.山东淄博新型农村养老保险现状实证分析[J].财经问题研究，2010(7).

63.田北海，丁镇.农民参与新型农村社会养老保险的意愿研究[J].甘肃行政学院学报，2011(3).

64.钟涨宝，李飞.动员效力与经济理性：农户参与新农保的行为逻辑研究——基于武汉市新洲区双柳街的调查[J]，社会学研究，2012(3).

65.吴玉锋.新型农村社会养老保险参与实证研究:一个信任分析视角[J].人口研究，2011(4).

66.王国辉，陈洪侠，陈洋，康琳．新农保基层经办服务能力的隐忧与对策[J]，劳动保障世界，2011（11）．

67.夏永祥，刘迪平．“新农保”长效供给机制的协调与整合[J].南通大学学报，2011（3）．

68.褚卫东.新型农村社会养老保险试点问题研究[J].阜阳师范学院学报，2011（1）．

69.邓大松，薛惠元．新型农村社会养老保险制度推行中的难点分析[J].经济体制改革，2009（1）．

70.战梦霞，杨洁.新型农村养老保险制度亟待解决的问题特区经济[J].2010（2）．

71.米红.我国新型农村社会养老保险制度推进的若干问题与对策建议[J].中共浙江省委党校学报，2009（5）．

72.沙员，张大勇.基层社保所是新农农村社会养老保险制度推行的关键点[J].产业与科技论坛，2010（9）．

73.苏东海，周庆.新农保试点中的问题及对策研究——基于宁夏新农保试点县的调查分析［J］.社会科学，2010（9）．

74.唐金成，周园翔，王露浠.精准扶贫视角的农村社会养老保险发展研究[J].农村金融研究，2017（7）．

75.曹秀先，吴松涛.实现城乡居民养老保险可持续发展的问题与对策[J].人才资源开发，2015（5）．

76.杜智民，雷晓康，齐萌.我国西部城乡居民养老保险制度发展及政策评估[J].西安交通大学学报（社会科学版），2015（4）．

77.刘海霞，吴文娟.我国新型农村社会养老保险制度可持续发展的困境与进路[J].西北工业大学学报（社会科学版），2017（1）．

78.席恒，翟绍果.更加公平可持续的养老保险制度的实现路径探析[J].中国行政管理，2014（3）．

79.王作宝.代际公平与代际补偿：养老保险可持续发展研究的一个视角[J].东北大学学报（社会科学版），2016（1）．

80.刘军民.试论推进我国新型农村社会养老保险制度可持续发展的

基本要领和战略重点[J].社会保障研究，2010（3）.

81.杨珂.城乡居民养老保险统筹发展的路径[J].哈尔滨师范大学社会科学学报，2016（4）.

82.宫晓霞，崔华泰，王洋.财政支持农村社会养老保险制度可持续发展：国外经验及其启示[J].经济社会体制比较，2015（2）.

83.吴丽丽，卢成会.城乡居民社会养老保险整合后的困境与突破探析[J].内蒙古农业大学学报（社会科学版），2016（2）.

84.蒲晓红，成欢.西部地区新型农村社会养老保险制度水平的评估[J].经济理论与经济管理，2012（8）.

85.张向达，张声慧.中国城乡居民养老保险可持续发展研瞻[J].东北财经大学学报，2017（3）.

86.冯星.甘肃省新型农村社会养老保险财政补贴的效应研究[D].兰州西北师范大学，2016.

87.孙健夫，鲍莎.财政支持农村养老保险发展的政策评价与优化——以河北省为例[J].经济研究参考，2014（52）.

88.夏宇.四川德阳市旌阳区新型农村社会养老保险基金收支平衡及其影响因素研究[D].雅安：四川农业大学，2015.

89.聂建亮.农村老人需要多少养老金？——对农村老人养老金需求数量的实证分析[J].北京社会科学，2017（7）.

90.凌玲.安徽省城乡居民基本养老保险保障水平研究[D].合肥：安徽财经大学，2016.

91.于建华，薛兴利，毕红霞.农村基本养老保险保障水平及其差异性分析[J].农业经济，2016（8）.

92.尹海燕，海龙.新型农村社会养老保险基础养老金计发标准评估与厘定[J].西北人口，2015（3）.

93.穆怀中，沈毅，陈曦.农村养老保险综合替代率及其结构分析[J].人口与发展，2013（6）.

94.陈亚星.四川农村老年生活成本测算及新型农村社会养老保险保障水平研究[D].成都：四川农业大学，2016.

95.封铁英，董璇.以需求为导向的新型农村社会养老保险筹资规模测算—— 基于区域经济发展差异的筹资优化方案设计[J]. 中国软科学，2012（1）.

96.杨德清，董克用.普惠制养老金—— 中国农村养老保障的一种尝试[J]. 中国行政管理，2008（3）.

97.陈新锋.生存成本的经济学分析[D].西安：西北农林科技大学，2005.

附录一：
西南集中连片特困地区农村居民基本养老保险调查问卷

（60周岁以下农村居民）

村民同志：

您好，我们是西南集中连片特困地区农村居民基本养老保险课题组。首先感谢您参与养老保险问卷调查。此次调查的目的在于了解本地养老保险的实施情况。本调查将采用无记名的方式，调查结果仅用于学术研究，不会影响您个人的正常生活。您的真实作答将是对我们最大的帮助，在此表示感谢！

请在选项上打钩（√），无特殊说明的均为单选题。

一、个人与家庭基本情况

A1. 您的性别：（1）男　　　　（2）女

A2. 您的年龄：__________

A3. 您的文化程度

（1）未受过正式教育　　（2）小学　　（3）初中

（4）高中/中专/技校　　（5）大专　　（6）本科以上

A4. 您的婚姻状况

（1）未婚　（2）已婚　（3）离婚　（4）丧偶

A5. 您的民族是：（1）汉族　（2）少数民族

A6. 您有____个儿子，____个女儿，您家里有____口人（指同吃同住，不包括自己）。

A7. 您目前主要工作是：

（1）务农　（2）务工　（3）私营个体主　（4）自由职业　（5）无业　（6）其他__________

A8. 您是否当过/正在当村（镇）干部：（1）是　（2）否

A9. 您家耕地总面积：____亩

A10. 总的来说，您目前的健康状况：

（1）非常差　（2）差　（3）一般　（4）好　（5）非常好

A11. 您目前是否患有慢性病；（1）否（2）是：________（疾病名称）

A12. 您去年的医疗费开支是：________元，__________（疾病名称）

二、经济状况

B1. 您家庭2016年的总纯收入：　元。

B2. 您最近两年的平均纯收入：　元/年。

B3. 您当前的经济来源有：

（1）自己劳动收入（____元/年）（2）子女提供（____元/年）

（3）养老保险金（____元/年）（4）最低生活保障金（____元/年）

（5）"五保户"补助（____元/年）（6）村集体补贴（____元 /年）

（7）自己往年的积蓄（____元）（8）其他（____元/年）

B4. 以您目前的经济状况，您认为您在当地人中属于下列哪种情况？

（1）经济上很宽裕　（2）经济上比较宽裕

（3）钱基本够用　（4）钱不太够花　（5）经济上非常紧张

B5. 以您家庭目前的经济状况，您认为在当地属于下列哪种情况？

（1）经济上很宽裕　（2）经济上比较宽裕

（3）钱基本够用　　（4）钱不太够花　　（5）经济上非常紧张

B6. 您近两年的平均支出为________元/年，您家庭近两年的平均支出为________元/年

B7. 最近一周，您家花了多少钱购买食品，包括自家生产和消费的农产品，不包括外出就餐、购买香烟、酒水等？________元

B8. 最近一周，您家花了多少钱外出就餐等？________元

B9. 您过去一年在以下各项消费中的支出。[访员注意：没有相应项支出用0元表示，记不清该支出用-9999表示。]

	项目	支出（元）
1	衣着消费	
2	居住（包括在住房、水、电、燃料等方面的支出）	
3	个人用品（包括美容化妆品）及服务（如保姆费）：居民消费的各类日用消费品及服务，不含家庭设备及用品和服务	
4	交通通信（包括当地交通费、旅游交通费、电话、手机、上网、邮寄等）	
5	文教娱乐（包括教育培训、文化娱乐支出等）	
6	医疗保健（包括健身锻炼及产品器械、保健品等）	
7	其他（具体是：　）	

B10. 您家是精准扶贫对象吗？　（1）是　（2）不是

三、参加农村居民基本养老保险情况

C1. 您是否参加了农村居民基本养老保险：

（1）是　（2）否

C2. 您是否参加或购买了其他类型的养老保险：

（1）商业养老保险　（2）城镇职工基本养老保险

（3）其他____________

C3. 您认为目前农村老年人每月至少需要多少元（除自种的粮食、蔬菜等以外）才能维持基本的生活需要：　元

C4. 如下几种情况，请在符合您意愿的情况里填写。

将来可以领到的养老金（元 / 月）	愿意年缴费（元 / 年）	将来可以领到的养老金（元 / 月）	愿意年缴费（元 / 年）
100		700	
200		800	
300		900	
400		1000	
500		1000 以上	
600			

C5. 您对当前农村居民基本养老保险满意度如何？

项目	满意度					不清楚
	很不满意	较不满意	一般	较满意	很满意	
养老金待遇水平						
发放及时性						
养老金领取的便捷性						
缴费的便捷性						
缴费水平						
工作人员的服务态度						
工作人员的服务能力						

C6. 您对农村居民基本养老保险政策的了解程度？

（1）十分了解　（2）较了解　（3）了解

（4）不太了解　（5）不了解（跳到C10）

C7. 您是通过哪种途径知道农村居民基本养老保险的？（最多选三项）

（1）政府发放的宣传册子、传单之类的

（2）村里召开大会，集中宣讲

（3）村委干部挨家挨户上门宣传与动员

（4）电视、广播、报纸等媒体的宣传

（5）其他方式______________

C8. 您了解农村居民基本养老保险财政补贴政策的（可多选）

（1）100元一年的缴费档次　（2）各缴费档次

（3）财政对各缴费档次补贴的标准

（4）其他（请注明）______________　（5）不了解

C9. 您对农村居民基本养老保险领取待遇的了解（可多选）

（1）知道现在的缴费档次和缴费年限

（2）到60岁领取待遇的计算公式

（3）只知道到60岁可以领取90元钱

（4）不知道，村干部给经办就领取，不给也不问

如果参加了农村居民基本养老保险，请回答C10、C11、C12题，否则问卷结束。

C10. 您目前的缴费金额为______元/年。

C11. 您选择这个缴费标准的原因（最多选三项）：

（1）统一规定的缴费标准　（2）根据自己的经济能力

（3）缴费标准越高，以后享受的待遇越高，晚年生活越有保证

（4）缴费标准越高，政府补贴越多，将来得到的实惠越多

（5）与村里其他人差不多　（6）其他______________________

C12. 以后您是否愿意继续参保：

（1）愿意，选择的缴费档次是______元／年　（2）不愿意

我们的问卷到此为止，再次感谢您的支持！祝您身体健康，家庭美满！

（请调查员再次核对问卷，确保无漏填、错填）

调查员姓名：______________调查时间：______________

调查地点：________________问卷编号：______________

附录二：西南集中连片特困地区农村居民基本养老保险调查问卷

（60周岁及以上农村居民）

村民同志：

您好，我们是西南集中连片特困地区农村居民基本养老保险课题组。首先感谢您参与养老保险问卷调查。此次调查的目的在于了解本地养老保险的实施情况。本调查将采用无记名的方式，调查结果仅用于学术研究，不会影响您个人的正常生活。您的真实作答将是对我们最大的帮助，在此表示感谢！

请在选项上打钩（√），无特殊说明的均为单选题。

一、个人与家庭基本情况

A1. 您的性别：（1）男　　（2）女

A2. 您的年龄：__________

A3. 您的文化程度

（1）未受过正式教育　　（2）小学　　（3）初中

（4）高中/中专/技校　　（5）大专　　（6）本科以上

A4. 您的婚姻状况

（1）未婚　　（2）已婚　　（3）离婚　　（4）丧偶

A5. 您的民族是：（1）汉族　　（2）少数民族

A6. 您有____个儿子，____个女儿，您家里有____口人（指同吃同住，不包括自己）。

A7. 您60岁以前的主要工作是：

（1）务农　（2）务工　（3）私营个体主

（4）自由职业　（5）无业　（6）其他______

A8. 您是否当过村（镇）干部:（1）是　（2）否

A9. 您家耕地总面积：_____亩

A10. 总的来说，您目前的健康状况：

（1）非常差　（2）差　（3）一般　（4）好　（5）非常好

A11. 您目前是否患有慢性病;（1）否　（2）是:______（疾病名称）

A12. 请问您完成如下活动有困难吗？

各项日常生活及活动能力	没有困难	有困难但仍可以完成	有困难，需要帮助	无法完成
吃饭（当饭菜准备好以后，自己吃饭）				
穿衣（包括从衣橱中拿出衣服，穿上衣服，扣上纽扣，系上腰带）				
上厕所（包括便后洗手、解衣穿衣）				
洗澡				
上下床				
室内走动				

A13. 您去年的医疗费开支是:______元，____________（疾病名称）

二、经济状况

B1. 您的家庭2016年总的纯收入：____________元。

B2. 您最近两年的平均纯收入：____________元/年。

B3. 您当前的经济来源有：

（1）自己劳动收入（______元/年）

（2）子女提供（______元/年）

（3）养老保险金（______元/年）

（4）最低生活保障金（______元/年）

（5）“五保户”补助（______元/年）

（6）村集体补贴（______元 /年）

（7）自己往年的积蓄（______元）

（8）其他（______元/年）

B4. 以您目前的经济状况，您认为您在当地的老年人中属于下列哪种情况？

（1）经济上很宽裕　（2）经济上比较宽裕

（3）钱基本够用　（4）钱不太够花　（5）经济上非常紧张

B5. 以您家庭目前的经济状况，您认为在当地属于下列哪种情况？

（1）经济上很宽裕　（2）经济上比较宽裕

（3）钱基本够用　（4）钱不太够花　（5）经济上非常紧张

B6. 您近两年的平均支出为______元/年，您家庭近两年的平均支出为______元/年。

B7. 最近一周，您家花了多少钱购买食品，包括自家生产和消费的农产品，不包括外出就餐、购买香烟、酒水等？ ______元

B8. 最近一周，您家花了多少钱外出就餐等？ ______元

B9. 您过去一年在以下各项消费中的支出。[访员注意：没有相应项支出用0元表示，记不清该支出用-9999表示。]

	项目	支出（元）
1	衣着消费	
2	居住（包括在住房、水、电、燃料等方面的支出）	
3	个人用品（包括美容化妆品）及服务（如保姆费）：居民消费的各类日用消费品及服务，不含家庭设备及用品和服务	
4	交通通信（包括当地交通费、旅游交通费、电话、手机、上网、邮寄等）	
5	文教娱乐（包括教育培训、文化娱乐支出等）	
6	医疗保健（包括健身锻炼及产品器械、保健品等）	
7	其他（具体是：　）	

B10. 您家是精准扶贫对象吗？（1）是　　　（2）不是

三、参加农村居民基本养老保险情况

C1. 您是否参加了农村居民基本养老保险：（1）是，初次缴费年份：__________（2）否

C2. 您是否参加或购买了其他类型的养老保险：

（1）是，__________（保险名称），每月领取__________元　（2）否

C3. 您认为目前农村老年人每月至少需要多少元（除自种的粮食、蔬菜等以外）才能维持基本的生活需要：__________元。

C4. 您对农村居民基本养老保险政策的了解程度？

（1）十分了解　　（2）较了解　　（3）了解

（4）不太了解　　（5）不了解（跳过C5）

C5. 您是通过哪种途径知道农村居民基本养老保险的？（最多选三项）

（1）政府发放的宣传册子、传单之类的

（2）村里召开大会，集中宣讲

（3）村委干部挨家挨户上门宣传与动员

（4）电视、广播、报纸等媒体的宣传

（5）其他方式______

如果您参加了农村居民基本养老保险，请回答下列问题

C6. 您现在是否领取了农村居民基本养老保险待遇？

（1）是，每月______元　　（2）否（跳过C7）

C7. 领到的农村居民基本养老保险待遇对您的生活有多大程度的改善？

（1）很小　（2）较小　（3）一般　（4）较大　（5）很大

C8. 您对当前农村居民基本养老保险满意度如何？

项目	满意度				
	很不满意	较不满意	一般	较满意	很满意
养老金待遇水平					
发放及时性					
养老金领取的便捷性					
工作人员的服务态度					
工作人员的服务能力					

调查到此结束。祝您和家人身体健康！万事如意！

（请调查员再次核对问卷，确保无漏填、错填）

调查员姓名：________________ 调查时间：________________

调查地点：__________________ 问卷编号：________________

附录三：
西南集中连片特困地区城乡居民基本养老保险实施情况访谈提纲

（对城乡居保管理和经办机构的访谈）

1. 我地按照何政策实行城乡居保？国家和地方对我地实行城乡居保优惠政策都有哪些？

2. 我地城乡居保的参保缴费情况，包括近五年的参保人数、参保率、退保率、缴费率、缴费档次选择、参保缴费上的困难。

3. 我地城乡居保基金收支情况，包括近五年的财政补贴收入、缴费收入、利息收入及其他收入；近五年的基金支出数额、支出项目；近五年基金收入当年结余和累计结余；在城乡居保基金收支上的建议。

4. 我地城乡居保基金监管工作：监管机构、工作开展的方式、监管的效果。

5. 我地城乡居保基金保值增值情况：基金保值增值的措施、保值增值的效果及对策建议。

6. 是否建立部门联动机制？（公安部门、民政部、计生办、社保局、村委等信息是否同步？）是如何建立的？是否定期对参保人员信息进行核实？如何有效提高养老金发放信息的准确性？

7. 我地城乡居保各个业务管理的人力和工作分配情况？

8. 在政策宣传上，我地与其他地方有什么不同之处？亮点及存在的问题有哪些？宣传人力和工作分配是否能照顾到各个村屯？

9. 目前城乡居保公共服务平台的建设都有哪些？城乡居保信息网络建设情况是怎么样的？

10. 在推进城乡居保发展方面，有哪些新举措？

后　记

2017年5月，课题组申报中国劳动保障科学研究院2017年度科研合作项目“西南集中连片特困地区农村居民基本养老保险问题研究”（LKY-2017hz-23）获得立项。课题组成员根据申报书的内容，对西南集中连片特困地区农村居民基本养老保险的实施情况进行研究，将研究成果写成专著出版。课题组的研究在广西人力资源和社会保障学会陈天生会长的指导下完成，在研究过程中，课题组成员都付出了辛勤的劳动。本书共十章，作者分别为：第一、第二、第四章覃双凌；第三章田代强；第五、第七章张娜；第六章雷金东；第八章韦文高；第九章刘静静；第十章廖振民。在书稿审核过程中，陈天生、农春友、申爱国、曹阳等同志提出了宝贵的意见。

课题组在调研过程中得到广西壮族自治区人力资源和社会保障厅、四川省人力资源和社会保障厅、云南省人力资源和社会保障厅、贵州省人力资源和社会保障厅、广西柳州市人力资源和社会保障局、广西都安县社会保险局、广西马山县社会保险局、广西融水县社会保险局、四川仪陇县社会保险局、云南禄劝县城乡居民基本养老保险局、贵州贵定县社会保险局等单位、领导和经办人员的大力支持，广西财经学院劳动与社会保障专业部分学生帮助调查和收集整理资料，以及调研地区农民朋友们的积极配合。特此致谢！

本书在写作过程中，引用和参阅了大量专著和论文，凡是引用原文和原意的地方，我们都加以注释，诚挚地感谢所有为我们研究提供借鉴的学者们。由于我们的研究水平和能力有限，书中有一些观点及论证还不够深入，许多方面还有待进一步研究，恳请广大专家、学者、同行批评指正！

课题组

2017年10月18日